万川
reflections

一步万里阔

STREET FOOD

HAWKERS AND THE HISTORY OF LONDON

叫卖伦敦

街头商贩与英国都市生活

[爱尔兰] 查理 · 塔弗纳 著 杨盛翔 译

CHARLIE TAVERNER

中国工人出版社

图书在版编目（CIP）数据

叫卖伦敦：街头商贩与英国都市生活 /（爱尔兰）查理·塔弗纳著；杨盛翔译. -- 北京：中国工人出版社，2025. 9. -- ISBN 978-7-5008-8357-9

Ⅰ. K561

中国国家版本馆CIP数据核字第2025UW3245号

著作权合同登记号：图字 01-2023-5879

叫卖伦敦：街头商贩与英国都市生活

出 版 人	董　宽
责任编辑	董芳璐
责任校对	张　彦
责任印制	黄　丽
出版发行	中国工人出版社
地　　址	北京市东城区鼓楼外大街45号　邮编：100120
网　　址	http://www.wp-china.com
电　　话	（010）62005043（总编室）
	（010）62005039（印制管理中心）
	（010）62001780（万川文化出版中心）
发行热线	（010）82029051　62383056
经　　销	各地书店
印　　刷	三河市万龙印装有限公司
开　　本	880毫米 × 1230毫米　1/32
印　　张	12.75
字　　数	300千字
版　　次	2025年10月第1版　2025年10月第1次印刷
定　　价	78.00元

目录

序　街头小贩与伦敦史

一位小贩早早醒来，此时，大多数伦敦人还在睡梦中。她住在某一条主干道附近，那里散落着错综复杂、狭窄肮脏的小巷、过道和庭院。她家里有几间小屋，虽然逼仄，但住起来还算舒适。走出家门，街上尚且静悄悄的，光线晦暗，只有稀稀落落的人流和车马。走完这一天的第一段路后，她渐渐接近了市场，那里的手推车吱吱作响，讨价还价的嗓音此起彼伏，耳边的声量随之高了起来。她挑选了一些看上去还不错的、价格合适的当季货物，把手边的篮子或手推车装得满满当当。而后，她又一次拖着沉重的货物走上了街头，一直走到一处放心的地方，才在路边摆起摊来。又或者，她沿着一条路线挨家挨户地叫卖，只在有买卖时才停下脚步。无论走到哪里，她都会喊出一种有节奏的、悦耳的叫卖声，调门儿足以盖过城市的喧嚣，吸引室内和路过的人们的注意。街头的营生充满了危险，对于独自一人的女性来说，更是一条畏途。她做生意的权利，从来都没有得到完全的保障。可是她的顾客——形形色色的大都市居民，却并没有意识到这一点，他们仔细地打量她的货物，乐于品尝她带来的美食，或是让她把食物送到自家门口。他们很清楚，路边摊贩提供的鲭鱼、樱桃、芦笋和馅饼，有助于喂饱这座快速崛起的首都。

从 16 世纪晚期伦敦开始加速扩张为一座巨型都会开始，到第一次世界大战前夕为止，这种街头的营生就其本质而言，几乎没有发生过任何变化。在这段岁月里，街头小贩一向来自相似的、贫苦的劳工阶层，使用相似的工具、手法去讨生活，在城市的食品供应中同样发挥着重要的作用。对于 1610 年，在泰晤士河、圣保罗大教堂之间的一家酒馆旁边卖苹果、梨子的埃伦·里盖特来说，沿街叫卖是一种类似的体验；对于 1744 年的一天清晨——有时候是 4 点多——离开他们在圣吉尔斯（St Giles）的家，前往比灵门市场买鱼的玛丽·戴维斯和玛丽·莫森来说，也是如此；对于 19 世纪 40 年代，接受亨利·梅休采访的一位匿名的“货郎小子”来说，亦复如是，他才十几岁时，就要靠早上卖蔬菜、晚上卖坚果来养活母亲了。[1] 那时的街头人物，无论是艺术家马塞勒斯·拉隆、弗朗西斯·惠特利、托马斯·罗兰森创作的著名系列画作的主人公，还是 19 世纪摄影师捕捉的拍摄对象，彼此之间都形神酷肖。看看维多利亚时代晚期，一位站在齐普赛街上的苹果小贩的快照吧（图 1）。当你忽略掉煤气灯、多层商店和画

图1　19世纪晚期，齐普赛街上的一位苹果小贩。

在运货马车上的铁路标志时，你会隐隐感觉到，这幅肖像可能来自过去300年中的任何一个时间点。许多像她这样的商贩的叫卖声，曾被作曲家改编成音乐旋律，由民歌收集者记录下来，流传后世。街头小贩的吆喝声，一如他们的买卖，俨然已成为伦敦古老传统的一部分。

此类连续性的表象，掩盖了街头交易的内在变迁。事实上，小贩们的身份发生过变化，贫穷男子加入了最初由女性从事的这个行当。移民们发现，街头的买卖为他们提供了立足之地。他们贩售的东西也已不同于先前，其中最妙的是，在越来越长的即食食品的菜单上，出现了烤土豆、香肠、冰激凌等琳琅满目的美食。随着时间的推移，街头小贩用上了五花八门的装备。例如，供小贩们使用的著名的手推车，是17世纪晚期才流行起来的，拉车的驴子，也是后来才出现的。这些零售商正在一座日新月异的城市中做买卖，劳作之际，他们会从物质层面切切实实地感受到城市的蜕变。这个时代刚开始时，伦敦仅有数十万名居民，日后却涌入了数百万人，其中大部分是穷人，他们栖居的区域不久前曾是村庄和田野。一条条街道相继迎来改造，路面被拓宽、铺设和清理，从而更适合日益繁忙的交通，方便出租马车、公共汽车等新型交通工具投入运营。与前辈们的处境不同，图1中的齐普赛街苹果小贩在批发市场上受到了欢迎，被接纳为伦敦食品供应链的一部分。但是，她也面临着更加激烈的竞争，对手则是数量越来越多、种类越来越复杂的各色商店。此外，她还要被迫遵守警方的严格命令，并努力让自己的声声吆喝在日益高亢的城市喧嚣中脱颖而出。

本书旨在探讨伦敦街头的食品小贩在大变革时代所展现出的非凡韧性。它聚焦于1600年至1900年，街头售卖行业的鼎盛时期，讲述了由贫穷的妇女和男子、女孩和男孩从事的这一非正规工作的历史，他们虽然地位卑微，却是城市的经济、文化事业中不可或缺的一分子。他们为基础设施落后、市场供应不足的社区送去新鲜的食物；他们是易腐食品（如软质水果、廉价鱼类、牛奶）的主要运送人；他们为没有地方做饭，或者工作日远离家庭的人们提供小吃和正餐。非正规零售业那顽强的生命力和积年累月占据的重要地位，究竟意味着什么？我们对这座城市从中世纪首都到全球大都市的发展轨迹的理解，又受到了来自它的何种挑战？这是这段历史向我们发出的无声的询问。街头食品售卖，为我们揭示了一种持续了几个世纪之久的独特的城市生存模式，那是一种根植于街头的属于劳动人民的生活体验，为了活下去，他们挣扎、苦干、奔波。小贩们的例子，帮助我们围绕大都市生活的细节元素，重建了伦敦的故事：街头的互动，生活必需品的交换，与物质条件的抗争，其中的多数情节发生在正规机构和固定场所之外，超出了地方长官和治安法官的掌控范围。在这样做的过程中，我们发现，伦敦——富裕、整洁的21世纪的伦敦——竟也有着街头售卖的悠久历史，昨日的伦敦，恰如当今每个大陆上犹自可见的那些城市一样，曾经以广泛的非正规经济活动为根基，小贩们的叫卖声一度不绝于耳。

时至今日，伦敦仍有街头市场，其中的一些起源于维多利亚时代晚期，其前身正是城市中未经官方许可的摊贩集市。[2] 走出我在伦敦北部的公寓不远，便能看到摊贩们纷纷走出店铺，沿着达尔斯顿区的雷德利路支起摊位，在棚子下面售卖来自世界各地的食品杂货，摊位上既有主食，也有配料，眼花缭乱的程度，即使与一旁的 Sainsbury's、Iceland 等大型商超相比，也毫不逊色。一路往南走，我很快就能到教堂街市场（Chapel Market），它由一条坐落在伊斯灵顿区的长街连接起来，街道的一端是售卖食品、服装的固定商贩，另一端是每周举办一次集市的农贸市场。继续朝前走，就来到了伦敦金融城的边缘，惠特克罗斯街上的午餐摊位如今安安静静，用餐的食客与过去的喧闹人群大相径庭，而这里一度是伦敦最肮脏的贫民窟。这些现代的市场与其半合法的祖先之间的一点区别在于，它们对附近的居民、工人来说十分重要，可是对于整座城市的意义却微乎其微。还有没有第二点区别呢？那恐怕在于，现在要由市政厅的一个市场官员团队来决定谁能交易、如何交易，他们负责发放执照、划定摊位，并且在交易结束后清理场地。

伦敦的每一个区都遍布着街头食品。从货车到凉亭，无论是当地人还是游客，只要花钱，就能换来相应价格背后的精湛厨艺、优质食材，就能品尝到馅料饱满的蒸包子、美味可口的泰式炒菜和精心烹制的烤肉。街头美食市场人头攒动，人们来到这儿，既是为了果腹，也是为了玩乐，有抱负的厨师们则在这里试验新颖的烹饪理念，其中的少数幸运儿最终会拥有属于自己的餐厅。2018 年，英国街头美食行业的总产值高达 12 亿英镑，据称，其增长速度超过了所有快餐行业。[3] 作为英国消费者接受街头美食的象征，沃尔克斯薯片（Walkers Crisps）推出了两款街头美食口味的产品。[4] 受到亚洲、拉丁美洲的旅游业，以及以美食为主题的电视旅行纪录片——它们假装通过刺激味蕾，来获取对于异国文化的真实洞察——的推动，街头美食已然被打造成一种消费的选择，一种乐趣的源泉。21 世纪的街头美食现象，与伦敦过去的情景大不相同。在早先的几个世纪里，街头美食是日常必需品，而不是偶尔享用的奢侈品。那时的街头美食，指的是用头顶的篮子、身前的手推车运去各个角落的鱼、水果和蔬菜，是用木桶从牛棚里拉往市民家门口的清晨的牛奶，是能让劳动人民满意的丰盛的口粮。

历史学家和街头小贩

对于熟悉伦敦史的人来说，街头小贩应该并不陌生。在指向这座城市的各种笼统的描述中，他们占据着显著的位置，象征着劳碌、贫困的下层阶级和近百年来已经消失的喧闹的街头文化。[5] 关于他们，最为人熟知的表现方式是印刷图像、民谣和音乐，这一题材的作品被统称为“伦敦的叫卖声”（Cries of London）。[6]17 世纪至 18 世纪的历史学家已研究过街头小贩，他们关注的议题有街头小贩的存在是如何被当作紧迫的社会问题与流浪汉、小偷的出现并为一谈的，街头售卖又是如何沦为城市贫民赖以过活的贱役之一与扫地、保洁、卖唱相提并论的。[7] 最具启发性的研究，是由关注性别、工作的历史学家完成的，他们揭示了各家的妻子和寡妇们——其中许多人在街头工作——如何主导了新鲜农产品的零售，尽管她们在城市中的流动，引发了人们对秩序混乱的恐惧。[8] 当时间来到 19 世纪，我们更清楚地理解了街头市场的运作方式，其阐释了街头小贩背后复杂的政治、文化蕴意。维多利亚时代的伦敦小贩被刻画成了社会的边缘人物，这招来了人们模棱两可的反应，认为他们“既迷人又有趣，既有用又可怜，既可鄙又危险”。[9]

这是我第一次将街头小贩置于叙述的中心。我会从他们自身的角度来考虑他们的工作，而不是将之视为更体面、更遵守监管的买卖活动的反面，后者包括在官方市场上的合法交易和后来主导了零售格局的商店生意。与以往的研究相比，我以一种更周全的方式，描绘了小贩们工作的方方面面，凸显了他们在城市食品供应体系中的核心地位，进而确立了他们背后广泛而重要的文化蕴意。在更全面地了解非正规零售业后，我们才可以愈加深入地探讨既有学术研究中一带而过的某些题目，如伦敦穷人外出就餐的需求，流动商贩对于新兴城区的重要性，等等。[10] 借助长时段的观察，我们可以在大都市历史书写通常涵盖的宽广时段内，追踪过去难觅踪迹的草蛇灰线。我们可以探究，为什么女性小贩的人数起初超过男性，后来却被男性在 19 世纪赶超；对无人陪伴的女性在街头穿行的忧虑，究竟可以追溯到多久以前；城市建成环境的改善，是否符合改革者的壮志雄心。[11] 为此，本书坚定地将视线锁定在经济状况欠佳的那部分人群身上。总之，《叫卖伦敦：街头商贩与英国都市生活》是一部关于伦敦的长时段历史著作，围绕异质性大都市中的普罗大众的一部分——贫民劳工——展开，阐释了他们劳动生活的复杂内涵和深远意义。[12]

撰写本书期间，我从聚焦于其他大城市的小贩的历史著作中获得了不少启发，就像梅丽莎・卡拉雷苏、丹妮尔・

范·登·休维尔指出的那样，此类小贩的历史表明，“关注街头商贩的意义，远不止于理解他们的贫穷和边缘地位”。[13] 她们的个人探索和最新的论文集验证了研究小贩的学科方法的范围，这些方法适用于在时间、空间上相距甚远的城市，如充满活力的近代早期的那不勒斯、尼德兰的中心城市和类似加尔各答这样的现代巨型都市。“伦敦的叫卖声”，甚至构成了欧洲传统的一部分。而“巴黎的叫卖声”（*Cris de Paris*）则得到了最为热情的研究，相关分析将街头售卖的实情与小贩们在城市文化中令人不安的存在结合在了一起。[14] 关注其他法国城市（诸如里昂、南特）的历史学家，已经证明了像小贩这样的半合法零售商是如何与主流经济交织在一起的，这使得正规、非正规的名号区别在洞察日常商业的激烈竞争时，变得不那么重要了。[15]

街头小贩仍然是一种无处不在的城市职业，特别是在欧洲、北美以外的地区。目前的学术研究大多致力于改善小贩们的处境，并试图影响政府的政策制定。这一工作重点可以追溯到 20 世纪 60 年代末至 70 年代初西方机构为提高后殖民时代非洲的生产力所做的努力，“非正规经济”一词也在当时应运而生。[16] 学者和活动家们已经携起手来，共同成立了一些相关组织，如简称 WIEGO 的“非正规就业妇女的全球化和组织化”（Women in Informal Employment Globalizing and

Organizing)、“纽约街头小贩项目”(New York's Street Vendor Project)等。WIEGO是一个组织网络，旨在改善全世界五分之三从事无安全保障、无政策监管工作的劳动者的境况；“纽约街头小贩项目”是一个会员组织，为纽约市1万多名大多是移民的户外商贩提供法律层面的援助。本书可能不能为世界各地的小贩们提供渡过难关的具体方案，不过，它提供了一种新的历史视角，或可用以探讨那些长期悬而未决的问题，即城市中的我们是如何紧密地生活在一起的。

探索伦敦街头小贩的历史，也有助于我们将伦敦与过往岁月的其他城市，以及如墨西哥城、拉各斯、曼谷、马尼拉等拥有庞大非正规经济的现代城市进行比较。我并不认为，街头售卖代表大都市发展历程中的原始阶段，是随着城市中心迈向现代化而遭到淘汰的落后行业。[17] 相反，我感兴趣的是，为什么在伦敦这样的城市，街头售卖的工作一度如此活跃，而后，在城市快速转型之际，它又是如何适应新形势的。虽然现在伦敦的街道上已经几乎没有了小贩的身影，但保洁、理发、育儿和日常劳务等以现金支付的工作从未消失。近些年来，互联网推动了零工经济的发展，促成了一些新工作的产生。例如，为优步开车，为亚马逊等零售商送货。然而，零工经济的劳动者既没有稳定的收入，也享受不到那些理所当然的劳工权利，因此面临着与旧伦敦的扫街工人、出租车司机和食品小贩类似的困境。

从中世纪的首都到近代的大都市

20 世纪初的伦敦与 17 世纪的伦敦截然不同。我们可以通过观察人口规模的变化，来衡量这一点：1603 年英格兰国王詹姆斯一世登基时，伦敦的人口已经达到了 20 万，随后，伦敦经受住了瘟疫、火灾、内战的考验，城内的人口在 17 世纪晚期增长至原先的两倍多，继而又在 1800 年前后突破了百万大关。此后，尽管英国其他城市人口规模的扩张速度相对更快，但首都的绝对人口规模扩张得更为迅猛，1851 年，伦敦的人口规模达到了 270 万，这一数字在维多利亚女王统治结束时，更是超过了 650 万。[18] 除了人口规模，不同时代能被合理称为“伦敦”的外围扩展区域的变化，也可以作为我们的衡量依据。17 世纪早期的伦敦已经突破了中世纪遗留的城区界限，不久后，居住在伦敦金融城，即我们所说的“方里小地”以外的人口规模，就超过了金融城内的人口规模。在接下来的 200 年中，伦敦、威斯敏斯特、萨瑟克之间的空间被建筑物逐步填满，三者由此组成了一个连为一体的大都市区。米德尔塞克斯、萨里、埃塞克斯三郡内部的一些较小的定居点，也被不断膨胀的伦敦吞并，到 1900 年，伦敦的扩张范围甚至超出了新成立的28个大都市区，现在的它，北倚斯托克纽因顿，南临刘易舍姆，西抵哈默史密斯，东达伍利奇。[19]新建筑的修造、旧建筑的改造所带来的物质变化，连同技术的进步，深深印刻在这座城市的肌理之中。近代早期降临在伦敦的多起灾难，尤其是1666年燃起的那场大火，催生了更新和规划城区的各种项目，其中又以伦敦西区的成果最为引人注目。以工业化、电气化和铁路的引入为首的19世纪的一次次革命，为营造全新的城市生活体验奠定了基础。正如一位晚近时代的编年史家所言，对于这座现代城市的居民来说，他们可能会觉得“生活这座大厦的每一砖、每一瓦，似乎都是过去100年间的创造”。[20]

诚然，伦敦看上去发生了奇迹般的变化，但这些变化大多体现在规模上，而非本质上。纵观这一时期，该城人口中的很大一部分——如果不是主要部分——可以被归类为“贫困劳动者”（working poor）。他们虽然不至于一贫如洗，但从事的是不稳定、不明确、低技能的工作。他们生活在以街道为基础的城市中，这里的居住、商业空间都极度稀缺，以至于马路和人行道成为人们交谈、争论、交易的聚集地。1900年的伦敦，可能已经不太适合步行了——从城市的一端快速步行至另一端，也许至少在200年前，就已经变得难以实现了——但它依旧是一座可以依靠步行、骑马出行的城市。教堂的钟声，动物的吼叫声、呜咽声和嘶鸣声，还有街头的叫卖声，在被汽车的轰鸣声淹没之前，仍然构成了城市的主要声响。1836 年，英国首都的第一条火车线路开始在伦敦桥、格林尼治之间运行，不过，铁路对流通和供给的全面影响，还需要几十年的时间才能显现。伦敦的政府架构依然支离破碎。自从这座大都市从原先金融城的桎梏中挣脱出来，大多数伦敦人就被划入了相应的郡法官和教区委员会的管辖范围，其中的一些，如圣马丁教堂（St Martin-in-the-Fields）所在的教区，论面积，甚至超过了大多数英国小城。地方机构正在一步步变得标准化，最终出现了肩负特定职责、覆盖全市范围的权力部门，如伦敦大都市警察局（Metropolitan Police）和伦敦大都市工程局（Metropolitan Board of Works），但直到 1889 年伦敦郡议会（London County Council）成立之前，伦敦始终缺少一个统揽全局的单一政府。[21]

讲述伦敦的历史，并不一定要完整地涵盖这段时期。大多数学院派历史学家研究的，要么是近代早期的伦敦，时间上始于 16 世纪初叶到中叶，止于 18 世纪中叶；要么是所谓“漫长的 18 世纪”的伦敦，时间跨度 200 年左右；要么是名曰近代的伦敦，而实际上，他们只聚焦于这座大都市在 19 世纪走过的那段历程。[22] 某些历史若要得到最完整的讲述，就不宜削足适履地置于某种框架之下，被切分成食物史、贫苦劳工史和街道史。[23]设立标准化的时间跨度将会面临的另一个问题是难以解释长时段的变迁。随着城市的成长，伦敦变得现代化了，我们通常用这个术语来表示新颖性，即远离了过去，且伴随动荡后果的某种决裂。在城市中，现代化的进程，可以透过一系列相互关联的发展脉络来追溯，这包括街道、建筑的改造，警方等权力部门的合理组织，还有商业化加剧、疏离感增强之类的文化变迁。现代化，依然是伦敦发展的故事核心，只不过，我们现在将之理解为一系列分散的、时而相互矛盾的变化的集合，而不是一个单一的进程。[24]研究更早时期的专家，已经对这幅图景进行了模糊化的理解，他们认为现代化的某些特征，像是对妇女在无人陪伴的情况下私自出行的忧虑情绪，早在伊丽莎白时代就已经出现在这座城市之中，不仅如此，大多数街道一仍其旧，它们从未得到改善，交通拥堵如故，并没有变得比之前摩登许多。[25]关于小贩的历史，让我们以“接地气”（ground-level）的视角，一窥伦敦几个世纪以来的扩张历程。对贫苦劳工、街头工作的关注揭示了一个事实，直到 19 世纪最后数十年，伦敦生活的许多决定性特征仍旧保持不变。在那个步调惊人的进步时代，根本性的变化却姗姗来迟。

16 世纪晚期，食品小贩引起了伦敦金融城政府的注意。

一些市政官指责这些游荡街头的零售商损害了官方市场的诚信，推高了食品的价格，认为所有交易都应该在官方市场进行。尽管多次受到警告，但在整个 17 世纪和 18 世纪，街头小贩还是发挥了有益的作用。他们做生意的合法权利一再受到质疑，但好在市政官和辖地更大的大都市区的教区委员会、治安法官都意识到了他们的重要性，只要小贩不招惹麻烦，当局通常会给他们留出做买卖的余地。毕竟，金融城中的各色人等都要通过街头小贩来购买牛奶、鲭鱼等基础物资，享用各种廉价小吃。警务工作覆盖面的扩大和协调性的增强，尤其是 1829 年，伦敦大都市警察局的成立，也对小贩们的微妙地位构成了威胁，但幸运的是，大部分警察都不愿意破坏这块工人阶级社会的基石。从 19 世纪中叶开始，小贩们开始在街头市场聚集，把他们的手推车停放在新街（New Cut）、衬裙巷（Petticoat Lane）、克里斯普街（Chrisp Street）等地。小贩们躲过了一次又一次的攻击——最著名的一次，是他们迫使政府修订了 1867 年出台的《大都市街道法案》（Metropolitan Streets Act）——事实上，在维多利亚时代晚期，街头商贩的数量可能一直在增加，甚至比伦敦总人口的增长速度还要快。[26] 虽然如此，警方和地方当局还是逐步对这些非正规零售商的经营方式提出了更严格的要求。20 世纪 20 年代，大都市区被授予权力，向所有街头小贩颁发了营业执照。如同汽车的出现正在重塑伦敦的街头文化一样，对小贩监管方式的转变，也打破了伦敦以往的惯例。

我尽可能地使用“小贩”（hawker）、“街头小贩”（street seller）、“路边摊贩”（street vendor）等词汇，来描述在街头，而不是在伦敦正规或官方的商店、市场上售卖食物的男女。回望这一时期，以上术语并没有得到一致的使用，即使被使用，也不局限于那些售卖食物的人们。而我使用的，是它们如今更为中性的含义，由此将这些劳动者与几个世纪以来意在贬低他们的身份标签，如早期的“鱼婆”（fishwife）、“贩子”（huckster），后来的“货郎”（costermonger）等笼统的称呼剥离开来。在街头，伦敦人可以从扫帚贩、烟囱清洁工、擦鞋匠和其他数不清的卖家那里购买各种服务和商品，那些卖家的经历与他们售卖食物的同行有诸多相似之处。虽然本书的研究聚焦于食品小贩，但我们了解到的很多东西也一样适用于搬运工、马车夫等街头工作者，以及其他没有固定工作的劳苦大众。

以往研究小贩的历史书写，往往采用大家耳熟能详的、千篇一律的传统史料，最常见的便是“伦敦的叫卖声”这一题材下的各种印刷图像，还有梅休在《伦敦的劳工与伦敦的贫民》（*London Labour and the London Poor*）一书中完成的民族志领域的报道。近代早期的学者常常会查考小贩与当局发生冲突的证据，如金融城市政官的命令指示、布莱德维尔感化院（Bridewell）的监狱记录等。本书则采用了更为多样化的史料组合。围绕1600年至1825年这段时期，我从一系列档案和印刷文献中，确定了858位街头小贩和443项具体的街头售卖行为。在其中的一些资料，如伦敦教会法庭的证人证词和老贝利法院（Old Bailey）①的刑事审判记录中，虽然出现了街头售卖的内容，却与我手边的研究毫无关联。而在另一些资料中，街头小贩要么受到当地的教区委员会和选区会议的监管，要么受到职权范围更广的官方当局，如执行即决裁判（summary justice）的地方法官的监管。在上述两种情况下，我们都可以从这些证据中挖掘出有用的附带信息，弄清小贩究竟是何许人也，他们到底卖些什么，如何交易，在哪里交易。对于感兴趣的读者，我在书末的附录中更详细地描述了这类资料的细节。[27]把这些碎片连缀在一起，我们就能勾勒出一幅展现这座古老城市街头售卖的精致画卷了，不仅如此，我们还可以将古老的伦敦与其后来的样子，也就是那座记录更为完善的19世纪的近代首都进行对比。随着时间的推移，资料的来源范围也得以大幅拓宽。我借鉴了

---

① 英国中央刑事法院的俗称，位于伦敦老贝利街。——译者注。本书若无特殊标注，脚注均为译者注。

梅休、查尔斯·布思（Charles Booth）对伦敦贫困状况的著名调查，参考了新闻媒体和议会对住房、市场等主题的查访。我还利用了当时数量与日俱增的报纸，它们不仅补充了引人入胜的事件详情，还报道了伦敦警察法庭的诉讼程序，极少有研究犯罪、治安的历史学家对这些程序进行过系统的研究。[28] 此外，由于在许多方面，街头小贩的生活很少留下书面记录，我经常要依赖“伦敦的叫卖声”这一题材下的图像、音乐作品，就本书关注的历史时期而言，此类作品从一开始就已出现，直到维多利亚时代，仍旧在城市中广为流行。“伦敦的叫卖声”既揭示了时人是如何看待小贩的，也告诉了我们街头小贩工作的细节，我以一种理性的批判眼光解读了此类作品。[29] 像街头售卖这种难以精确定义的非正规工作，自然不会产生制度性的档案。故而，要讲述小贩的历史，要走近这些人和他们的生计，就意味着要将类型迥异的材料拼接在一起。

这还迫使我们采取各种研究路径，多管齐下。在第一章和第二章中，我关注了小贩是谁，他们的形象是如何被呈现的，他们的工作是如何被组织和理解的——这些都是社会史和经济史领域的关键问题。在第三章和第四章中，我借鉴了食品研究这一新兴领域的做法，讨论了小贩出售的商品和他们在供货市场的采购。接下来的三章，则涵盖了街道的文化史和城市的历史地理。我分析了小贩如何将公路变成了小商品交易场所，他们在零售业等级格局中的地位，他们使用了哪些设备，而后，他们又如何解决了身处行人、车辆之间的交易问题。在建立了对街头小贩及其日常活动的印象后，接下来的两章以新的视角审视了一些老生常谈的话题。在第八章中，我阐述了小贩与大都市区不同层级的管理部门的关系，揭示了当局如何既本着克制、务实的态度，又对街头售卖保持必要的监管的微妙故事。最后，第九章受到了音乐和感官研究的启发，分析了小贩的当街吆喝，这是属于他们的别样的交易工具，他们具有广告效力的呼喊，最终将自己与伦敦的文化融为一体。

在尾声部分，立足于这段漫长的叫卖的历史，我先谈到了伦敦街头食品售卖在20世纪的衰落，继而又探讨了它作为美食热潮在近年来的复兴。现代的潮流唤起了人们对城市往事的回忆，前几个世纪的小贩，随之成为怀旧情绪的载体。不过，若是想超越那些不可靠的幻象，我们就必须倾听街头小贩的叫卖声，偷听他们与警察的互动。我们必须在他们卖东西的时候，站在他们的手推车旁，偷偷看一眼他们盛在篮子里的食物，然后跟在他们身后，回到他们的社区和家中。简言之，为了理解小贩为何重要，我们首先要知道他们是谁，他们是如何工作的。街头的食品小贩绝不是无足轻重的小人物，他们与城市扩张、变革的宏伟进程息息相关，他们以自身的存在，向当今的英国首都和诸多世界城市的历史，发出了棘手而令人心绪不宁的拷问。

第一章　人民

根据 19 世纪走访贫民窟的记者和卫生检查员的记录，如果发现这些蛛丝马迹，就表明你离小贩的家不远了——走进一条没有铺设路面的逼仄小巷，你会看到靠墙堆放着翻倒的独轮手推车。从某处看不见的地方，可能会传来驴子的叫声：有些街头小贩和他们的马匹同伴同住一室，或者几个邻居把一排公用厕所临时改建成了马厩。[1] 地上散落着土豆皮和卷心菜叶。倘若赶上不凑巧的季节和时间，你也许会被在水槽里洗菜、正为早晨的市集做准备的男男女女溅一身水。[2] 假如你受邀进入室内，或者爬上摇摇晃晃的楼梯，或者下到地窖，你会发现，对方一家人蜷缩在一间小屋里，这里住着母亲、父亲、孩子，没准儿还有祖父母，而他们中间只有一张单人床。他们也有一些聊以自慰的办法：餐具柜上摆放着杯盘，壁炉架上悬挂着镜子，壁炉上安睡着老猫和小猫。但除此以外，墙上局促地挂满了晾晒的衣物，一扇破窗户用纸糊了起来。空篮子码放在一个角落，另一个角落则堆满了苹果，等待着第二天的生意，苹果的香味笼罩了整个房间。[3]

在这些观察者看来，街头小贩的生活方式，是伦敦穷人惨淡光景的典型代表。小贩们的困境被归咎于种族劣势、道德沦丧或是维多利亚时代的社会不公，他们是底层工人的象征，没有受到认可的职业，只能去做临时工。只要他们在街上游荡，就会被固化成大众脑海中的这种刻板印象。作家、艺术家、作曲家创造了让人眼花缭乱的街头小贩形象，以此来管窥更宏大的社会议题。可是在现实中，小贩们其实很难被标签化。他们是一群身份五花八门的伦敦人，处于不同的人生阶段，拥有多样的社会背景，有的人过得好，有的人过得糟。他们的经历千差万别，这也反映出了他们所属的工人阶级内部的三六九等。当然，三个世纪以来，小贩们的身份虽然不断变化，但多数人总是过着好一天歹一天的生活，总要为了寻找一个舒适的家而竭尽所能。

鱼婆和货郎

17 世纪初，伦敦刚刚扩建不久，对街头小贩的描绘，就在有关这座大都市的文化作品中广泛流传了，自那之后从未停歇。那些边走边卖食物、一路高声呼喊的形象，不仅被烙印在印刷图像、精英音乐和流行歌曲之中——这构成了被称为“伦敦的叫卖声”的新兴题材作品的一部分——还在小册子、诗歌的作者笔下得到了描绘。直到19世纪中叶，“伦敦的叫卖声”这一题材依然受人追捧。当时，报道城市底层生活的记者开始参与进来，为读者提供了有关街头小贩形象的海量翔实描述。我们大可以细致地研究这些描述，寻找证据，还原小贩的工作方式。但是，我们也应注意到，他们将这些贫苦的工人刻画成了一系列典型形象，用艺术家、作家及其受众的先入之见，代替了街头小贩生活的真相。

此类典型形象中最早的一类，是满口脏话、嗜酒如命的“鱼婆”。在1632年出版的小册子作品《伦敦和乡村的烤肉》（*London and the Country Carbonadoed*）中，作者唐纳德·卢普顿（Donald Lupton）以讽刺的口吻向大量英国人物开炮，书中，一位卖海鲜的鱼婆扮演了各种小贩的“嘴替”：

> 这些高声呼喊、晃来晃去、居无定所的生灵，把“店铺”顶在头上，她们的仓库通常在比灵门或桥脚，她们的住处则在特纳根巷……她们忙完市集的买卖后，就聚在一起说笑，载歌载舞。她们总是互相搭茬儿，你一言我一语的，口没遮拦，直到兜里的钱、脑袋里的智慧、赊来的钱全都使干净了，才肯罢休。傍晚时分，假如她们没有在酒馆里寻欢作乐，人们就会怀疑，她们是不是没赚到钱，是

不是刚还了旧账，又或者是不是已经破产了。这些生灵就是这样，一朝天堂，一夕地狱。[4]

这位鱼婆颠覆了一连串社会规范。她没有固守在店铺、市场，而是提着篮子在城里游荡。她应该结过婚，却远离丈夫，外出干活儿、交朋友，与那些卖春者厮混在一起（“特纳根巷”让人联想到克莱肯威尔的旋转磨坊街，那条街长期以来都与色情行业有关）。[5]她的酗酒和争吵，是对女性端庄仪礼的摒弃。总的来说，这位鱼婆并不是一个女性化的传统形象。数十年后，奈德·沃德（Ned Ward）在其作品《伦敦间谍》(*London Spy*）中，设计了一场穿越伦敦的文学漫步，书中的叙述者也将一群聚会的女鱼贩比作“一窝矮胖的大象”。[6]

本质上，鱼婆是一类喜剧角色，她们的行为嘲弄了近代早期的社会传统。这种刻板印象无疑影响了马塞勒斯·拉隆的鲭鱼贩子图（图 2），该作出自他在 1687 年完成的系列版画《伦敦金融城的叫卖声》（*The Cryes of the City of London*）。图中，一位老妇人穿着打补丁的衣服，戴着皱巴巴的帽子，似乎在朝我们眨眼睛。奇怪的是，她的手里还提着一条孤零零的鱼。

这一奇特的人物形象，是特定时期的伦敦大都市文化的产物。鱼婆的形象颠覆了人们对性别的固有期待，体现

图2　鲭鱼贩子，出自马塞勒斯·拉隆具有里程碑意义的系列版画《伦敦金融城的叫卖声》。

了父权制社会对于女性独立工作和在城市中自由流动的焦虑心态。[7]身为鱼婆的女性，反复出现在16世纪90年代的印刷品、歌曲和民谣中，那是伦敦历史上一个动荡的10年，当时人口激增，物价腾贵，导致人们对穷人、流浪者、女性零售商等边缘群体的关注与日俱增。差不多就是在这个时候，伦敦金融城的市政官首次试图迫使街头小贩申请执照，以此来限制他们的人数，规范他们的行为。在此背景下，鱼婆承担了典型的不守规矩的商贩形象，沦为了更具秩序、男性主导的传统商业的鲜明陪衬。[8]不过，即使抛开她们出现的历史意义，鱼婆也依然构成了伦敦的一类典型人物。以至于进入19世纪后，比灵门作为这些女性进货的水边市场，在很长一段时间里，一直是粗言俗语的代名词。[9]

随着"伦敦的叫卖声"这类题材的进一步发展，街头叫卖的人物角色也越来越丰富。喧闹的鱼婆身旁，出现了卖牡蛎的风尘女，暗喻田园牧歌的挤奶女工，脸颊泛红、售卖当季草莓的普通女人，以及身着长衫、手提橘篮的犹太男子。与此同时，各方的描绘在风格、语调上亦各不相同。视觉艺术家们大抵追寻着两种若明若暗的创作传统：在拉隆具有里程碑意义的版画作品的基础上，出现了雅各布·阿米戈尼、弗朗西斯·惠特利等艺术家，他们将小贩描绘成一组理想化的典型形象，让笔下的人物在风景如画的怡人场景中摆出各种姿势，流露出多愁善感的情愫；作为回应，威廉·霍加斯、保罗·桑德比、托马斯·罗兰森则在呈现这些世人耳熟能详的形象时，采用了更俏皮的手法，他们营造出的“伦敦的叫卖声”，“倾向自然主义而非感伤主义，偏于诙谐而非严肃，重视讽刺而非颂赞”。不同于刻画城市早先岁月静好的传统做法，后几位艺术家有意利用街头小贩来展示伦敦当下粗糙、喧闹的现实。[10] 这意味着，在一些诞生于 18 世纪的版画中，卖牛奶的妇女被描绘成了仁慈的模样，正为貌若丘比特的年轻人分发牛奶。又或者，她们在五月节穿戴整齐，翩翩起舞，头戴金属和缎带制成的王冠，画中的这种习俗使人回忆起了曾经的那种更单纯、更质朴的生活方式。[11] 同一时间，桑德比的挤奶女工正忙着工作，在为一位年长的女士服务（图 3）。小贩穿着厚重、实用的衣服，注意力集中在计数棒上，这强调了她劳动的商业性质。这种欠缺生气的氛围，仿佛是在缅怀约翰·盖伊（John Gay）写于 1716 年的诗作《琐事集》（*Trivia*）中的“面色萎黄的挤奶女工”（sallow Milk-maid），后者郁郁寡欢地在顾客的门上用粉笔标记账单，与健康、活泼的“苍茫原野上的挤奶女工”（Milk-maid of the Plains）相比，显得黯然失色。[12]

如果说“伦敦的叫卖声”反映了人们对于伦敦如何变化的不同看法，那么到了 19 世纪，对街头小贩的描绘则大多集

图3　一位乳品小贩正在顾客家门口记账。

中在他们的贫困和卑微上。占主导地位的刻板印象，此时变成了“货郎”。尽管这个词与水果生意有着悠久的历史渊源，但直到亨利·梅休的《伦敦的劳工与伦敦的贫民》一书问世，这类形象才得到了最充分的描述，该书是对伦敦底层贫困人群的一次新闻调查，它始于1849年发表的一组报纸文章，后来被单列为一本独立的期刊，以多卷本的形式陆续出版。[13]梅休将街头小贩描述成了一个与众不同的阶层。这些所谓的“游牧部落”（nomad tribes）不仅拥有不同于体面工人的文化，甚至还是一个独立的种族（race），这赋予了他们高高的颧骨、壮实的下巴、难以辨识的方言和对宗教的厌恶。[14]尽管后来的作者并不全都受限于同样的种族主义思维，但他们仍旧把小贩刻画成冥顽不灵、无法被感化的穷人。这种人物刻画既源自经济增长带来的破坏性效应，也反映了中产阶级和受过良好教育的群体的内心偏见。街头小贩，实则是伦敦经济的特殊结构和片面发展催生的临时工大军的一部分，随着维多利亚时代的社会进步，这逐渐变成了一个引人担忧的棘手问题。梅休的调查预示了19世纪80年代，人们对工人阶级的健康、住房状况的哀叹，揭示了肮脏社区中仍存在长期贫困的“残余”（residuum）人群的刺眼现实。[15]

维多利亚时代的货郎通常出售鱼类、水果或蔬菜，他们用驴子拉的手推车，载着这些物品沿街叫卖（尽管妻子也可以搭把手，或者负责看守摊位，但货郎主要是男性）。在附有梅休文字的一幅图片中，货郎就是这样出现的，这幅图片是理查德·比尔德（Richard Beard）用达盖尔照相法拍摄的（图 4）。这位小贩穿着长外套和马甲，头戴帽子，站在自己的板车上，一只手抓着驴子的挽具，另一只手则握着鞭子或棍子，正操着浓重的口音吆喝着："新鲜的土豆！胡萝卜和白萝卜！顶好的卷心菜——喽！"[16] 这一形象在大众娱乐活动中频频出现，比如，在音乐厅，有名气的演员会扮演街头小贩的角色，演唱俏皮的歌曲。[17] 在舞台和街道上，艺术与现实的界限变得模糊不清起来。1892 年 4 月刊登的一篇新闻报道提及了小贩们阻塞街道的案件，将音乐厅与街头市场联系在了一起。报道的开头写道："伦敦货郎的灵魂写手、桂冠诗人，曾经以一曲《在老肯特路干掉他们》（*Knocked 'em in the Old Kentroad*）而扬名立万的阿尔伯特·舍瓦利埃先生，或许能在周六召开的伦敦金融城法庭上觅得新歌的歌词。"[18] 慢慢地，货郎的形象越发脱离了其早期的街头起源，上升为伦敦工人阶级文化的后期人物原型，恰如伦敦佬（cockneys）、珍珠大王和珍珠王后（pearly kings and queens）。[19]

上述刻板印象并不仅是艺术家、表演者及其观众想象的产物。来自街头的细节和现实生活中小贩的方方面面，都为

THE LONDON COSTERMONGER.

"Here Pertaters! Kearots aud Turnups! Fine Brockello-o-o!"

[*From a Daguerreotype by* BEARD.]

图4　亨利·梅休在《伦敦的劳工与伦敦的贫民》一书中描述的一位典型的伦敦货郎。

“伦敦的叫卖声”提供了素材。早期印刷品的收藏者，如日记作者塞缪尔·佩皮斯，在他们的复制品上标注了许多与作品中人物相似的真实角色。[20] 梅休及其后继者的报道，不仅让小贩们的故事、声音跃然纸上，而且是调查者和受访者之间互动的产物。[21] 饶是如此，像“伦敦的叫卖声”和 19 世纪的底层生活调查之类的题材，还是将街头贸易的复杂性简化为易于识别的类型和模式。这让小贩成为强有力的象征符号。然而，在探索街头售卖的历史时，这些人物形象所揭示的东西，实际上与它们所掩盖的东西一样多。

形形色色的伦敦人

从 1600 年至 1825 年，共有 858 位街头小贩的身份被识别了出来，在把他们的情况与 19 世纪中叶以后的大量调查记录、新闻报道一并纳入考虑后，我们立刻发现，街头小贩的生活并不那么容易概括。提起篮子、推着车子的他们，彼此之间可谓形貌迥然。谁在从事这些工作，为何从事这些工作？上述问题背后的种种微妙变化，与英国首都历史上的若干重大变革息息相关。

在三个世纪的时间里，街头售卖食物这一行，从由女性主导变成了由男性担纲。在识别出来的数百位街头小贩中，女性的比例先是从1675年的82%，下降到了随后75年间的68%，而后又在这一时期的后三分之一的时间里，继续下降到了61%。回看1851年的人口普查，在可以被归类为“街头商人、流动小贩和沿街叫卖者”——其中许多人并不只售卖食物——的伦敦居民中，女性的比例为38%。到了1901年，这一比例已降至27%。[22] 从表面上看，17世纪的鱼婆似乎已经让位给了19世纪的货郎。

面对这些看似令人信服的数据，我们却应当在处理的时候保持谨慎：1825年以前的数据来源于多个渠道，而且在时间上分布不均，至于人口普查捕捉到的时代快照，也并不像它们看上去那般透明。[23] 那些数据与其说是精确的测算结果，毋宁说是提供了某种具有普遍性的估算模式。首先，纵观伦敦的历史，自始至终一直有女性依靠上街售卖食物为生。也许，男性货郎已经成为伦敦小贩的标准形象，但事实上，他们的身旁一直都有女性同行。要说这里面有什么地方格外值得注意的话，那就是在维多利亚时代的伦敦，从事街头食品贩卖的女性，尤其是已婚女性，其实要比人口普查等统计调查所显示的多得多，因为人口普查低估了兼职、偶一为之和季节性工作者的人数。[24] 一些可作为证据的逸事也表明，情况确实如此。1839年，一位在科文特花园（Covent Garden）营业的批发商在向议会委员会做证时声称，在首都各地，利用手推车、街头摊位售卖水果的女性，比男性还要多。[25] 被同样描述为“货郎”的女性，经常被传唤到 19 世纪的警察法庭。其中就包括臭名昭著的“白十字街恐怖分子”玛格丽特·拉雷和截至 1882 年已经被治安法官起诉 60 余次的萨拉·休斯。[26]

如果说，多数伦敦街头小贩最初都是女性，那么到了后来，的确有更多的男性逐渐加入了这一群体。这些男性从未彻底接管街头生意，但是从很早开始，他们就涉足牛奶买卖等更有利可图的上层行业了。这种蚕食，与女性工作地位、就业范围的长期变化有关，历史学家对这一过程的细节仍有争议。爱丽丝·克拉克（Alice Clark）、艾薇·平奇贝克（Ivy Pinchbeck）在她们的经典研究中认为，17 世纪资本主义的发展将女性排挤出了技术性行业，之后发生的工业革命，又进一步削弱了以家庭为根基的生产和商业，要知道，女性曾经在此类生产和商业中占据不可或缺的地位。[27] 自那以后，历史学家便开始将 18 世纪末至 19 世纪初视作一段关键时期，他们认为，当时出现了两种性别领域的不同生活模式，女性被限制在私人空间，男性则负责养家糊口。[28] 不过，此类说法一直饱受争议，我们知道，中产阶级和工人阶级的女性仍然在继续从事各项职业，没有女性的贡献，多数家庭将无法维持生计。[29] 我们还知道，至少从中世纪晚期开始，父权制文化和经济现状就将多数女性推向了“兼职、无技能或者半技能、薪酬低廉”的工作。[30] 对于伦敦的女性来说，这是一个关于延续性的故事。从 16 世纪末到 20 世纪初，多数女性都从事着相同的工作，它们分布在家政服务、针线活儿、洗衣、零售等行业的各个细分环节。[31] 然而，后来发生的转变是，越来越多的都市男性也卷入了这些地位低下且饭碗不稳的行当。

人们对鱼婆的刻板印象中包含了一定的真实元素。17 世纪至 18 世纪，当鱼婆的形象在“伦敦的叫卖声”中被赋予浓墨重彩的描述时，街头售卖确实是已婚妇女常见的工作之一。[32] 在收集到的个人样本中，女性街头小贩的丈夫有建筑工人、搬运工、煤炭装卸工、砖瓦匠、水手、仆人、油漆匠、屠夫、园丁、锡匠、丝绸纺织工、理发师和裁缝。甚至在她们的配偶中，有一些也是食品小贩。这份工作对于已婚女性的重要意义，或许远远超过我们的想象：受制于当年司法领域的“覆盖”（coverture）原则，女性的法律地位从属于丈夫，这导致妻子们的大量独立劳动难以为今人所知。[33] 由于只需要时不时出门卖些小食品，已婚妇女得以在忙活家务的间隙，抽空张罗这类散活儿。不过，已婚妇女并不是唯一的参与者，这一行还吸引了不少寡妇和城市单身女性。[34]

实际上，街头小贩的称谓，涵盖了处于各个生活阶段的伦敦人。截至 1825 年，已经识别出身份的街头小贩的年龄中位数是 22 岁，女性从业者的平均年龄略高于男性。[35] 很明显，许多街头小贩正值青壮年。到了 19 世纪 90 年代，这种情况依然如故。当时，在自称职业为“货郎”或“街头小贩”的伦敦男性中，有 70% 的人处在 20 岁到 54 岁的年龄区间。[36] 街头叫卖，从来都不是那些别无选择之人的营生。

考虑到一行有一行的门道，它几乎适合所有人参与，无论老幼、贤愚。在分析过 19 世纪之前的个人样本后，我发现的最年轻的两位小贩只有 10 岁。[37]10 来岁的街头小贩已经可以给父母搭把手了，约翰·鲍尔斯、安·鲍尔斯兄妹就是这方面的代表，他俩在黑衣修士桥（Blackfriars Bridge）附近帮母亲照看摊位，又如早早当家的约翰·麦克纳马拉，他是制桶工人的儿子，“常常牵着一头驴子，到街上卖些青菜和其他玩意儿”。[38]1800 年以后，当局通过了限制童工、延长正规教育的各项法令，可是年轻人仍然每每走上街头，他们中的多数人是底层贫困家庭的孩子。[39]1895 年 12 月，一位在罗马路摆摊的妇女被传唤到礼拜街的警察法庭，她被指控雇用了一名未成年女孩售卖西芹和水芹，每天让孩子工作好几个钟头。这名 10 岁女孩的父亲也被带到了法庭上，他拄着拐杖，步履蹒跚，显然没有能力养活女儿。“我是出于善心才雇用她的。”摊主表示。[40]

一直以来，街头都有许多特别年长的阿伯、阿婆在叫卖食物。19 世纪晚期，查尔斯·布思对伦敦工人阶级的调查结果显示，就街头小贩这一行来看，55 岁以上的老年人的占比“超过了正常的比例”。[41] 我们已知的 1825 年以前最年长的小贩，名叫约翰·爱尔兰，时年 70 岁的他，已经花了 20 年的时间“在伦敦和全国各地叫卖鱼和家禽”。早先的他，是苏塞克斯郡奇切斯特附近的一名佃农，他年复一年地种着地，直到被地主老爷赶了出来。[42] 其他高龄的摊贩要么坐在货物边上，要么站在固定的摊位前面，也许他们很高兴，自己到了这把年纪，终于不用再四处奔波了。[43]

街头叫卖的经营方式颇为灵活，入行门槛又比较低，因而适合各种背景的人。这一时期，伦敦人口的激增主要得益于移民的涌入，每年都有成千上万名新移民来到伦敦，其中有许多人是寻求在此立足的年轻男女，他们渴望得到佣人的岗位，接受学徒的培训。[44] 这当中可能又有很大一部分人，尤其是那些没有关系，或者没有事先被安排好稳定岗位的人，最终只得来做小贩等临时工。当然，我们不应该想当然地认为，大多数街头小贩都是移民。现代的研究者业已发现，在世界上的任何地方，食品小贩往往都是长期居民，他们的生意得益于对一方水土的谙熟。[45] 在伦敦，情况亦不例外。即使是在这座大都市土生土长的人，也会发现它的变幻无常，最好的市场在哪里，市场的规则、习俗背后有哪些不明说的门道，眼下的这单买卖最可能在何处搞定，一位街头小贩要想赚得盆满钵满，必须摸清此类问题。

虽则如此，确实有许多街头小贩是第一代伦敦人。要了解 18 世纪街头小贩的真实生活，一个不太寻常却内容丰富的资料来源是《新门监狱遗事》(*Ordinary of Newgate's Account*)，这是一本连载出版物，记载了死刑犯们的生平、忏悔、遗言，由监狱牧师代为讲述。[46] 书中收录的数十位小贩，都是一度在这座城市里摸爬滚打，最后落得大限将至的市井小民，他们的故事从侧面揭示了许多新移民走上街头的曲折道路。玛丽·奈特，出生于雅茅斯，由住在赫特福德郡的叔叔抚养长大，十几岁时来到伦敦，去比灵门做了一位“鱼婆”的学徒。[47] 与奈特相比，托马斯·哈特肖恩的人生轨迹则有着奥德赛般的坎坷。他在伍斯特长大，去格洛斯特上过一段时间的学，之后找到了一份为织工缠绕羽毛的活儿。年仅 12 岁时，他就搬来了伦敦，先是到酒馆当服务生，而后跳上了一艘开往加勒比海的轮船，接着再回到故土，直到哈顿花园（Hatton Garden）的一名律师雇他做了男仆。二十几岁时，已然经历过失败的婚姻和另一段海上生活的哈特肖恩，又开始从事各种体力劳动，其中之一就是推着一辆装满蔬菜、水果的独轮车沿街叫卖。[48] 还有另一些街头小贩来自更远的异国，例如一位在斯皮塔菲尔德揽生意的送奶工，是从德国的汉诺威迁来的，还有一位叫玛丽·霍宾斯的鱼贩，本来是荷兰人。[49]

某些特定的移民群体还与街头生意的部分环节绑定在了一起。威尔士移民——男性和女性都有——主要来自地处西部、天高路远的卡迪根郡和卡马森郡，他们来到首都周边，在日益兴隆的乳品行业工作。[50]他们利用在乡村长大的生活经验，养奶牛，挤牛奶，挨家挨户地运送牛奶。铁路和乳品公司的崛起，促成了牛奶业务的大幅扩张，但威尔士人与这一行的联系还是一直维持到了19世纪。[51]虽然是在同胞的身边工作，但很多年轻的新移民还是经历了不少坎坷。有位名为玛格丽特·格里菲斯的牛奶商，有一次被控偷窃，她在法庭上苦苦哀求，希望得到宽大处理。“我的家人在威尔士，他们是体面、谨慎、手脚勤劳的老百姓，”格里菲斯说道，“我在城里几乎没有熟人，也没有一个朋友可以为我做证。”[52]

一路北上抵达伦敦的意大利穷人，紧紧地团结在一起。从很早以前开始，首都城内就一直坐落着一个规模不大的意大利人社区，19世纪，他们聚集在霍尔本以北，哈顿花园和藏红花山（Saffron Hill）周围的庭院和小巷里。[53]从维多利亚时代中期开始，越来越多的所谓的那不勒斯人（更准确地说，他们大多来自罗马、那不勒斯之间的利里河谷的大小村庄）来到了伦敦，有的是为了度夏避暑，有的则是为了长期定居，他们中的许多人以制作、出售冰激凌为生。1881 年的人口普查显示，伦敦共有 46 位冰激凌摊贩，除一人外，其余均出生在意大利，除少数几人外，其余均住在克拉肯威尔区。20 年后，意大利冰激凌小贩的数量更是激增到了 700 多人，遍布全城各处，这显示出了意大利人社区的成熟。[54] 意大利人的存在，在很长一段时间里让英国人感到新奇。1889 年，一份报纸报道了“意大利货郎”阻塞街道的情况，顺带用了不少篇幅来解释他们的冰激凌是如何制作的。看起来，售卖冰镇食品的小贩不应该承担所有的责任：显然，当执勤的巡警要求人群疏散时，成群结队的年轻顾客正目不转睛地盯着他们的手推车，挪不动脚。[55]

几个世纪以来，一直有爱尔兰移民在伦敦定居，很多人是辛苦的体力劳动者，他们要么做起了建筑工人、轿夫、搬运工、煤炭装卸工，要么投身于编织、制鞋等规模相对较小的行业。[56] 考虑到这些，也有不少爱尔兰人选择沿街叫卖食物，就不足为奇了。1815 年以后，爱尔兰人向英格兰移民的势头越来越猛，到 19 世纪中叶，竟然有超过 10 万人出生在爱尔兰，却生活在伦敦，占到这座大都市总人口的 4%—5%，爱尔兰人也由此一跃而成为截至当时伦敦最大的少数族裔。[57]

根据梅休的说法，当时的伦敦街头出现了数千位爱尔兰小贩，而且他们大多在贩卖柑橘和坚果。[58]仅凭一眼看去得出的印象，人们很难想象，爱尔兰人与这些生意有着何其悠久的关联。翻开《新门监狱遗事》，有好几位街头小贩传记的开头，都是从爱尔兰写起的。[59]在与水果结缘之前，爱尔兰人曾经是乳品生意的重要参与者。通过寻找典型姓氏——这是研究移民的历史学家惯于采用的一种研究方法——我们可以找到另一些早期案例，其中的主人公，就是可能具有爱尔兰血统的街头小贩，如肯纳迪夫人，这是一位“牛奶女郎”（Milk Woman），18 世纪 40 年代曾住在斯特兰德附近。[60]爱尔兰小贩的存在，可能固化了货郎在时人眼中的刻板印象，加深了这个词的种族色彩。[61]

另一个参与街头售卖的重要少数族裔是犹太人。在空位时期①，他们被默许重新定居，到18世纪中叶，几十户人家逐渐在伦敦发展成了拥有 7000—8000 人的犹太人社区。当时，来自西班牙、葡萄牙、北非的早期英籍犹太人，即塞法迪犹太人（Sephardim）的数量，被来自中欧、东欧的阿什肯纳兹犹太人（Ashkenazim）反超，后者的人口达到了前者的三倍。阿什肯纳兹犹太人中的许多人缺乏正规技能，生活贫困，只

① 空位时期（the Interregnum），即没有君主在位的时期。英国的空位时期开始于 1649 年 1 月，结束于 1660 年 5 月。

能转向非正规的零售业，有人去乡间分销小商品，有人倒腾旧衣物，还有人沿街兜售食物。[62]18 世纪 90 年代，犹太裔的男人、男童开始在金融城的繁忙地段（如皇家交易所外）叫卖橘子，这样的场景渐渐变得随处可见。[63]19 世纪早期，犹太人社区的发展速度趋于缓慢，但是犹太人在柑橘贸易中的地位反映出他们的财富状况在日益改善。这个日渐崛起的中产阶级群体的成员们，已经成长为批发商，正从他们位于金融城东北边缘的仓库，向爱尔兰人等新兴零售商供应橘子和柠檬。19 世纪 70 年代，当最后一波大规模的犹太人移民潮抵达伦敦时，当中愿意亲自上街叫卖食物的人变得更少了，更多人选择去小作坊找活儿，或者去贩售衣物、金属器皿等制成品。[64] 当然，也有一些犹太人还保持着与街头食品的历史纽带。1891 年，一位从俄国来的糖果小贩，亚伯拉罕·阿布诺维奇，被指控妨碍公路通行，走上法庭的他甚至听不懂证词。一位市政官为他做了翻译，发现阿布诺维奇刚来伦敦 5 个星期，还不会说英语。[65]

诸如此类的例子，不仅凸显了街头食贩内部的人群多样性，也揭示了伦敦劳工阶层内部的个体经历的差异。我们不能简单地将小贩归结为老生常谈的鱼婆和货郎，同理，我们也不应简单地把伦敦人划分为“穷人”和“有工作的人”。

街头小贩的地位

许多街头小贩生活在绝望的境地。在伦敦的一处教堂法庭上，当被要求估算自己的财产时，沙德威尔的黄油小贩玛丽·莱斯布鲁克坦承，自己“一无所有”。17 世纪末至 18 世纪初，有四分之一到三分之一的伦敦女性在面对这一问题时，给出了相同的答案。[66] 透过类似的证词记录，我们似乎能听见陈述人当年的声音，男女老少都经常用和贫穷有关的字眼来描述自己。玛丽·谢泼德的一个童年好友说，她“过去卖过水芹，还和她妈妈一起出去乞讨”。[67] 另一位街头小贩如此描述自己：“我是个穷女人，在街上卖点水果。”[68] 还有一些人的行为表露了自己的处境。一位卖牡蛎的小贩因为偷盗隔壁房间的床、毯子、床罩，被房东太太告上了法庭。这位小贩租住的地方没有任何家具，一开始，他打算睡在光秃秃的木板上。[69] 与《新门监狱遗事》一样，现存的申请贫困救济者的审查文件，也包含了大量关于街头小贩日常生活的详细记录，内容涉及他们的出身、背景和工作经历。而这些访谈记录也揭示了一个更广泛的问题：大量街头小贩无法通过叫卖维持生计。[70]

从 19 世纪中叶开始，街头生意就同时成为慈善事业和学术调查的对象。詹姆斯·格林伍德（James Greenwood）在

《每日电讯报》上发表过一篇关于白十字街市场（Whitecross Street market）的著名报道，文章的核心内容便与奥尔斯曼牧师负责的货郎传教所（Costermongers' Mission House）有关。奥尔斯曼牧师在这座俯瞰拥挤街区的高楼里，为成千上万饥肠辘辘的贫苦居民提供了膳食，制订了生活改善计划。[71]慈善家沙夫茨伯里伯爵（Earl of Shaftesbury）也资助过好几个类似的组织，如“水芹和鲜花少女基督教传教团”（Watercress and Flower Girls' Christian Mission）。有一份募捐小册子，介绍了“水芹和鲜花少女基督教传教团”的创始人约翰·格鲁姆（John Groom）在1871年做过的一桩善事：一天，他组织了300名习惯了伦敦内城的烟雾、喧嚣的年轻女孩，安排她们搭乘火车前往汉普顿宫（Hampton Court），在新鲜的空气中尽情享用了一顿野餐。[72]

这并不是说所有小贩都在苦苦挣扎。有些人一直收入稳定，买卖越做越大，还购买了各种家当，过上了相对舒适的生活。我们姑且用财富来量化他们的成功好了。早在17世纪，伊丽莎白·查特就回答过后来抛给玛丽·莱斯布鲁克的问题，她表示，自己的丈夫拥有5英镑的身家，这个数字意味着，在当时的伦敦，这位水果和药草小贩属于资产状况理想的殷实人家。[73]我们还可以看看他们到底拥有什么。在街头小贩家中失窃的财物中，除了藏匿的钱款，还有银表（其中一块放在装饰了玳瑁壳的盒子里）和镀银烛台。[74]卖牛奶是最具潜在利润的街头行业，卖牛奶的人也最有机会享受不断升级的消费世界，并为下一代留下遗产。1694年，牛奶商尼古拉斯·斯宾瑟离开了人世，他的家庭财产在一份清单上被逐项列出。清单显示，他的厨房、卧室家具齐全，他还拥有一面镜子、一把银勺、一本《圣经》，斯宾瑟的全部家产估价超过了31英镑。[75]

在19世纪之前，几乎不存在有关街头小贩收入的史料。我只找到了一条相关记录：1782年，亚伯拉罕·科恩说他靠卖柠檬和旧衣物，每周能赚8—10先令，这与几十年前建筑行业工人能带回家的净收入相差无几。[76]在平滑一年中的数值波动，并将歇业时间也考虑在内后，梅休计算出，一个正常工作的货郎每周可以赚取十四先令六便士。如果将那些偶尔工作的人也纳入进来，平均收入数值会进一步下降至10先令。[77]在19世纪40年代，这不仅低于伦敦东区非技术工人的薪资，更是远低于同一城区20先令的平均薪资。[78]50年后，布思经过调查，将鱼贩、果贩的周收入划定在了20—60先令。[79]布思根据收入、生活条件等标准，对这座大都市的社会成员进行了分类，将工人阶级划分为不同的字母等级。在东伦敦和哈克尼，当地三分之二的街头小贩被归入了B、C、D类，他们的收入高于社会闲杂人员和准罪犯，但是仍然很低，而且工作是非正式的、时断时续的，这让他们落入了要么“贫穷”，要么“非常贫穷”的境地。另外四分之一的街头小贩则属于 E 类，他们有稳定的收入，处于贫困线以上，不需要为了生计不断挣扎。[80] 不过，在街头售卖这样的行业中，受到许多方面因素的影响，类似的平均值只能起到参考作用。有些人是偶尔兼职，另一些人虽然是全职，但每年只干短短几个月。总有一些人做生意的利润远远超过平均水平，而另一些人则根本赚不到几个钱。此外，由于农产品的供应有起有落（每年的 1 月到 3 月，都是众所周知的淡季），潜在的回报也时升时降，每一次季节更迭，甚至每一个星期过去，都会产生变数。[81] 最后，这一行还要受到恶劣天气、创伤、疾病等不确定因素的影响，这就让收入水平变得更加难以计算了。

伦敦人口状况的变化，在一定程度上解释了难以为街头小贩准确定位的原因。随着连续几个世纪的扩张，伦敦社会变得越来越层级分明。回看伊丽莎白时代的首都社会结构，那些必须为生计而工作的人，仅被粗略地分为了商人、工匠、劳工，但是，中间阶层当时正在兴起，他们由事业更加兴旺的生意人、商店主、制造商组成，最终凝聚成了一个与众不同的中产阶级。[82] 在这少数成功人士之下，是数量庞大的伦敦普通劳动者。到 18 世纪晚期，大约有一半成年男性从事半技术、非技术的工种，他们中很大一部分人缺少稳定的工作和收入。聚焦于维多利亚时代晚期的学者加雷斯·斯特德曼·琼斯（Gareth Stedman Jones），在他取名为“伦敦弃儿”（Outcast London）的一项研究中，将街头小贩纳入了伦敦的 40 万劳动人口（约占全市总人口的 10%）之列，根据他的估测，这些人只能去做临时工。[83] 富人和穷人的分化趋势日渐明显。一方面，富人正与劳工、仆人拉开距离；另一方面，在中产阶级和工人阶级内部，财富、地位的细微差别也在逐步演变为难以逾越的鸿沟。[84]

正因如此，从宏观的视角去讨论街头小贩的地位，才是明智之举。有些小贩只是勉强糊口，在贫困的边缘反复摇摆。但也有很多小贩的生活水平高于真正的穷人，他们日复一日地张罗买卖，至少在伦敦的劳工阶层中，他们的生活还算过得去。[85] 还有少数小贩的生活水平，甚至与最上层的男女工人不分上下，这些人要么掌握了某种手艺，要么在伦敦城内体面的地段拥有大型店铺。

就生活、工作的多数方面而言，小贩们的情况都很难用寥寥数语来简单概括。提及街头小贩的数量这一基本问题时，情况也是如此。1590 年，金融城的市政官们计划向鱼婆们发放 160 份执照，允许她们上街兜售食物。可是，在伦敦人口约为 20 万人的当时，很可能还有数百位鱼婆没有达到伦敦金融城公司（the Corporation）制定的营业标准，或者不愿意支付徽章的费用。[86] 梅休对官方估算的琐碎数据感到不满，他根据比灵门和科文特花园的存货规模、遍布全城各处的摊位数目以及街头市场的客流量，亲自计算出在大约 200 万名伦敦居民中，活跃着超过 1.3 万位街头食贩。[87] 但这仍然只是一种相对可信的猜测而已。布思在日后的调查中，使用了 1891 年人口普查后公布的约 1.2 万人的总数。可是，这个数字中包括了那些身份要么含混不清，要么与食品行业毫无关联的人，诸如“摊贩”“马匹屠宰人”“飞蛾防治员”等。[88] 当然，无论实际人数是多是少，街头小贩都已经深深地扎根于这座城市和它的周边地区。

回到家的小贩

街头小贩居住在伦敦工人生活区的贫民窟里。根据梅休的解释，他们大多聚居在街边的市场附近，梅休按照重要程度排序，列出了不同的“货郎商区”，其中兰贝斯的新街、白十字街的圣路加教堂路段、霍尔本的皮革巷位居前列。[89] 而 1851 年的人口普查结果显示，很多街头小贩还在更广大的区域安了家，如南华克、白教堂和圣吉尔斯，这些地区的居民长期以来以劳工阶层为主。[90] 尽管伦敦的扩张开辟了远离市中心的新城区——50年后，肯辛顿、旺兹沃斯、伊斯灵顿、坎伯韦尔也加入了典型居住区的行列——但自17世纪以来，街头小贩居住的主要区域几乎没有发生过变化。[91]通过绘制1825年以前小贩居住的教区地图，我们可以清晰地看出这一点（图5）。街头小贩主要集中在金融城的周边地带，尤其是西面、北面和东面。至于他们为何也在威斯敏斯特等其他地区长期落脚，可以从那些地区的历史特征中找到原因。威斯敏斯特是政治、法律、时尚领域的中心，即使以伦敦的高标准来看，当地的服务、娱乐行业也堪称规模庞大，因而需要源源不断的食品和饮料供应。[92]

上述街头小贩聚集的街区，起初都是郊区。然而，首都的崛起速度是如此之迅猛，以至于进入17世纪以后，短短数十年过去，金融城26区以外的都市人口就超过了原先市中心的总人口。[93]在早年的郊区，尤其是人居环境较差的区域，最典型的特点，就是坐落着一排排密密麻麻的小房子。这里低廉的住房租金吸引了劳工和移民，而全城房租最低的区域，就分布在泰晤士河的东部沿岸。[94]孰料，在接下来的200年里，这些地区被新建的城区包围了，起初是由于王政复辟后伦敦西区的大开发，以及中产阶级家庭向当时的半乡村村庄，如哈克尼、切尔西等地的迁移。最终，所有这些地区，都被维多利亚时代伦敦周边拔地而起的巨大外围地

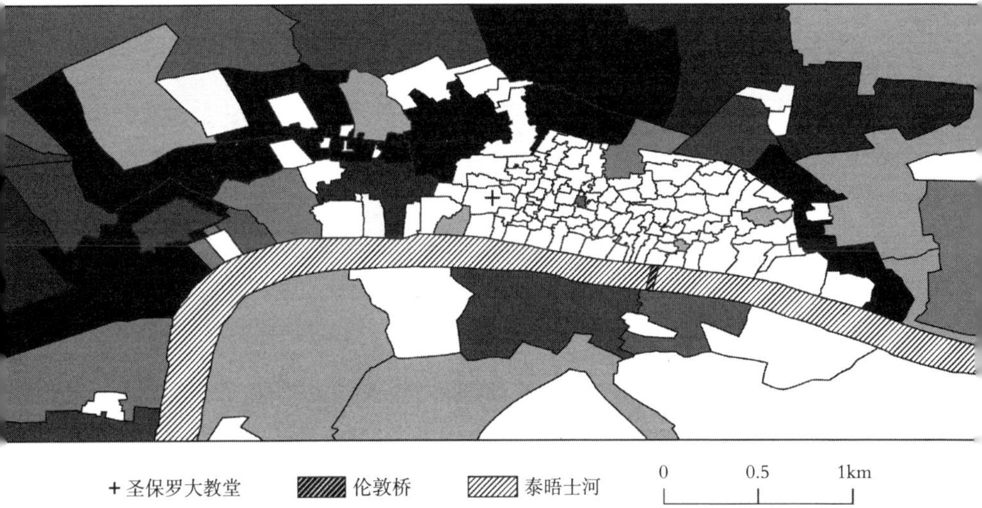

图5　街头小贩居住地的伦敦教区分布图，数据采集自1600—1825年的研究样本，基于18世纪中叶的教区边界绘制而成。阴影越深，表示居住在该教区的街头小贩的数量越多。鉴于样本的规模、来源的多样性，总体模型比确切数字更为重要。

带吞并了，圣吉尔斯等往日所谓的郊区，也就此变成了深居市内的贫民窟。[95]19 世纪伦敦金融城和威斯敏斯特的持续重建，连同从未跟上需求步伐的住房建设，合力将市中心的工人阶级挤压到了空间有限、越发拥堵的街区，那里于是退化成了城市的阴暗角落，长期以来一直是就业不足、血汗劳动、犯罪猖獗的温床，也是布思调查的重点地区。尤其是伦敦东区的贝斯纳尔格林、东伦敦的圣乔治、斯特普尼，还有紧挨着泰晤士河畔的南岸教区，情况最令人担忧。[96]

在上述地区，小贩的生活方式成为当地贫困面貌的象征。对于报道维多利亚晚期贫民窟生活的记者来说，街头小贩居住的地区常常能够提供令人回味的主题。在白十字街附近的货郎传教所的屋顶上，詹姆斯·格林伍德陷入了回忆，他凝望着一片"贫民窟中的贫民窟"，在那里，"交织成一张错综复杂的迷网的夹缝、罅隙、裂痕，实际上是纵横交错，连缀起一个个忙碌家庭的庭院和小巷"。[97]在 1883 年出版的一部名为《伦敦弃儿的悲惨呼声》（*The Bitter Cry of Outcast London*）的小册子中，作者安德鲁·米恩斯牧师（Reverend Andrew Mearns）描述了伯蒙德的西科利尔租屋（Collier's Rents）等棚户区的危险状态，揭示了住房、贫困方面的社会危机，吸引了公众的注意。以西科利尔租屋为例，3250 多位货郎、捕鸟人、街头歌手、小偷，竟然挤在区区 123 间房子里。进入租户的房子，大多数房间的面积不超过1平方米，墙壁熏黑，家具破损，床上铺的是破布和稻草，在这里，米恩斯闻到了“前一天没卖出去、在房间里放了一夜的臭鱼、烂菜的味道”。[98]此类报道引发了公众的监督，多个议会委员会和一个皇家委员会得到任命，专职负责处理工人阶级的住房问题，证人们在委员会会议上列举了许多极端的例子，证实了街头小贩居住地的肮脏和野蛮。1881年，在英国下议院开展的一次调查中，一名来自克勒肯威尔的医务官讲述了旋转磨坊街的早先状况，在重建计划启动，肮脏至极的窝棚被相继拆除之前，那里曾经是“货郎的地盘”。从街道的两旁胡乱分出了狭窄的巷子，里面没有下水道，垃圾随便堆积在排水沟里。医务官先生总结道：“那些房子在整个伦敦都臭名昭著，被认为是地球上最糟糕的破烂房子。”[99]

这些问题并不都是新问题。早在17世纪，许多工匠、体力劳动者就已经租住在被分割成若干隔间的房屋里了，更糟糕的情况甚至是，住在棚屋（sheds）和披屋（lean-tos）里。伦敦金融城公司和英国王室对房屋分割、人口过密的安全隐患忧心忡忡，于是就此问题推动调查，并发布了警示公众的告示。1666年的大火加速了这一进程，原来遍布着古老的木构建筑的伦敦，正在用石头、砖块重建，浴火重生的房屋被更加整齐有序地排列在阶梯式的街道上，但房屋与房屋之间仍然存在令人担忧的质量差距，成千上万的人依旧居住在拥挤不堪、摇摇欲坠的住所里。[100] 在给已识别出身份的个体小贩对应上详细的住址后，我发现，他们往往居住在庭院、里弄、小巷之中，那些地方通常只有远离主干道的狭窄过道，人居环境也更难得到保障。[101] 小贩的住所可能极其简陋：自称“牛奶搬运工”（milk carrier）的本杰明·沃克就睡在牛栏中的干草棚里。[102] 对于经营乳品和水果生意的小贩来说，地窖式的住宅也许十分常见，那种地方既是家，又是店面。[103] 一些人租用了更便宜的底层房间，只有少数幸运儿可以住进更通风、更明亮的双层公寓。[104]

不少街头小贩在临时住所里安家，左邻右舍都是不一定认识的陌生人。玛丽·沙利文在布鲁姆斯伯里的一家客栈住过一晚，这是一种在贫困城区非常典型的条件简陋的短期住所，那里的房间，乃至地板上的空间，按日或按周出租。沙利文住的房子里还住着另外 10 位客人，其中一位房客必须穿过另一位松饼摊主的房间，才能到达自己的房间，便趁此机会顺走了松饼摊主的衣服。[105] 对于穷人而言，碰到玛丽·沙利文那样糟心的住店经历，或者是需要从某位房主那里租住房间，都是稀松平常的事，在他们人生的各个阶段屡见不鲜。[106] 也许是为了多赚点额外收入，少数小贩自己也招揽房客，这再次提醒我们，街头小贩的经历可能千差万别。[107]

就算改善工人住房的措施得以出台，街头小贩也不一定能从中受益。身为没有固定店铺的零售商，小贩们会利用他们的住所和外面的街道来存放设备、牲畜、存货，准备等待出售的食物。19 世纪 80 年代，记者乔治·西姆斯在描述像圣卢克这样的贫民窟时注意到，不止一头驴子被牵过走廊，带到楼上，“圈养”在污秽的房间里。有一则关于婚姻纠纷的逸事，让两口子闹矛盾的导火索竟然是一头睡在床下的驴子。一天结束后，街头小贩会把他们的手推车推到随便一片停放得下的空地上，有时还会卸下一个轮子来提防盗贼。没卖出去的卷心菜就码放在房间里，因为一夜过后卷心菜会发蔫，小贩不得不在第二天早上浇水，好让它们恢复原状。土豆烤熟了，在被卖给饥肠辘辘的工人之前，会被丢进邻居们洗杯子、盘子的公共浴缸里一同擦洗。西姆斯警告他的读者，只消看一眼小贩每天卖剩下的食物残渣，“就会让你们中那些喜欢在门口和小贩讨价还价的人，永远不肯再光顾手推车”。[108] 话虽如此，这些非同寻常的片段，却不应该被单纯地看作小贩道德堕落的罪证。怎么说呢，它们只是一些为了解决实际问题不得已而为之的门道儿。这群一穷二白的零售商要自己养活自己，除了蜗居在这里，还能到哪儿去准备新一天的工作呢？根据好几个城区的卫生官员的说法，街头小贩并不愿意搬进样板住宅，也就是开发公司专门为此建造的楼房和排屋，因为那些新式建筑不适合小贩的工作、生活方式。那里对住户行为的严格限制和定期收取的租金，也让他们望而却步。[109] 接受议会调查的其他证人表示，虽然那些建筑偶尔会提供专为小贩打造的设施——在白教堂一带实施的佩博迪信托（Peabody Trust）计划就承诺，在每一栋楼的底层，浴室的旁边，为手推车预留存储空间——但现实中，小贩很少真正利用上此类设计。[110]

到了 20 世纪早期，各方面的条件终于有所改善。随着一座座贫民窟得到治理，住宅区陆续落成，不少小贩搬去了新建的工人阶级郊区，那里的交通更为便利，有公共汽车、电车和铁路，房屋租金也可能更便宜。但是对街头小贩来说，离开是一个艰难的抉择。坎伯韦尔、沃尔瑟姆斯托等地，距离伦敦市中心的批发市场路途遥远。新建的郊区也无法提供高密度的顾客群，而街头小贩的货品价格低廉，只能通过充足的客流量来换取收益。对于其他伦敦劳动者而言，街头小贩的存在，本身就是他们不肯离开的理由。这些零售商为自己所属的社区带来了大众负担得起的食物。一位生活在街头小贩周围的威斯敏斯特的银器工人就直截了当地表示："货郎这个阶级和其他工人阶级一样重要，没了他们可不行。"[111]

与街头小贩的身份、生活状况一样，他们的住址也表明伦敦正在孕育深刻的变化，但某些旧有的模式和问题犹自根深蒂固。一如接下来的章节将会不断展示的那样，街头小贩的存在，证明了伦敦发展和迈向现代化的双重性，即便是在 19 世纪晚期亦不例外。透过他们的生活和工作，一仍旧贯、脾性不改的老伦敦，似乎在与日新月异、时髦摩登的现代大都市共生共存，对此，他们自身就构成了有力的证据。

第二章　工人

小贩有等级之分，至少在他们之间，情况确乎如此。19世纪，“正规的或者‘纯正’的货郎”，也就是那些日复一日带着标志性的手推车、驴子做买卖的小贩，就被认为瞧不起那些用篮子或托盘卖柑橘、坚果的妇女同行。同样，卖椰子的犹太人，还有卖糕点、糖果、豌豆汤等街边即食食品的小贩，也受到了同行的排斥，因为他们带到街上的食品，不是从批发市场采购回来的。在所有人之下，还有一个悲惨的阶层，由潦倒的工匠和体力劳动者组成，他们是因为没活干，才被迫上街叫卖的。“这帮可怜人，他们有的把兜里的每一分钱都赔光了。”一位街头小贩告诉亨利·梅休，一边说着，一边还在哀叹他们在讨价还价、挑选货物方面的无能。“我们同情他们。我们都说，‘可怜的家伙！他们很快就明白这是怎么一回事了’。”[1] 这种地位的区别在前几个世纪就已经存在了，只不过等级的划分在当时更加不易察觉。在有机会解释他们的生计时，有些小贩会说，他们既忙活其他低三下四的工作，也卖些吃的——玛丽·莱斯布鲁克就是如此，按她的说法，她在卷缠丝绸、洗亚麻布、照顾孩子的间隙，也卖黄油和鸡蛋——但另一些人则认为，叫卖根本不是一份值得一提的工作。“我没做过任何生意。”朱迪丝·唐尼万在1784年的一次法庭庭审上陈述道，“我只是偶尔卖些水果。”[2]与此同时，最成功的商贩往往拥有更明确、更受尊敬的身份。在立遗嘱时，本杰明·威尔金森给自己起了一个精练的头衔——“牛奶商”（milkman）。[3]慢慢地，卖牛奶变成了大规模、有组织的行当，以至于在那些调查穷苦百姓的人士眼中，它已经不再是街头生意的一部分了。

考虑到“沿街叫卖”一词包罗万象，很难将其统一概括为“工作”。有时候，沿街叫卖是一份收入微薄、耗费心力的营生，时间不规律，小贩们只是在忙活其他生意的同时，捎带手做一做。可是，另一些小贩终其一生都在街上叫卖，积累了良好的客源，还雇用了助手，他们的生意经，与鱼贩、菜贩等体面的零售商的经营方式有颇多相似之处。诚然，对于大部分小贩来说，在伦敦历史上的多数时间里，他们的工作并不被视为真正的职业。他们的谋生方式在时人看来不够体面，他们既没有一套标准化的工作流程，也没有受到认可的职业头衔，甚至没有可以在结婚登记册、请愿书、人口普查表上，潦草地书写在自己名字旁边的简短的身份描述——

而随着时间的推移，这种身份上的分类会变得越来越重要。然而，就是在这种情况下，沿街叫卖再度成为大都市经济生活的典型代表。街头小贩只能通过他们的工作方式，来为自己的身份正名。

贫民窟里的商人

长期以来，伦敦一直不断产生且依赖着诸如街头小贩这样无保障的劳动力。与其他英国城市相比，伦敦既是港口，又是政府机关和社会生活的中心，当地的服务业规模因此异常庞大。而处在服务业的最底层，比理发、开酒馆等受到社会认可的职业地位更低的，是一系列灵活的低技能工种。家政服务、码头搬运、洗衣、打扫房屋和沿街叫卖吃食等岗位，几乎不需要投资和接受正规培训，只要愿意从事体力劳动即可胜任。伦敦独特的经济特征早在18世纪就已显现。[4]即使是到了工业革命结束后，首都也依然保留了一些制造业，不过，在大多数街头小贩居住的内城，制造业一般集中于生产服装等高价值的成品，而且是在小作坊、家庭而非工厂里进行。与地位卑微的服务业一样，这一行也吸引了一大批临时工，制造商、仓库老板会雇用他们工作数天、数周或者数月，然后在经济低迷和季节性萧条到来之前，将他们及时解雇。19 世纪晚期，临时工的危险处境让有识之士愤愤不平，但这种现象其实丝毫算不得新奇。[5] 为了维持生计，伦敦的劳动者早就习惯了打短工和当牛做马。

很多走上街头叫卖的小贩，都讲述过他们失去稳定工作的往事。出生于格林尼治的苏珊·佩里，起先在一位礼服制造商身边当学徒，后来“由于找不到可以糊口的工作”，她只得与一名女裁缝短暂同住，接着“时而卖报纸，时而卖水果”。[6] 另一些小贩将矛头指向了外部的经济形势，他们表示，是生意的低迷将自己推向了街头。其中一人谈到，他之所以卖松饼，是因为 18 世纪 70 年代美国独立战争爆发后，工作环境的“萧条”。[7]19 世纪的最后 10 年，又一轮经济危机席卷了英国，导致一位前雪茄制造商推起了货郎的独轮车。“我不能眼睁睁地望着我的孩子们在这样一座大城市里饿死。”他在警察法庭上解释说。[8] 除了上述人等，惯于吃苦但又缺乏市场技能的复员军人和水手，也转而干起了街头销售的买卖。[9]

对于真正走投无路的人来说，走上街头售卖食物，可能是最后的救命稻草。许多小贩都有生病、受伤的经历。活跃在犬渠街的蛋糕摊贩汉娜·马克斯要养活四个孩子和丈夫，她的丈夫曾经是一位糕点师，后来不幸失明了。[10] 梅休的访谈记录中穿插着各种不幸的故事。在另一个典型的故事中，一位卖贝类海鲜的小贩也讲述了自己做靴子缝合工的前半辈子，那时的他靠缝鞋帮，每个星期能赚到40先令之多。“后来我得了风湿热，我的手不能用了，手艺也就废了，”小贩告诉梅休，“那时候，按照我的理解，走上街头并不是什么光彩的事，可是就因为我不能干活，所以只能在上街叫卖和挨饿之间做出选择，我自然要选择前者。”[11] 此类故事固然悲惨，但值得我们注意的是，在所有这些例子中，沿街叫卖并不是最糟糕的选择。它是渡过难关的一种办法，是逃脱绝境的一条生路。类似的工作还包括打扫房屋、出售廉价印刷品、捡拾废品、清扫街道、劈柴，以及往身上挂广告牌，做个“三明治人”（sandwich-man）。[12]

地方官员也认识到，沿街叫卖可以让那些处境艰难的可怜人有份工作，可以防止他们变成济贫事业日益沉重的负担。19世纪30年代，白教堂济贫法联合会（Whitechapel Poor Law Union）的负责人注意到，他所在地区的一些苦苦挣扎的男女，为了避免被送进济贫院，会请求得到几先令。有了这点本钱，他们就能购买篮子和鱼、水果等货物，带去街上售卖了。[13] 这些救济金由官员们自行酌情发放，没有留下系统的记录，因此其应用范围可能比我们知道的还要广泛得多。对于那些只是偶尔售卖食物，或者生意刚开始起步的人来说，利用任何可能的渠道拼凑出一些钱，用作进货资金，是很正常的事情。有些人靠朋友的资助，还有一些人向附近的酒馆老板赊钱。圣吉尔斯的一名妇女为了买篮子和海鲜，干脆典当了她丈夫的马裤。[14]

无论他们的生活多么拮据，小贩们还是可以在卖食物的同时，继续兼顾别的营生。截至 1825 年，在我识别出身份的 858 位街头小贩中，男性主要集中在重体力劳动、看大门、磨玻璃、制枪、油漆、安装玻璃、制作巧克力等行业。男孩们跑腿和擦鞋。女性打扫卫生、照顾病人、给人算命，或者经营着带有古早风情的街角小店，此外，她们也要打理家务，但是在当时，被推给她们的家务很少被看作正经工作。一些女性还会兜售小册子、二手衣物之类的其他商品。17 世纪至 18 世纪，在伦敦社会的各个阶层，兼职的现象都非常普遍。由于工作时间灵活，又没有正式的工作职责，街头售卖就成了人们忙完正事之余可以选择的兼职方向，只不过，这些额外的工作往往没有被列入记录，在我们收集的历史样本中，只有单一的主业头衔，或是已婚妇女的婚姻状况，才会留下痕迹。[15] 在 19 世纪，诸如人口普查这样新出现的劳动力调查手段，更是要求人们将复杂的生活简化为普查当天表格中的某一个选项，这进一步强化了工人越来越专业化的印象。而实际情况是，大量男男女女，尤其是伦敦内城贫民区的居民，仍然同时忙活好几份工作。[16]

一年到头工作频频发生变动的情况，在当时也很常见。有些小贩会随着季节变换工作。18世纪的布里奇特·刘易斯夏天倒腾苹果，冬天清洗衣物；詹姆斯·布伦德尔放弃了砖厂工人的岗位，转行做起了松饼小贩。[17]后来，每逢春末，当水果和蔬菜市场上的农产品开始丰富起来，街头小贩的数量便会随之增加。而一到秋天，这些商贩就又回到码头做苦力，或者打扫烟囱去了。小贩的工作机会与伦敦的经济节奏紧密相连。一年一度的“伦敦社交季”（the London Season）期间，对某些服务的需求也达到了顶峰，那时正值春季和初夏，伦敦西区会涌入大量富裕家庭；5月至10月，是码头最繁忙的时节；但随着寒风渐起，建筑等户外工作的岗位供应又会在冬季跌入谷底，工作环境也变得更加艰苦。[18]食品小贩可以在明天到来之前，乃至几个小时之内转换职业。一位卖海螺的小贩告诉记者阿道夫·史密斯，卖海鲜“只能勉强糊口”。他时不时会把手推车留给妻子，自己去打零工，给这家清理地毯，为那家擦洗窗户。[19]街头生意的灵活性，让小贩们可以自由地把握赚钱的风向，但也使得在马路牙子上卖吃食这件事，看上去不太像是真正意义上的就业。

马路牙子上的贵族

沿街叫卖可以被勉强视作一种职业，这种观点，绝不是我们的故事旨在表达的全部。许多街头小贩日复一日地操持这一行，有人在摊位前留守，有人外出兜售货品，靠着赚来的钱，他们不仅摆脱了贫困，还过上了相对优渥的生活。与那些更体面的工作一样，这也是一份足以养家糊口的工作。有的已婚男性靠卖草药、鱼、蔬菜，维持妻子和孩子的日用开支。[20] 还有一些家庭，丈夫和妻子都在街头工作，两人要么分头售卖不同的食物，要么合力打理同一桩买卖，今天手把手一起把牛奶运进城里，明天在货摊旁互相搭伴儿。[21] 在这种情况下，可能会存在任务分工的问题。一位摊贩告诉梅休，他的妻子负责摆摊，他自己则带着 10 岁的女儿沿街叫卖。[22] 即使是在只有一位街头小贩的家庭中，也可能存在体力、技能的共享。玛格丽特・哈特嫁给了一名园丁，她的丈夫可以为她的草药生意提供货源。反过来，哈特也可以与丈夫分享来自街头和市场的见闻，向他传授存货、销售方面的窍门。[23]

互不相关的街头小贩也可以结成伙伴关系。当然，在多数情况下，我们很难确定这些关系到底包含什么具体内容。约瑟夫・泰勒含糊地解释了他和理查德・查林杰的联手方式，两人早上卖蔬菜，晚上卖鱼。“我们是合伙人，”泰勒说，“他是第一个带我入这一行的人。”[24] 在他们进货的批发市场上，街头小贩会加入更多临时性质的联盟。在被问及是否与因盗窃罪受审的多萝西·劳埃德相识时，伊丽莎白·巴利承认，她与劳埃德认识多年，自己平时会“在大门那边把鱼分给她”。“我俩凑钱一起买鱼。”巴利补充道。自然，此处的“大门”，指的是有水边市场的比灵门。[25] 小贩们可以通过合伙的方式或者批量采购，或者分开挑选高价货，那些货品单靠他们自己是买不起的。[26] 对于刚到城市、人生地不熟的单身女性而言，合作伙伴关系可能营造了“虚拟家庭”的氛围，除了能带来收入上的好处，还能提供社交上的支持。[27]

那些经常需要助手的商贩，会雇人来帮忙。在某些情况下，完全不从事街头售卖这一行的家庭也会雇用仆人，那样的话，仆人的职责就可能包括沿街叫卖食物。伊丽莎白·德雷珀的女主人就亲自去比灵门买牡蛎，再让仆人晚上拿出去卖。[28] 伦敦一度到处都是家仆。他们的人数在 17 世纪激增，到 1750 年，他们几乎占到了伦敦居民总人口的十分之一。他们中的多数人是 30 岁以下的年轻女性，在工匠、商人、零售商的家中工作，而不只是为富人服务。[29] 当时，不太富裕的家庭雇用仆人提着篮子出门，反而有助于提升家庭的收入。可是进入 19 世纪，这种做法就不再普遍了。到那时，仆人的人数虽然依旧很多，却已经更多地局限于中产阶级和上流社会的家庭。[30] 与此同时，临时性质的雇佣关系开始走入人们的视野。男性街头小贩偶尔会雇用被称为“叫卖童子”（chirpers）的男孩，安排他们一边不停地叫卖主人的商品，一边推拉手推车。这些孩子每天的报酬只有果腹的食物，或者区区几便士。[31]

生意做得红红火火的商贩，还会雇用专门的仆人。17 世纪早期，毗邻黑衣修士桥的布莱德维尔感化院的院长们试图遏制这种做法。当时，街头商贩的仆人几乎全都是年轻女性，她们被带到院长法庭上受审，有的人甚至被多次传讯，她们的雇主也一并遭到了起诉。[32] 在这个早期阶段，摆摊卖鱼已经发展为一个足够大的行业，足以鼓励渐成气候的零售商雇用员工。但来自布莱德维尔感化院的关注也告诉我们，金融城的领导者对这些在街上游荡的女性感到不安。我们无法确定她们的工作内容，也不知道她们是被安排了工资、住处，还是在比这更宽松的条件下工作。当然，有些雇佣关系更为正式。18 世纪中叶，玛格丽特·爱德华兹雇用了简·肖恩，派她上街，冬天卖鱼，夏天卖水果。肖恩为爱德华兹工作了一年，其间住在对方家里，一共挣了 52 先令。这个例子符合留宿雇主家庭的服务模式，而且肖恩的薪酬也与大多数伦敦仆人带回家的平均薪酬相差无几。[33] 但“仆人”终究是一个宽泛的术语，在现实中，合同期限、膳宿期望、仆主责任每每不尽相同。[34] 由于街头生意变幻莫测，无论是女主人还是男主人，都可能会利用这种灵活性来为自己谋利。

一些人开始招收学徒，而这通常是在响应地方当局的要求。1657 年，布莱德维尔感化院的院长们强令“一个无助无依的穷女孩”——玛丽·柯尔比，去给卖牛奶的人家做学徒。柯尔比得到了衬裙、马甲、长袜、鞋子、围裙和两件罩衫。[35] 这种学徒制度，不同于金融城的各个同业公会提供的正规性质的手工艺培训，后者是获得完整公民身份的一条途径。这是属于靠救济度日的平民百姓的学徒制度。为了帮助贫困家庭，也为了管教年轻人，地方法官、教区官员将男孩和女孩（有的只有 7 岁）安置在各种有手艺、做买卖的家庭中。这一做法从 17 世纪晚期开始推广开来，在 1834 年出台的《新济贫法》（New Poor Law）将大多数贫困儿童送入救济院之前，一直发挥着重要的作用，尤其是对年轻女性而言。[36]

我们还不清楚跟随小贩的学徒可能会学到什么。与仆佣制度一样，贫民学徒制度也缺乏严格的定义。事实上，这两种制度常常相互交织。最不幸的学徒会被当作廉价劳动力来剥削，其他人则寄宿在稳定的家庭中，习得了宝贵的技能。[37] 尽管学徒们的经历千差万别，但当局将街头小贩纳入此类培训制度，对我们还是有启示意义的。这表明，教区和伦敦政府的要员们已经开始将一些食品小贩当成正直的雇主来看待，相信他们能够照顾年轻人，指导年轻人接受教育。这种学徒制度还意味着，在街头售卖食物虽然地位不高，但仍然被认为是一门生意或手艺，是一种值得学习、传承的职业。一些练习叫卖的学徒会长期跟随他们的女主人，有时竟长达六七年之久。[38]官员、家长都对孩子的教育和待遇抱有期望。1696年，弗朗西丝·霍尔向米德尔塞克斯郡的治安法官提起上诉，因为她的女儿萨拉没有得到"作为学徒该得的钱"。不仅如此，萨拉还被她那卖鱼的女主人殴打和虐待。[39]但正常情况下，像萨拉这样的儿童和青少年，可能会学到如何剥牡蛎、洗鲜鱼，如何随着一年四季的变换，从市场上挑拣出最合适的货物，以及如何为自己的货品定一个好挣钱的价码。卖牛奶的商贩必须与养牛户建立关系，并且留住回头客。每一位想把买卖做好的小贩，都必须保持易腐食品的完好无损，都要摸清赚钱的门路，再用他们的吆喝声去吸引买家。在雇主身旁，他们还磨炼出了在长时间的、让人疲倦的户外劳动中坚持下来的那股子韧劲儿。一位街头小贩告诉记者詹姆斯·格林伍德，在他身旁干活的那个年轻后生获得了很多无形的回报。"跟着我做学徒，实在好极了，"那个男人说道，"他既学会了如何买，也学会了如何卖，他再也不会把早起看成一桩难事了，不管是夏天还是冬天，早早起来，才是做一切生意的关键。”[40]

牛奶商最有可能雇用员工，而且许多员工是成年人，这是乳品行业在规模和复杂程度上超出其他行业的一个标志。[41]整个18世纪，总有一些乳品小贩自称是其他牛奶商、女牛奶商手下的“搬运工”（carriers）。[42]今天的我们尚且不能确定，最初这些搬运工是定期获得报酬，还是仅按照协议，从与养牛业有联系的小贩那里购入牛奶。到了19世纪晚期，随着行业组织的日渐复杂，搬运工大多成为乳品公司的雇员，根据自己的销售额赚取相应的佣金。在行业内部，拉板车的人比推“婴儿车”（pram）——一种可以装好几个奶桶的两轮、三轮手推车——的人赚得多。在他们之上则是经理和工头。[43]

在这门街头生意中，把牛奶卖出去，一直是最复杂的一环。至少从18世纪开始，小贩就会以个人的名义圈定几条街道或几所房子，而后要么每天上门，要么每周供几次货，允许客户累积账单。他们称之为“送奶路线”（milk walk）。[44]送奶路线的归属按照惯例来划分。与大多数非正规经济中的典型协议一样，这件事没有留下书面记录，因为彼此竞争的奶贩及其客户都很清楚谁拿到了哪块区域。这并不是说送奶路线毫无价值。小贩们会互相商量，来回买卖这些路线，19世纪初，有的送奶路线的售价高达100英镑，但大多数的转手价格不过是个位数或两位数。[45] 玛丽・沃兹沃斯在 1787 年离世，她不仅给后人留下了“我临死之际拥有的两条送奶路线”，还留下了“尚未确定归属的好些条送奶路线”，好让孩子们把后者变卖，还钱给债权人。[46] 能够留下这么一笔遗产，也是街头小贩比真正的穷人要过得好些的另一种表现。

在小贩内部的等级制度下，一些奶贩脱颖而出。玛丽・沃兹沃斯等人的遗嘱，为今人追溯他们的阶级跃迁提供了线索，这种情况早在伦敦崛起之初就已浮现端倪。到 1750 年为止，我在伦敦各个教区发现了累计 23 份使用了“牛奶商”一词的男性遗嘱，这些遗嘱在不同的遗嘱检验法院完成了登记。从遗嘱人的遗赠情况来看，一些人的生意显然小有成就。除了衣服、手表，本杰明・威尔金森还能给侄女和遗嘱执行人的女儿各留下 10 英镑，给兄弟姐妹和好朋友们留下几英镑。[47] 在这些牛奶商中，有 15 人的遗嘱是在坎特伯雷特权法院（Prerogative Court of Canterbury）登记的，这座法院负责处理规模最大、情况最复杂的遗产，这也从侧面再次印证了遗嘱人的生意规模。[48] 威廉・斯莫伍德留下了位于赫特福德的土地、房屋、花园，那里距离他本人居住的亨格福德市场（Hungerford Market）很远。约翰・莱斯特将自己的“牛奶业务和生意”分给了两个儿子，此外还留下了 500 英镑的年金、40 英镑的现金和两枚金戒指，每枚戒指价值 1

英镑。[49]这样的遗产，让这群牛奶商在工匠、生意人这个阶级中位居头部，就财富水平而言，他们更接近伦敦的许多职业人士。[50]到了这个层次，他们可能已经不再亲自搬运牛奶，而是雇用搬运工、仆人，经营店铺、地窖，甚至养起奶牛了。因此，我们在使用“牛奶商”这个称谓时要注意。头顶这个称谓的人可不一定是小贩。[51]至于“女牛奶商”，虽然我们知道这个词有着更长的历史，而且女性乳品小贩的存在也一直不容忽视，但是在遗嘱中，这个称谓是后来才出现的。[52]此间的差异暗示了这样一个过程，在快速发展的乳品行业中，男性一跃成为领导者，并为自己的小贩工作赋予了一个公认的头衔。不过，大多数街头小贩并没有类似的选择权。

货郎也有阶级

在伦敦历史上的大部分时间里，精英文化和大众文化共同强化了一种观念：街头售卖并非一种体面的、可持续的工作形式。在唐纳德·卢普顿发表于1632年的小册子讽刺作品中，“哭泣、徘徊、劳累”的鱼婆被嘲笑“每天清早都做新的买卖”。卢普顿调侃道，除了一成不变地要卖光她们小小的存货，这些女性“几乎每天都在变化，今天卖鱼的她，明天可能卖水果，后天卖草药，大后天又卖根茎”。[53] 小贩不专精于某一行，因而职业并不稳定。街头小贩的流动性，是“伦敦的叫卖声”这类作品从一开始就反复出现的主题。早期作品中有一些是大型的单页版画，上面印有数十位小贩。这些男女主人公一概匿名，只有每个人物下方的一行小字介绍了他们叫卖的内容，如“鲭鱼”“生菜”“来买牛奶，应有尽有”。没有正式工作的他们，就这样被他们叫卖的商品定义了身份。还有一些艺术作品通过音乐的表现形式，借助小贩吆喝的声响，捕捉到了他们缺失的身份。一首 17 世纪的民谣,《多面手杰克》(*Jolly Jack of All Trades*)，就用此类歌曲擅长的俏皮双关语，解释了故事叙述者花样百出的谋生方式。杰克问听众：“你们要买我的比目鱼吗？/要买我的鮈鱼还是斜齿鳊鱼？”而在此之前，他已经提到了会唱歌的鸟、别针和捕鼠器，并回忆起了自己偶尔做补锅匠、酒保的往事。这首民谣套用了《我们去乞讨》(*A-Begging We Will Go*)那首曲子的曲调，许多表现滑稽的流浪汉、销售员乃至游手好闲之辈的歌曲，都曾经套用过这个曲调。[54]

这些文艺作品大都根植于现实。如同我们看到的那样，许多小贩一年到头身兼数职，不停地更换工作。他们销售的商品也随之一变再变。这一点对于街头销售至关重要，小贩的适应能力正是他们作为零售商的与众不同之处。翻开《新门监狱遗事》，街头小贩约瑟夫·莱科克的传记生动地写道："他有时候财运亨通，有时候又两手空空，小店儿不需要太多存货，很快就要置办新货；卖完过季柑橘，转眼就去卖鱼，点子总比困难多，日子越过越红火。"[55]梅休相信，街头小贩有一个季节性的生意周期，一年之初从卖鱼开始，初夏时节倒腾浆果、醋栗和樱桃，入秋以后又换上其他的水果和蔬菜。[56]大多数小贩的工作节奏较为灵活，一旦市场供应过剩、无隙可乘，或者供不应求、有利可图，他们就会随时随地见机行事。在这么一座临时工比比皆是的城市，小贩的多变形象可能并不罕见，这也削弱了他们职业身份的确定性。

在谈到女性街头小贩时，这个问题就更复杂了。长期以来，职业身份，或者说，人们被谋生方式塑造的对于自身的价值意义、社会地位的感知，一直让研究工作和性别的历史学家着迷。从过去到现在，职业身份不仅关系到个人的自我感受，而且是经济生活中关于劳动者价值的一种沟通方式。"屠夫""鱼贩"等头衔，同时传达了头衔持有者的工作内容，以及他们的生意所具有的独特性和生产性。在官方文件中，女性更少被冠以上述头衔，即使她们被这么称呼，这些标签也往往无法精准地反映出她们在家庭内外实际承担的各种任务。[57]在17世纪至18世纪，英国文化比现在更加重视身份，人们是做什么的，比他们能挣多少钱还要重要。那些书写在自己名字旁边的简短的头衔，也因此更加意义非凡。[58]可是如此一来，女性街头小贩便陷入了双重困境：她们贩售食品的工作并不总是被视为正当职业，而“牛奶商”和“货郎”等头衔出现以后，又大多被用在了男性从业者身上。[59]

在“伦敦的叫卖声”这一题材中，女性街头小贩仅有的几种身份被一一塑造成了让人产生负面联想的角色。“鱼婆”一词早期泛指所有女性小贩，具有粗鲁、酗酒、蔑视公序良俗的含义。在当局对商贩的监管记录中，这个标签及其变体被广泛使用。“贩子”一词，在全国范围内都被用来指代售卖食物的女性，可是在伦敦，这个词主要指那些违反首都市场规则的人。[60]“女牛奶商”一词的贬义色彩相对较少，但是年轻的女性乳品小贩被称作“挤奶女工”（milkmaids）。在民谣和诗歌中，伦敦的挤奶女工往往被描绘成一个从乡下来的天真少女，一个在这座大都市中面临身心腐蚀的单身女孩。

面对这些挑战，小贩们不得不更详细地描述他们是如何工作的。1695年，玛丽·纳普向伦敦的某座教会法庭提交了一份声明，在堆砌套话的开场白中，她仅被标注为一名寡妇。当被问及如何维持生计时，纳普表示，她“靠卖鱼和水果之类的东西为生”。[61]就像当时伦敦越来越多的女性一样，纳普避免了更具暗示性的“鱼婆”或“贩子”的标签，转而解释起了她的具体工作内容。在类似的场景中，只有极少数女性拥有正式的职业头衔。[62] 没有生意可做的贫穷男子也是如此。在一份递交给米德尔塞克斯郡的法官，乞求从轻发落的请愿书中，约翰·卡斯尔自称是一个“贫穷却勤劳的人”，靠“卖草药和鱼”来填饱肚子。[63]

小贩们利用诸如此类的标准用语向外界说明，自己是在“售卖”或“叫卖”特定的食品，抑或“将特定的食品带在身边沿街兜售”。[64] 他们依靠这些措辞描述了一种工作身份，这种身份不像其他大多数身份那样简洁明了，但是从他们的角度出发，具有关键的用意。这种身份一方面表明了他们低贱的地位，另一方面也将他们郑重地纳入了销售商（sellers）的范畴。传统上，零售商作为从最终价格中抽成的中间商，在城市经济中扮演着一个尴尬的角色。可是到了这一时期，转售商（re-sellers）开始逐渐被世人接受，他们的声誉有所提升，经济评论家们纷纷称赞他们的积极作用。[65] 如今，街头小贩也是这一范围越来越广的生意人群体的一部分了，他们的业务都是先买进，再卖出。

“货郎”的独特身份花了更长的时间才浮出水面。这个词本身可以追溯到 16 世纪，它最初指的是在商店、市场摊位、街头出售苹果或其他水果的人。[66] 这种情况到了 1618 年依然如故，当时，“货郎”亚当·哈里森被指控用装满新鲜农产品的篮子阻塞了舰队街。[67]在18世纪的最后10年，人们对这个词的理解变得愈加宽泛。有这样两位小贩，理查德·皮尔斯和约瑟夫·休伊特森，两人都自称是货郎：他们一个用手推车卖蔬菜，另一个用驴子驮货。[68]这一幕，更接近梅休在《伦敦的劳工与伦敦的贫民》中赋予该词的含义，书中典型的货郎，就指的是一个用驴子和手推车同时售卖鱼、水果和蔬菜的小贩。

货郎留给社会的刻板印象，可能已然与贫困挂钩，但从事这一行的街头小贩似乎还是接受了这一头衔。无论他们是否同意梅休的描述，货郎已经成为食品小贩一致认同的集体身份。在调查期间的1850年7月，身为记者的梅休在霍尔本的国家大厅（National Hall）亲自主持了一场有1000多位小贩参加的会议。会上，这些街头小贩同意组建"伦敦货郎友好协会"（Friendly Association of London Costermongers），该协会除了负责拨款，以资助患病、贫困、年迈的成员，还将履行其他若干职能。[69]这是一个开端，它预示着街头小贩未来会自发成立众多团体，以维护他们的共同利益，并就诸如1867年出台的《大都市街道法案》造成的灾难性影响、周日上午的街头市场遭到清理等问题，向政府和警方发起游说。[70]1901年，其中一个较具规模的组织，"货郎联合会"（Costermongers' Federation），在正式注册的同时，出版了一本简短的规则手册。手册的封面是一位街头小贩的照片，他的手正放在一头驴子上。根据联合会的第一条规则，该组织的宗旨是“维护男女货郎的权利，为去世的成员提供抚恤金，并且在各个方面联合起来，改善街头商贩的总体地位和状况，确保成员之间的统一行动，规范他们之间的关系”。成员们被编入了不同的分支机构，定期缴纳会费。[71] 到20世纪初，首都的大多数街头小贩加入了类似的组织，这证明，被看作自私自利的个人主义者的他们，完全具备团结一致的精神。[72] 从此，代表小贩社团的律师，会在首都的警察法庭上为出庭者辩护。[73] 大都会警察局的文件记录中，会夹杂着街头小贩工会秘书长的来函，有时，来函会用标题醒目的信笺书写，它们陈述了小贩的观点，旨在与当局就折中方案展开协商，以便维持工会成员的生意。[74]

街头小贩还通过共享的文化来加强彼此的身份认同，在悲伤和快乐之际，这种文化都会借以呈现。[75] 根据一名记者的讲述，每当一位货郎去世，他的同行就会组织一场以“热心人”（brick）或“通财之谊”（friendly lead）为主题的救济演出，这是一种包含饮酒、歌唱等活动的聚会，由此筹措的钱款将被用来支付葬礼的费用。[76] 货郎的送葬仪式也可以备极哀荣。1884年1月,《标准报》报道了一位“名叫希利的古怪老太太”的去世，她生前经营着一处水果摊。受到已故小贩慷慨的遗嘱和葬礼现场来者畅饮的啤酒的吸引，“从卡姆登镇到芬奇利公墓（Finchley Cemetery）的道路两旁围满了观众，数百位货郎加入了送葬队伍”。[77] 除了葬礼，生活中也有一些轻松的时刻。每年 9 月，货郎联合会都会在肯萨尔莱斯举办体育日活动，20 世纪早期，活动业已发展为一年一度的盛事。一家报纸描述了成千上万名街头小贩携带家眷，推着彩绘板车，前来参加赛事的盛况，比赛一直持续到夜幕降临：

> 安德森以 5 分 22 秒的成绩赢得了 2 千米短跑比赛……在另一场女货郎的比赛中，弗格森小姐在大家的热烈欢呼中斩获胜利。此外，现场还举办了 5 千米和 8 千米的自行车比赛、麻袋赛跑、三脚赛跑、提水桶赛跑、骑光背驴比赛、驴车比赛等项目，所有这些赛事引发了人们的极大兴趣，点燃了赛场的热烈气氛。[78]

小贩的文化激起了读者们的好奇心，他们的娱乐活动具有集市般的吸引力。在一张反映欢庆活动的照片中，几个小贩正头顶着一叠摇摇欲坠的篮子赛跑。[79] 此类活动进一步加深了这样一种观念——伦敦的这个劳工群体与大都市社会的其他人群相互隔绝。但它们也表明了，街头小贩即使独自工作，也能感受到自己是大家庭中的一员。

我们不应将赛驴和政治运动视为数百年间街头小贩的集体身份历经曲折发展的终点。的确，随着伦敦的扩张，小贩的数量与日俱增，街边市场作为零售地点的合法性也在不断提升，到了维多利亚时代晚期，街头叫卖已经成为一种得到社会公认的职业。但实际上，早在17世纪早期，就有迹象表明，一些小贩自我组织了起来，以团体的名义采取行动。那些小贩被称为“卖牛奶的穷女人”“贫穷的妇女水果商”“来历古老的穷鱼婆”，她们向金融城的市政官们请愿，试图捍卫自己携带食物上街贩售的权利。[80]17世纪60年代，围绕街头小贩是否有权在比灵门鱼市摆摊的问题，各方上演了反反复复的辩论，在此期间，卖鱼的“穷女人们”也再度向伦敦金融城公司请愿。市政官们最终裁定，这些女性小贩和别的鱼贩一样，有权要求得到市场供应，但同时也命令她们和其他人一样，支付相关市场章程的印刷、出版费用。[81]她们理应有办法做到这一点。

在伦敦政府的记录中，与过去大多数街头售卖的案例留下的证据一样，街头小贩的言辞都经过了书记员、抄写员的转述，他们会对听到的话加以总结，而后贴上刻板印象的标签。这意味着，我们无法判断记录中的词句是否当真出自那些女性小贩之口。但是，通过向伦敦的管理者请愿和表达诉求，这些街头小贩向外界证明了她们对自己的身份、工作具有明确的认知。叫卖杏子、卷心菜、鲱鱼、姜饼的男女老少，不需要一个头衔来赋予他们自我价值感。他们在独特的交易方式中，在街头和市场上的同来同归中，在关于所售食物的知识积累中，发现了关于自我的认同。

第三章 街头美食

凌晨时分，伦敦的食品供应链开始运转。身强力壮的男男女女走向环绕着这座繁华城市的田野和谷仓，在月光、烛光的照耀下，为等待中的奶牛挤奶。奶牛的乳房沉甸甸的，肚子里塞满了谷物和干草。在金融城中心的比灵门码头，渔民们飞快地卸下渔船上的货物，他们知道，这些捕获物不易保存。更多的船只从北海、英吉利海峡、泰晤士河河口以及肯特郡、埃塞克斯郡的沿岸渔场驶来，在身后的泰晤士河河面上疾驰而过。来自相反方向的是驳船，它们满载着南北两岸绵延数万平方米的菜园里出产的农产品，其吃水线压得极低。它们的目的地是伦敦水边的码头和栈桥，搬运工们将从那里把水果、蔬菜运上河岸，送往市场。这一天余下的时间里，道路上挤满了板车、运货马车和运送人员，他们与从远方郡县赶来的牛、羊、家禽成群结队地挤在一起。

伦敦自给自足的方式令人惊叹。在 1854 年出版的一本讲述这一主题的书中，记者乔治·多德对近来发生的技术创新、蒸汽动力轮船的革命性影响以及“规模巨大的”铁路服务倍感兴奋，认为有赖于此，新鲜的食品开始迅速、廉价、完好地从英国各地乃至更远的地方被运到伦敦。[1]但实际上，早在19世纪中叶之前，这条食品供应链就已经运转得十分出色了。自伦敦崛起以来，它的供给系统较之其他城市的中心区，不仅范围更加广泛，而且具有许多别的优势。这套系统适应性强，又接连得到改进，总能迅速吸纳新的技术和时尚，提供其他地方无法提供的丰富食品。当我们转头思考街头小贩出售的商品时，这套系统的独特优势可谓显而易见。

一些小贩选择经营主食。几个世纪以来，肉类、面包一直是英国城市居民饮食的基石，是家庭预算中占比最大的能量来源。[2]但是，在经营主食生意时，小贩们往往只限于售卖不新鲜的面包，或是内脏等相对便宜的肉类，而不去触碰受到严格管控的优质食品，因为优质食品的买卖掌握在那些得到官方许可的零售商手中。[3]与经营主食的同行不同，大多数街头小贩专注于另一些食品：鱼、水果、蔬菜、牛奶，以及食客既可以带回家，也可以当场狼吞虎咽的熟食。[4]此类早期的街头食品——请注意，其中有许多是原料，它们与现代伦敦的街头食品是两码事——具有一些共同的特点。直到维多利亚时代晚期，大多数街头食品的生产地仍然要么在市内，要么在相距不远的近郊或远郊。大多数食品容易腐烂，供应量随着日期、星期、季节的变化波动很大，因此小贩们快速、灵活的分销是必不可少的环节。随着时间的推移，街头食品的生产、种植、消费都将发生显著的变化。是小贩们将这些食品带往城市各处，助推了一种独特的都市饮食文化的形成。

园圃之城

在都铎王朝早期，伦敦人食用的水果大多是从海峡对岸的低地国家和法国进口的，但是从 16 世纪中叶开始，本土水果的产量大幅提升。敢为人先的种植者们在首都周边各郡建造果园，引进了来自欧洲大陆的水果品种和种植技术。肯特郡很快独占鳌头。那里的苹果、樱桃从位于北唐斯山与海岸之间的水果带出发，经过短途运输，被运到伦敦这座大都市。[5] 这一行获得的标志之一，是新品种的激增。根据一位时人的估计，到 17 世纪 50 年代，英国的果园已经种植了 500 多种梨，有些被栽种是因为成熟早，另一些则是因为口感佳、外形美、个头大、耐储藏，抑或适合用来酿酒。[6] 1715 年，伦敦的一位小贩描述了一种名为“考德林”（Codlings）的青色小苹果的销售情况。这只是数十种苹果中的一种而已，最受欢迎的是皮尔曼大苹果（pearmain）和科斯塔德大苹果

（costard），后者正是“货郎”这一称谓的由来。[7] 另一位街头小贩专门售卖“公爵樱桃”（duke Cherries），这是一个杂交的樱桃品种，其受欢迎的程度与康乃馨樱桃（carnations）、莫雷拉杨梅（morellas）、埃格里奥特樱桃（egriots）不相上下。[8]

水果、蔬菜的种植地也离城市越来越近。16 世纪定居在英国肯特郡和东盎格利亚地区的来自荷兰、佛兰德的园丁，开始向伦敦运送芹菜、豌豆、胡萝卜和卷心菜，而后，他们中的一部分后人更是在泰晤士河流经萨里郡的河岸地带开垦了土地。[9] 他们的到来，开启了郊区园圃市场的繁荣。从萨瑟克和金融城的北部、东部等地区开始，没过多久，首都就被商业化的种植业团团包围了。约翰·罗克（John Rocque）绘制于 1746 年的地图显示，园圃的分布范围向西扩展到切尔西，绕过金融城的边界，延伸到了麦尔恩德（Mile End）、贝斯纳尔格林（Bethnal Green），向东则延伸到了斯蒂普尼，向南则连接起一大片开垦区，由此完成了对首都的合围。[10] 到 19 世纪初，伦敦周边已经有 40 平方千米土地得到开垦，相当于金融城这一所谓的“方里小地”的总面积的 15 倍之多。这片土地包括一个密集作业的内圈和一个进一步延伸至米德尔塞克斯郡、萨里郡、埃塞克斯郡的广阔的外圈，内圈使用铁锹精细耕作，种植芦笋、西蓝花、生菜等易碎的作物，外圈使用犁来破土翻耕，种植更坚硬的绿叶蔬菜和根茎作物。[11]

有饥肠辘辘、等待消费的伦敦人民守在自家门口，园圃市场的园丁大受鼓舞，纷纷引进了最先进的种植方法和栽种技术。在如今的皮姆利科，有一片区域搭建了玻璃大棚，放眼整个伦敦，坐落在那里的“整洁屋舍”（Neat Houses）也许是历史最悠久、形态最精致的园圃。当地的园丁用粪便为田间的冲积土壤施肥，粪肥发酵后产生温床效应，产生的热量温暖了土壤，加速了作物的生长。园丁还花费巨资购买了玻璃，安装在田间地头，以便进一步保持温暖，呵护作物。[12]方方面面的进步，使得种植者能够延长热销蔬菜的种植季节。1748 年 2 月，瑞典植物学家彼得·卡尔姆（Peter Kalm）来到伦敦的园圃漫步，他注意到，每一座大钟形状的玻璃罩下都种着几株花椰菜。天气虽然寒冷，塞在玻璃框架、垫子、稻草下面的芦笋却长势喜人，“有 3 厘米高，肉质相当厚实”。[13]伦敦园圃行业的运转，依赖于一支劳动者大军的付出。1798 年，约翰·米德尔顿（John Middleton）调查了米德尔塞克斯郡的农业生产情况，统计了当地从耕作、种植、修剪、采摘，到将收获物运往市场、在街头叫卖等各个环节的从业者人数。按照他的估计，单是伦敦的大小园圃就足足养活了 3 万名男女老少。[14]

首都与园圃之间的互利关系，也建立在肥料的基础之上。

菜园、果园、奶牛场生产的食品滋养了伦敦；反过来，本地饲养或路过伦敦的成千上万的马、牛、羊产生的粪便，也被用来给菜地、牧场施肥。在地理学家彼得·阿特金斯（Peter Atkins）看来，我们应该将这一时期的大伦敦地区（Greater London）视为一个“施肥区”（manured region），一个一体化的综合农业区，限制其边界的因素在于粪肥的最远运输距离，在于用板车，还有顺流而下的驳船，所能承受的粪肥运输的成本上限。19 世纪早期，运输粪肥的距离通常为 8—16 千米，道路状况良好时，可达 30 千米。农民、园丁或者与马厩主人达成协议，或者直接去布鲁姆斯伯里、海德公园花园（Hyde Park Gardens）、林肯律师学院广场（Lincoln's Inn Fields）和其他地方，从巨大的粪堆里载回一车车粪肥。[15] 小贩们也意识到了城乡之间的这些联系，意识到了有些联系较之其他联系更加有利可图。爱德华·芬内尔就曾为一位住在哈默史密斯的农民赶粪车，而在此之前，他“经常牵着一头驮着青菜的驴子出门”。[16] 根据阿特金斯的研究，19 世纪的 100 年间，这座大都市产生的粪肥量增加了五倍以上，到 19 世纪 90 年代，附近的农场、园圃面对如此之多的粪肥，已经不堪重负。[17]

那时，伦敦周边地区的园圃市场已呈现出衰落之势。一系列外部因素合力加速了它的衰落，包括建筑用地的压力，利河河谷采用工业玻璃的新建温室的竞争，低成本、季节性的重体力劳动者的匮乏，以及第一次世界大战后马匹数量的减少等。而其中最重要的因素是铁路的引入。[18] 从 19 世纪中叶开始，火车专用的运货车厢从肯特郡运来了大量苹果、梨、樱桃、草莓、覆盆子，巩固了肯特郡作为水果核心种植区的地位。铁路还将距离伦敦更远的埃塞克斯郡、贝德福德郡、伍斯特郡的伊夫舍姆谷（Vale of Evesham）等地区纳入了运输范围。早期的土豆、西红柿也从更遥远的海峡群岛等地被运来。[19] 随着长途运输成本的降低，郊区园圃农产品的高昂价格越来越难以维持。[20] 当然，小贩并没有在一夜之间遭到淘汰。他们补货的传统交易中心，如科文特花园、伯勒（Borough）、斯皮塔菲尔德，仍然占据主导地位，新市场中也出现了他们的身影，国王十字铁路总站的土豆仓库就是其中一例，在那里能看到一辆辆运载土豆的马车从英格兰的东部、北部驶来。[21] 铁路让首都食品供应的触角伸向了远方，使得伦敦农业区的昔日辉煌黯然失色。

容易腐烂的商品

在小贩出售的所有食品中，受铁路影响最大的当数牛奶。1845 年，牛奶开始通过铁路从埃塞克斯郡运往伦敦，次年，罗姆福德的一位农民就与圣托马斯医院（St Thomas's Hospital）签订了供应牛奶的合同，他给出的供货价比医院长期合作的门口的乳品商家还要低。进入 19 世纪 70 年代，铁路运输已经成为伦敦最重要的牛奶获取渠道。到 1914 年，伦敦的所有牛奶都已由铁路运送而来。在短短半个多世纪的时间里，伦敦的"牛奶供应区"（milkshed），也就是能够向首都供应新鲜乳品的农业区的半径，从 16 千米骤升至 320 千米。[22] 接连暴发的牛瘟加剧了这一转变，牛瘟往往在伦敦大都市区内狭窄的谷仓、地窖中滋生，这期间的最后一次，也是最严重的一次牛瘟，暴发于 1865 年至 1866 年。随着城市消费者逐渐习惯了从更远的地方获取牛奶，铁路公司、乳品公司开发了用水来冷却牛奶的方法，从而让远方的供应商占据了更加有利的位置。[23] 就这样，铁路和冷藏技术克服了一项最主要的挑战：新鲜牛奶一从奶牛身上挤出来，就会很快变质。

在铁路出现之前的几个世纪里，伦敦的乳品行业只能借助密集的本地生产系统来解决易腐性问题。在 1598 年出版的《伦敦概览》（*Survey of London*）一书中，作者约翰·斯托（John Stow）回忆起了发生在塔山（Tower Hill）附近的一段往事，那里曾有一座属于修道院的农场，名为米诺里斯（Minories），年轻时的约翰·斯托会去那里收集"热乎乎的牛奶”。[24]从17世纪开始，越来越多的伦敦农民利用郊外的田野和市内的谷仓来饲养牛群。今天的研究者还能读到大量属于这些“奶牛饲养人”（cowkeepers）的货物清单。他们在各地经营着许多座农场，在霍克斯顿饲养了7头奶牛，在圣吉尔斯饲养了10头奶牛，在圣吉尔斯克里普尔盖特饲养了22头奶牛，在圣马丁教堂饲养了33头奶牛，在伊斯灵顿饲养了66头奶牛。1694年，理查德·格雷在圣潘克拉斯拥有一座乳品厂，厂子里有69头奶牛、1头公牛，还有16匹马、120担干草以及谷物车、挤奶桶和水桶。[25]渐渐地，伦敦的大部分牛群分布在了城市北侧的弧形地带，西抵马里波恩，东达哈克尼、贝斯纳尔格林。在近来出版的一部研究乔治王朝首都动物的历史著作中，托马斯·阿尔梅罗特-威廉姆斯（Thomas Almeroth-Williams）以这些奶牛的存在为依据，论证了一个与人们的直觉相反的观点，即城市的发展其实增进了人类与牲畜之间的互动。[26]19世纪60年代，奶牛的总数可能达到了顶峰，当时，伦敦郡一共饲养了大约2万头奶牛。20年后，尽管城市的空间愈加捉襟见肘，对奶牛饲养业的卫生规定也越发严格，大都市地区却仍然生活着将近1000位登记在册的奶牛饲养人。[27]

与园圃市场一样，伦敦郊区的奶牛场在整个英国的奶牛场中不仅规模最大，还最具前瞻性。平均下来，这里的每一座奶牛场饲养着数十头奶牛。以奶牛数量较多的一则个案为例，19 世纪初，理查德·莱科克在伊斯灵顿和邻近的教区累积拥有 2 平方千米土地，饲养了多达 700 头奶牛。放在今天，这将是全国规模较大的前 2% 的奶牛场之一。[28] 伦敦的奶牛比许多其他乳品产区的奶牛更辛苦，一年中，它们通常有半年或者更长的时间被关在室内，离市中心较近的奶牛甚至四季都被关在室内。它们的饲料中添加了富含蛋白质的酿酒谷物（伦敦另一种工业门类的副产品）和干草、萝卜等。[29] 干草种植户和奶牛饲养人还从城镇里堆积如山的粪肥中获益，他们把那些粪肥大把地撒入田地。上述进步意味着在这座大都市，奶牛场里的每一头奶牛每年可以产出 3000—4000 升牛奶。这个数字可以与 20 世纪 70 年代英国标准奶牛场里的单头奶牛的年产奶量持平。[30]

奶牛场的工人们既要照料牲畜，又要运送牛奶，他们被分为了不同的专业角色。奶牛饲养人和牛奶商这两个职业头衔，从它们在遗嘱文件中被提及的时间来看，似乎都是在 17 世纪出现的。[31] 前者指的是更多从事畜牧业的人，后者则指的是参与分销和零售的人，不过正如我们所见，两方面的职责有时会互有重叠。[32] 无论他们自称什么，那些在街上卖牛奶的男女都要走进牛棚和田野里挤牛奶，然后把装满牛奶的水桶一步一晃地扛回城里。奶牛饲养人和牛奶销售商建立了持久的商业联系。小贩们可以连续多年从同一个农民那里收购牛奶，有几个小贩表示，自己存了一笔“给奶牛饲养人的钱”，这大概是指欠供应商的牛奶钱。[33] 这种劳动分工赋予了运送人独立性，即使在他们后来受雇于乳品公司时也是如此。但是，这种相对的自由也有可能被滥用。1888 年，一位牛奶运送人出现在弓街的警察法庭，他的老板指控他与顾客——一名咖啡摊贩，共同密谋实施了“周详的计划”，联手抢劫自己。这并不是什么高风险的阴谋：警探发现，这位运送人每次会倒出好多杯牛奶，却只从咖啡摊主那里换来一片面包和一块黄油。[34]

这种劳动分工，也是解决易腐问题的另一种方法。牛奶和鱼、软质水果一样，必须抓紧出售和食用。小贩们不受特定的路线、时间的限制，有办法直接将货物送到顾客手中，从而为这些食品找到了市场。通过这种方式，他们为伦敦的农民、渔民、园丁和广大民众带去了福音，这一点也得到了首都政府的认可。1619 年，一个由市政官组成的委员会认为，应该允准水果商贩在集市日这一天从早到晚在街上摆摊，因为他们的商品“乃易腐之物，须着即揽客、出售”。[35]18 世纪，经营牛奶、鲭鱼生意的小贩，在周日交易限制方面享有一定的豁免权，因为这些食品没法保存到第二天。[36] 小贩们步行进城，凌晨三四点生产的牛奶在早餐前就已端上了伦敦人的餐桌。进入夏季，草莓、覆盆子可以当天采摘，当天出售。鲜鱼在比灵门码头卸货后，几个小时内就被送到了市民的家门口。在维多利亚时代的蒸汽动力加快了运输速度，冷却系统、冰块包装确保食物在旅途中保持新鲜之前，这些产业不得不局限于伦敦周边地区。即便如此，用船运来的水果、大量捕获的鲜鱼、成桶的牛奶也保存不了太长时间。街头小贩依旧不可或缺。

19 世纪以后，生产、零售、分销方面的持续进步，渐渐将牛奶生意与其他的街头生意区分开来。亨利·梅休在他的新闻报道中，并没有将乳品销售商与大多数小贩、摊主同等看待。他声称，当时只有差不多 20 个人干这一行，在批发市场和城市绿地，如克拉珀姆公地（Clapham Common）、汉普斯特德公园（Hampstead Heath），他们将牛奶当作一种令人愉悦的饮料出售给民众。[37] 到梅休的时代，这些为伦敦城内的千家万户提供服务的人，已经从属于一个更具有组织化色彩的乳品行业了。从门到门的生意形式那时候仍在继续，但顾客已经可以在不断扩大的乳品商店网络中买到牛奶了，其中有许多是连锁性质的分店。1900 年，十大乳品公司掌控了伦敦五分之二以上的商店。[38] 属于奶牛饲养人和独立、流动的牛奶销售商的时代尚未结束，但无疑已经步入了黄昏。

天公作美，准时上市

17 世纪至 18 世纪，从不同水域捕获，而后被送往首都的鱼类已然规模巨大：三文鱼来自苏格兰，经由伯维克和纽卡斯尔运来；鲱鱼每年的捕捞季节从北海拉开帷幕，运送的路线穿过英吉利海峡；沙丁鱼、鲭鱼产自南海岸，尤其是康沃尔郡附近；还有用渔网打捞的西鲱，它们的产地更是遍及各处。泰晤士河及其河口地区盛产鱼类和贝类，如比目鱼、牡蛎和虾，埃塞克斯郡、肯特郡的河网水道也同样以水产丰饶而著称。[39] 这些信息反复出现在乔治·多德等 19 世纪中叶的评论家笔下，几乎一字不差。[40] 海鲜当然也可以借助马车从海港快速运往内陆，但考虑到陆路运输的昂贵价格，大多数海鲜还是选择通过水路运往伦敦。根据一位销售商的估计，到 19 世纪 30 年代，水路的货运量依旧至少是陆路的三倍。在接下来的几十年里，得益于“井形甲板船”（well vessels）——一种可以让鱼保持活蹦乱跳的货船——的引入，还有冰块保鲜法的广泛应用，水路运输继续占据了主导地位。[41] 再后来，随着蒸汽拖网渔船和铁路投入使用，人们又在距离更远的冰岛沿岸、白海等海域开辟了新的渔场，来自东盎格利亚海岸等成熟渔场的供货量，也因为铁路专线的增加而不断上升。[42] 除了水路运输，长期保持不变的还有海鲜运输的到达点。尽管遇到了一些短暂的挑战，比灵门仍然是伦敦的鱼类销售中心。[43]

从码头市场卸下了琳琅满目、令人叫绝的海产品，但小贩们坚持只卖其中的某些品种。大多数时候，他们把新鲜而昂贵的鳕鱼、多宝鱼、龙虾留给了那些享有特权的鱼贩，将精力集中在大众更能负担得起的鱼类上。[44]街头小贩卖得最多的鱼是鲭鱼、鲱鱼、比目鱼、白鲑、鲽鱼。西鲱是另一种大众市场的宠儿。一位年轻的小贩称它们为“上帝赐予穷人的恩赐”。[45]街头小贩也是海螺、贻贝、牡蛎等贝类的重要卖家。伦敦人对牡蛎的产地相当挑剔，牡蛎的品种以特定的城镇命名，奎恩伯勒（Queenborough）、法弗舍姆（Faversham）、米尔顿（Milton）、科尔切斯特（Colchester）都是其中的代表，在这些城镇周围捕捞的双壳贝类各有特点。从很早以前开始，至少在音乐、文学、艺术作品中，街头小贩就已经与一种特定的牡蛎品种产生联系了。“沃尔弗利特”（Wallfleet）并不仅是一个双关语，从字面意义来看，这种牡蛎似乎将卖它的小贩与伦敦的一个地区联系了起来，此地便是位于金融城以西，靠近布莱德维尔监狱的那片声名狼藉之地。同时，这个世界上也并不存在一座名叫沃尔弗利特、出产牡蛎的沿海城镇，这种不可思议的牡蛎的产地，其实很可能是埃塞克斯郡伯纳姆教区对面的克劳奇河中的一座小岛，这座岛屿位于现在沃拉西自然保护区附近的咸水水域。据说，那里生长着全英国最美味的牡蛎，它们个头很小，略带绿色。[46]

这些海鲜，并不是以源源不断、稳稳当当的方式流入比灵门市场的。曾经，人们普遍认为，只有在带字母“R”的月份吃牡蛎才是安全的，这种说法源自英国本土的传统季节观念。16 世纪中叶，科尔切斯特市一度禁止在复活节和圣十字架节（9 月 14 日）之间捕捞牡蛎，以便让贝类在温暖的水域繁殖，让幼小的蚝卵找到附着物。[47] 到了 19 世纪，一方面因为泰晤士河和南海岸地区的育苗场开始养殖未成熟的牡蛎幼苗，新养殖场在英吉利海峡陆续开辟；另一方面也因为某些非法行为，如过早采挖、捕捞的出现，古老的季节观念才遭到了一定程度的削弱。[48] 尽管如此，大多数鱼类被摆上街头售卖的时间仍有季节性，到了相应的季节，供应量会在短时间内激增。在 1833 年的一次议会调查中，几名经常光顾比灵门市场的买家描述了每年 6 月开始的鲭鱼销售旺季。一天之内，可能有一艘接一艘的船返航靠岸，陆陆续续卸下 10 万条鱼；不过，第二天的卸货量可能又降到了 5000 条。天气状况是另一个变数，会影响到船只出海捕捞的时间。当被问及伦敦的供应量是否稳定时，销售员约翰·泰勒冷淡地回答道：“和天气一样，没个准儿。”[49] 这种不确定性影响了鱼类的售价，有时候，鱼价甚至每个小时都在变动。水果等其他季节性食品也概莫能外。一位肯特郡的园丁解释说，7 月初，他第一次将樱桃运到科文特花园市场出售时，每磅能卖到 6 便士之多。樱桃仍然由小贩出售，但每年刚上市时，只有上层阶级才买得起，一直要等到樱桃大量供应后，每磅的价格才会降到 1 便士，甚至是比这更低的水平。[50]

随着四季的更迭，街头小贩也变换着他们的存货。梅休向读者介绍了街头小贩卖鱼的旺季，这个鱼季始于每年的 10 月，借由鲱鱼的大量供应拉开帷幕，结束于 7 月最后一条鲭鱼的捕捞，而水果、蔬菜的销售旺季则从盛夏上市的软质水果开始，经过初秋的苹果、梨子的过渡，最后由整个冬天都能见到的羽衣甘蓝、卷心菜等绿叶蔬菜画上句点。[51] 无论是在陆地还是海上，不同的生产周期最终孕育出了街头出售的不同食品。截至 1825 年，在我识别出的街头贩卖的具体事件中，大部分都可以与某个特定的月份关联起来。关于草莓、樱桃、杏子、桃子的 11 次销售记录，都发生在 6 月至 8 月。关于牡蛎的全部 72 次销售记录，除一次以外，都发生在 8 月至次年 4 月，这也是英国传统的牡蛎销售旺季。多数鱼类品种并没有在销售时被单独提到名字，但关于西鲱的 6 次销售记录，都集中在 12 月至次年 1 月。

食物供应的日历，影响了小贩和其他食品销售商的时间标记方式。1671 年，新门市场发生了一场小贩之间的争端，受邀提供证据的凯瑟琳·皮茨表示，自己已经记不得争端发生的精确日期了。她只记得，那件事发生在“去年夏天的后半段，也就是核桃刚上市不久、黑樱桃快要过季的那会儿”。市场上的其他生意人还将夏季的某些日子称作“李子时间”（damson time）或者“羔羊时间”（Lamb time）。[52] 这些字眼，不仅是指称一年中的部分模糊时段的委婉说法。为了谋生，小贩们必须密切关注市场上新到货的商品。1789 年 8 月 1 日，“那是牡蛎上市的第一天”，伊丽莎白·里格比匆匆赶往比灵门市场，而丈夫是一位小贩的玛丽·布莱恩特，则在 1825 年 7 月的第一周，派仆人到斯皮塔菲尔德市场去，“看看樱桃是不是上市了”。[53] 诚然，手表、时钟正越来越普及，但关注货物的来来去去，并不是街头小贩落伍的表现。这些被自然和农业奏响的节奏，对于小贩而言至关重要，透过这些节奏，对时间的多重感知在这座大都市中继续产生着共鸣。[54] 进入 19 世纪，这一感知时间的方式还在延续。当时，定在 11 月 9 日的“市长大人日”（Lord Mayor’s Day），被一些小贩称为“西鲱日”，因为就是在当天前后，这种对他们的冬季生意至关重要的小鱼开始大量涌入沿海水域。到了那个时候，成群结队的渔夫会争先恐后地冲向泰晤士河，他们跳上渔船，爬上桅杆，生怕错过了渔季的片刻时光。[55]

对于供应量不稳定的食品，街头小贩作为重要零售商的地位保持得最久。19 世纪 40 年代，一系列铁路专线相继开通，其中就包括每晚从洛斯托夫特出发，前往首都的“鱼车”（fish-train），得益于此，在维多利亚时代晚期的伦敦，市场上供应的鱼类的种类、数量都有所增加。海鲜成为工人阶级的日常饮食。[56] 不过，正如 19 世纪 80 年代受命调查英国市场的皇家委员会所发现的那样，尽管有了上述改进，伦敦鱼市还是保留了不少旧有的特征。起初，伦敦金融城公司反对将冷藏设施引入比灵门市场，担心隔夜的库存会助长操纵价格的行径，使得价格不再由当日的供求关系来决定，这本来是中世纪经济思想的残余，可是依然影响着首都的市场管理。在此情形下，街头小贩继续充当那些不易保存的鱼类的主要分销商，自然受到了官方的欢迎。“我想说的是，货郎才是比灵门市场最好的顾客。”伦敦鱼类贸易协会（London Fish Trade Association）的秘书在调查中表示。[57] 其实，那时候水边市场的环境已经与之前大不相同了。1852 年 8 月，正值牡蛎销售旺季，经过翻新的比灵门市场也及时开门营业，这是采用意大利风格修筑的第一座永久性建筑物，用红砖砌成，安装了煤气灯，以照亮清晨的交易，建筑物的下层设有专门销售贝类的市场，还配备了机械通风系统，巧妙地通过一座中央钟楼将室内的空气向外排出。[58] 但即便如此，以小贩为中心的鱼类销售业务仍旧大体保持了原貌。

流动盛宴

我们对 17 世纪至 18 世纪便携食品的了解，大多来自不同寻常的证据。关于吃零食或户外就餐的描述少之又少，幸好我们还可以从音乐、图像等替代来源中获取信息，一些音乐和图像作品为我们记录了小贩的面貌和他们出售的菜肴。在一段融合了声乐和弦乐的音乐作品中，作曲家奥兰多·吉本斯（Orlando Gibbons）唤起了人们对街头叫卖的回忆，演奏期间，小贩们的一声声吆喝共涉及 11 种水果、10 种蔬菜、10 种鱼类以及 6 种不同的蛋糕和馅饼。[59] 在描绘街头叫卖的一系列版画作品中，马塞勒斯·拉隆笔下的商贩们嚷嚷着“烤熟的、热乎的沃登豪特梨”（一种适合烹饪的梨子）、“科利莫利松饼”（某种糕点）和“买我的荷兰饼干”（从画面上看，是一种扁平的圆形烘焙点心）。[60] 一首名为《伦敦的叫卖声》（*The Cries of London*）的民谣，列举了花样繁多的吃食，有汤团、坚果、馅饼、蛋挞、牡蛎、李子布丁、“热辣姜饼”（hot-spice gingerbread）和“约克郡松饼”（Yorkshire muffins），还有米浆、赛洛普酒（salop）等饮料，后者是一种起源于奥斯曼帝国的加香增稠饮料。[61]

鉴于这些绘画、歌曲的创作初衷主要是取悦观众，我们理当抱着怀疑的态度来审视它们。譬如，请看 18 世纪初，由生于佛兰德的皮耶特·安吉利斯（Pieter Angillis）绘制的科文特花园市场的景象（图 6）。在图片的左下角，一名妇女坐在一个烤盘后面，正在为一对年幼的孩子摊煎饼。她的旁边搁着一个桶，里面装满了面糊之类的东西。尽管这幅描绘街头食品的画作令人赏心悦目，它却应该引起我们的警惕。要特别注意的是，安吉利斯将忏悔节期间流行的美食，隐蔽地融入了他巧意虚构的狂欢场景之中。不仅如此，那位煎饼摊主的形象，也与早些时候低地国家艺术家伦勃朗·范·莱因（Rembrandt van Rijn）画过的一位摊主颇为相似。[62] 在可能的情况下，这些人为创造的史料需要与其他史料，如法庭报告、政府记录、新闻报道中对街头叫卖的描述，进行对比和权衡。后几类史料都没有提到煎饼，不过它们确实表明，17 世纪至 18 世纪的伦敦小贩除了供应品种丰富的水果、牡蛎和虾，还供应蛋糕、馅饼、姜饼、松饼等各种烘焙食品。还有一些小贩出售熟肉，包括各种做法的烤羊头和香肠。那首伦敦民谣《伦敦的叫卖声》中提到的两种不常见的街头饮料——米浆和赛洛普酒，在街头亦有出售。[63]

有时，这些吃食是在小规模的家庭作坊中制作的。十几岁的托马斯·史密斯就带着母亲做的香肠走街串巷，威廉·罗斯的母亲则烤好蛋糕，让儿子带出去卖。[64] 不过，很多小贩可能还是会从专门制作松饼、姜饼的生意人那里进货。[65]

图6　18世纪初，科文特花园市场热闹非凡的景象。

亲自烘焙和烹饪香肠等食物，需要花钱购买配料，至于准备和储存等环节，更是要求为此腾出房间、置办设备。在 1664 年出版的一本食谱指南中，汉娜·伍利（Hannah Woolley）指导厨师们制作波兰布丁，按她的说法，要先将捣碎的肉馅与盐、胡椒、丁香、豆蔻、生姜、肉豆蔻、肉桂、茴香、孜然、香菜搅拌混合，再将混合物先后放入盐水和葡萄酒中浸泡数天，最后还要把填充好了的香肠拿到烟囱里熏制一整夜。[66] 对于大部分小贩来说，要在家里制作耗时如此之长的菜肴是不可能的。正是由于家庭空间和烹饪设施的限制，伦敦人才不得不依赖街头小贩。同样，还是这个原因，迫使街头小贩也要依赖专业的厨师和面包师。[67] 小贩篮子里装的东西，反映了食品文化和食品经济的巨大变化。从 17 世纪晚期开始，英国经历了食品史学家萨拉·彭奈尔（Sara Pennell）所说的“烘焙热潮”（baking bonanza）。糖和磨制面粉日渐普及，适合小家庭，用陶土、金属制作的便携式烤箱也应运而生。[68]

上述发展对于诸如姜饼之类的甜食也产生了影响。汉娜·伍利提供了一份制作“优质”姜饼的食谱，制作者需要往加了香料和糖的面包屑里倒入葡萄酒，煮成硬糊。这样做出来的面团才会黏稠。[69] 而一个世纪后，另一位食谱作家汉娜·格拉斯（Hannah Glasse）又出版了一份制作“姜饼蛋糕”的食谱，与汉娜·伍利的食谱相比，这份食谱更符合今人的认知。汉娜·格拉斯要制作者往面粉和糖中揉进黄油，而后加入肉豆蔻和生姜调味，再用温热的糖浆和奶油润湿。面团要切成蛋糕状，放入“铺了煤渣的烤炉”中烘烤。[70] 当然，食谱并不会告诉我们，当年的厨师实际上做出了什么，不过，按照格拉斯的食谱制作的食物，应该更接近我们知道的伦敦街头热卖的那种扁平、调香的饼干。姜饼之所以变得更轻、更甜，还与英国在加勒比海建立种植园以后糖消费量的激增有关。这些便宜又美味的零食，是整个生产链条的最后一环，这一链条横跨了数千千米，越过大西洋，将英国的小贩与非洲奴隶的强制劳动联系在了一起。[71]

糖，绝不是唯一流入街头的舶来品。随着人们对于从西班牙、葡萄牙进口的柑橘类水果的需求日益旺盛，小贩也从中获利颇丰。17 世纪下半叶，运往伦敦的柑橘和柠檬的数量翻了两番。[72] 以一份 1700 年的新闻通讯为例，约翰·霍顿（John Houghton）在关于食品和农业的一组文章中声称，这类水果在首都的流行，应归功于小贩们的分销。“因为小贩总是带着它们，在所有人的眼皮底下穿街过巷，”霍顿写道，“我们看到，普通老百姓也狂热地喜欢上了它们。”[73] 尾随其后出现的还有椰子，它们和柑橘一样，通常也由年轻的犹太男性小贩出售，还有菠萝，它们被装在插着特殊旗帜的手推车上招摇过市。[74]每当伦敦人在口味和时尚方面喜新厌旧，小贩总有办法更换他们的库存，许多伦敦人就是这样接触到了洋气的异国水果。这些新奇的东西不仅令人兴奋，偶尔还会叫人困惑。1897年，一名叫亨利·纳森的货郎来到泰晤士警察法庭（Thames police court）出庭受审，因为波普拉区的卫生检查员在他的手推车上发现了“变质且不适合食用”的香蕉。纳森辩解道，检查员先生“可能是肉类方面的行家，但毕竟不是香蕉方面的行家”，因为香蕉皮变黑并不意味着水果腐烂了。[75]公平地说，要等到20世纪初，香蕉才变得常见起来。像纳森这样的小贩，走在了时代潮流的前沿。[76]

19世纪，街边即食食品的种类激增。在《伦敦的劳工与伦敦的贫民》一书中，梅休将冗长清单中的街边即食食品分为了若干类，有足以填饱肚子的廉价餐食（如热鳗鱼、腌海螺、羊蹄、豌豆汤、火腿三明治、煮肉布丁），也有迷人的甜食（如大黄馅饼、葡萄干馅饼、醋栗馅饼、百果馅饼、李子蛋糕、切尔西小面包、小圆烤饼），还有各式饮料（如日常饮用的茶、咖啡、可可，以及引得众人啧啧称奇的姜汁啤酒、“波斯冰镇果子露”、薄荷水）。其中的一些买卖有着“悠久的历史”，卖热豌豆就是一则例子，而另外一些买卖，比方说卖烤土豆，则是近年来才出现的新行当。[77]街头小吃的增长势头的确可以用强劲一词来形容，不过，在过去的几个世纪里，使得外出就餐逐渐变得如此重要的那些因素——家庭空间的捉襟见肘、烹饪设施的缺乏以及让离家工作的人们顿顿吃得上饭的市场需求——也仍然在继续发挥着作用，甚至较之从前产生了更加显著的影响。我们在阅读梅休的作品时，也应当怀着谨慎的心态。诚然，一方面，他书中的信息是通过广泛的实地访谈得来的；但另一方面，他也深谙“伦敦的叫卖声”的创作传统，在他的报道中，这一题材标志性的怀旧情绪每每若隐若现。从 19 世纪 50 年代的立场出发，梅休对过去数十年间“吆喝吃食、饮料”的街头小贩的人数萎缩感到痛惜，并将原因归咎于劳动者的收入下降和小商店的数量扩张，那些小商店里卖的都是模样雷同的低成本的高价货。[78] 他说得没错，某些食品确实失去了沿街叫卖的属性，炸鱼就是其中之一。卖炸鱼一开始很可能就是一种街头生意：在主干道后面的小巷子里，左邻右舍不太会抱怨臭味，小贩们就在那儿给比目鱼、黑线鳕、白鲑裹上面糊，下锅煎炸，而后把东西摆上托盘，或者带去摊位出售。不知道从何时开始，这种做法与油炸土豆结合在了一起——发明这道菜的具体时刻早已湮没在历史的长河中——从而催生了在首都和北方工业城市随处可见的炸鱼薯条店。[79]

新的街头食品不断涌现，一代又一代的小贩带来了他们的特色美食。其实早在 19 世纪下半叶，贫穷的意大利移民定居伦敦、建立社区之前，伦敦人就已经品尝过冰激凌了。但最终，还是这些有过在故乡打理冷饮买卖的一手经验，掌握了商业制冰产业优势的移民，将冰激凌带到了大众的面前。[80] 每天一大早，许多意大利男子就从散布在哈顿花园、藏红花山周围的商店里收购冰块，再倒进糖和调味料，搅拌在一起，如果要制作香味更加浓郁的“奶油冰激凌”（cream ice），他们还会加入鸡蛋和牛奶。他们的收入取决于季节和气温，等到炎热的天气到来，一周的利润就高达数英镑。[81] 有生意时，小贩把冰激凌从手推车里舀到吃完回收的小玻璃杯中，顾客便可以享用了。除此以外，有的意大利移民还出售英国人称为“Hokey Pokey”的吃食，那是一种裹在纸里的条状的硬冰激凌，这个名字可能来自意大利语的叫卖声“Ecco un poco”（意思是“这就是一点点”）的谐音。[82] 谁料，这种新式美食并没有受到人们的普遍欢迎。在对意大利移民居住和存放食材的地点展开卫生条件调查后，报纸上刊载了连篇累牍的文章，宣称这帮小贩是存心要毒害这个国家的儿童。1885 年，有 30 个顾客从兰贝斯步行街的一个意大利摊主那里购买了冰激凌，而后害了病，其中一些人还被送进了医院。事实摆在眼前，人们从那批冰激凌中发现了一种金属物质。[83] 此类指控的字里行间固然夹杂着针对移民的排外情绪，但它们同时也反映出伦敦的作者、读者、消费者全都下了功夫，想要理解伦敦厨柜中的这名新的来客。

伦敦人民吃什么

小贩售卖的食品，并非伦敦人的日常饮食中最主要的组成部分。这或许解释了，为何历史学家们更关注富含能量的面包、肉类、啤酒，以及在16世纪至20世纪，随着进口贸易的扩大变得越发常见的糖、茶、咖啡，而不是鱼类、水果、蔬菜和牛奶。[84] 尽管如此，早期的街头食品依然占有重要的一席之地。而且在很大程度上，正是得益于小贩的存在，这些食品在伦敦的普及程度才远超英国其他地方。

街头小贩引领城市居民参与了一场水果和蔬菜的革命。在都铎王朝早期的英格兰，萝卜、胡萝卜、欧防风、卷心菜被视为专属于贫苦农民的粗鄙之食，然而到了16世纪的最后数十年，迫于谷物歉收、粮价飙升，人们不得不重新审视这些蔬菜的价值。政府官员、地方司法人员开始鼓励人们种植上述作物，一些食谱作家提出了与之匹配的烹饪方法，饮食理论家也面向社会的各个阶层宣传蔬菜对于健康的益处。巧合的是，这股潮流恰逢园圃市场的兴起，使得生菜、芦笋之类的时髦的绿叶蔬菜，越来越频繁地出现在那些吃得起的食客的餐盘上。[85]水果也经历了一场类似的翻身仗。虽然在现实中，富人们享用水果已经有很长的历史，但是在文艺复兴时期，医生们一度对水果的益处持谨慎态度。而到了这个时代，食用水果的行为终于摆脱了模棱两可的名声，成为新兴中产阶级模仿上流社会人士，自外于劳苦大众的一种生活方式。[86]进入17世纪以后，小贩在这方面担负起了重要的角色，他们运送的蔬菜，成为富人和穷人的餐桌上共同的佳肴，他们提供的小份水果，成为普罗大众口中便捷易得的零食。1618年，一位来自威尼斯的游客描述道，英国人不在午间正餐和晚餐时吃水果，但是“在两餐之间，人们总能看到这里的男人、女人、孩子在街头捧着水果大快朵颐，就好像许多山羊在不停地咀嚼似的，在公共娱乐场所，这样的身影更是比比皆是”。[87]由于水果的种类繁多，从廉价的苹果到高档的草莓，可谓应有尽有，也由于水果的价格随着季节的更迭而波动，一年到头贵贱无定，即使是伦敦的下层阶级，只要兜里有几便士的闲钱，就能偶尔享用一点水果。到了19世纪，这种情况已经显而易见。一个由下议院议员组成的调查水果贸易的委员会就曾表示，当前至关重要的是，要在保护英国的种植户免受进口水果的冲击与“为公众，尤其是伦敦的中产阶级和贫困阶层，提供充足的水果这一国内消费的重要商品”之间取得平衡。[88]

小贩的分销还让牛奶变成了伦敦人常见的杯中之物。自中世纪以来，只有在奶牛饲养地附近，人们才能喝到新鲜的牛奶，才可能将牛奶用于烹饪，而多数时候，这样的地方都局限于乡间。[89] 伦敦依靠街头小贩的劳动，在郊区发展起了密集型的乳品产业，从而挣脱了这一限制。1695 年，约翰·霍顿曾经估测，如果将巧克力屋和咖啡馆的生意也计算在内，首都的每户家庭平均每周要购买一加仑牛奶。[90] 当然，每户家庭的实际消费量取决于自身的财富与地位。17 世纪至 18 世纪，时髦的饮者会在游览城市公园时大口畅饮牛奶，品尝乳酒冻等奶油菜肴。[91] 众所周知，伦敦市场上的牛奶“尤为昂贵”，其高昂的价格是高成本的生产体系的结果，但我们也知道，在与高雅、奢华无关的那些地方，比如济贫院的菜单上，牛奶同样赫然在列。[92] 不过，接下来的 19 世纪固然迎来了各方面的技术进步，劳工阶层的牛奶消费量却依然远低于其他地位更高的社会阶层，尤其是在经济拮据的伦敦东区，牛奶掺假、兑水的情况更为猖獗。[93] 高薪工人和中产阶级家庭，是牛奶商贩最主要的顾客。

迄今为止，食品史学家们一向认为，截至维多利亚时代晚期，英国的劳动人民很少吃鱼，通常的解释是鱼类能够提供的热量较低，而且价格不菲。[94] 但伦敦可能是个例外。考古遗迹表明，早在中世纪，伦敦市民就食用了大量海鲜，尤其是鲱鱼、鳕鱼、白鲑和鳗鱼。[95]即使是在宗教改革发生后，国家和教会每周仍会留出几天时间，在禁止吃肉的同时，允许人们用鱼取而代之，在大斋期（Lent）这样的特殊时段，情况也大抵如此。[96]到了17世纪，这些规定逐渐失去了效力，但是在伦敦等物资充足、组织有序的地方，当地人对鲜鱼、腌鱼的喜好一仍其旧。就连救济穷人的机构也将鱼纳入了他们的伙食。18世纪初，有一所坐落在克勒肯威尔的贵格会济贫院，他们每周的食谱上写着这样一段话，“当豌豆、大豆、鲭鱼、鲱鱼、咸鱼应季时”，管家应该用这类额外的食物来丰富被收容者的伙食。[97]得益于供应过剩导致的价格跳水，伦敦的劳动人民时不时也能买得起鱼了，这样的事，甚至在蒸汽船舶运输和冷藏技术产生影响之前就已经发生了。1833年，比灵门鱼市的主管和市场上的一名推销员分别告诉前来调查的下议院议员，每逢鲭鱼、鲱鱼、鲽鱼和鳎鱼变得便宜，穷人就会吃“很多”（great deal）鱼。[98]有了小贩的快速分销，鱼的卖价一旦合适，就能马上被送到千家万户，钻入各类城市居民的煎锅。

要量化街头出售的食品的重要性并不容易。从用以研究过去人们饮食的典型资料，比如社会调查员收集的家庭预算数据来看，鱼、牛奶、水果、蔬菜之类的东西往往只是次要内容。在19世纪40年代，一个靠每周30先令养活妻子和三个孩子的熟练工人，可能会花 8 先令买面包，花三先令六便士买肉，但只花 9 便士买鲱鱼，花 6 便士买青菜、萝卜、洋葱。生活拮据的时候，排在后面的额外开销会被完全省去。[99] 接下来，随着维多利亚时代晚期生活水平的不断提高，伦敦人从中受益良多，到了 20 世纪早期，类似的预算数据显示，劳工的家庭在肉类上的花费已经超过了面包，比较富裕的家庭则能够购买更多的水果、蔬菜和鱼。进口量的增加，铁路、水路运输效率的提高，连同集约化耕作的进一步推广，从各方面降低了食品的成本。但仅就保留至今的预算数据而言，街头小贩的手推车所能提供的鱼、绿叶蔬菜、土豆、牛奶，仍然不是工人阶级家庭主妇的优先选择。[100]

然而，上面的证据并不能反映全部情况。小贩们出售的食品为工人们贫乏的饮食提供了有意义的补充。价格实惠的时令海鲜，一时兴起用以愉悦口腹的零星水果，在工资够花时买来豪饮或者做汤、煮粥的鲜牛奶，甚至是像炸鱼、香肠、馅饼那样的美味熟食——这些都是在肉类、面包等主食之外，既富含营养，又让人感到身心满足的必要补充。[101] 过去的数十年间，围绕工业化究竟是让劳动人民的生活条件改善了，还是恶化了，历史学家们始终争论不休。最近，一些学者主张使用更多的定性证据来揭示工人生活的复杂性。[102] 若能将街头食品纳入考量，无疑会让这个故事的内容变得更加饱满。在伦敦，感谢食品生产的专业化和街头小贩的存在，大多数人每隔一段时间就能吃到更多样、更有趣的食物。

食品供应的多样化在伦敦实现的时间，比在英国其他地方都要早。16 世纪末至 17 世纪初，伦敦的发展速度开始远远领先于其他城市，自此以后一直如此，这让伦敦能够支持集约化的园圃种植和奶牛养殖，并为附近的渔民提供了现成的市场。肉类、谷物等必需品在各地都有供应，但伦敦人的选择要比其他大城市的居民多得多。[103] 小贩们也把牛奶、鱼、家禽带到了约克市居民身边，可是这座北方城市周边的郊区农业发展较慢，海鲜供应也更受限制。坎特伯雷等外省中心城市的中产阶级也可以买到樱桃、牡蛎、糖果等街头小吃，可是这些东西对于当地的大多数居民来说，仍是遥不可及的奢侈品。布里斯托尔的商人从大西洋彼岸带回了各种奇珍异宝，可是这座港口并没有像伦敦那样，与农村腹地建立生产性的纽带。只有北方的另一些工业城市，诸如 18 世纪晚期崛起的曼彻斯特、谢菲尔德，才能凭借交通技术的改善，利用收费高速公路、运河和之后登场的铁路，为它们的劳动人口提供花样繁多且价格实惠的食品。[104] 除了伦敦，没有任何地方从那么久远的年代开始，就集如此全面的优势于一身，正是这些优势共同塑造了伦敦各个阶级的日常饮食。同样，除了伦敦，也没有任何地方的街头小贩扮演了如此重要的角色。我们无法用数字来衡量小贩的重要性，但显然，他们对伦敦的饮食文化和食品经济产生了深远的影响。

第四章　市场

19 世纪的文人墨客在落笔之际，捕捉到了伦敦市场上的勃勃生机。放眼彼时的小说、素描、新闻报道，典型的清晨场景往往设定在比灵门、科文特花园这样历史悠久的大型交易中心。时间通常设定在生意开张的前几个小时，恰是人群熙熙攘攘、争长竞短、热闹至极的时候。市场仿佛是城市跳动的心脏，人潮从四面八方进进出出，板车、马匹把街道挤得满满当当。空气中充斥着讨价和还价、询问和回答、命令和抱怨的叫喊，间或还夹杂着牲畜的嘶鸣与鼻息。一位敏于感知的优秀作者，也许能用生花妙笔摹画出这一幕，让弥漫的鱼腥味、刚刚成熟的水果的浓郁甜香、无数脚步踩踏卷心菜叶的奇异感受，纷纷跃然纸上。买家、售货员、搬运工在一排排摊位、店铺之间推来搡去，他们的周围则是径直来到市场做买卖的渔民和园丁。无论是在人山人海中，还是在买卖环节里，占据中心位置的都是街头小贩。成百上千名小贩根据市场、日期、季节和潜在利润的变动，闻讯而往，分头行动。他们检查存货，装满篮子，接着吩咐搬运工扛起自己购买的货物，送到外面等候的驴子和手推车旁。[1]

然而，在着眼于伦敦经济大局的更为官方的视角中，小贩的地位截然不同。自 16 世纪以来，甚至可能从更早之前开始，伦敦的官员们就已然将街头小贩列入了边缘人物的名单，在他们看来，街头小贩总是在几处主要的市场、商店中往来穿梭，在合法的买卖界限上来回游走。食品小贩就是我们如今所说的非正规经济的象征，是体面的工作、商业背后的半合法的阴暗面。[2] 在 1893 年递交的一份报告中，伦敦郡议会的一个委员会描述了"街头小贩在公共街道上组织的多个非正规市场，而众所周知，这些市场全然未获许可"。[3] 未经授权，意味着小贩们只能游离于经济生活的正式结构之外，进行灰色交易。但这从未阻止他们去市场囤积货物，把鱼、水果、蔬菜拉到顾客想要的地方。

在把视线拉长后，我们就可以看出，这种紧张关系是如何发展的了。起初，小贩的生意显然与买卖交换的理想模式格格不入。但随着城市规模的扩张和市场体系的调适，他们作为零售商的用处得到了认可。街头小贩也许未经授权，但事实证明，要满足伦敦人的日常需求，他们的作用至关重要。一旦我们离开高高的庙堂，从人行道上的民间视角去平视经济生活，正规与非正规之间的界限就会变得模糊不清，乃至毫无意义。

市场自由的故事

在从中世纪伦敦遗留下来的市场体系中，街头小贩是一种异类的存在。16 世纪至 18 世纪，主导这座城市食品交易的原则，是所谓公开市场（open market）的理念。这个字眼听起来很自由，但实际上，它意味着所有运抵这座大都市的食品，从粮食、牲畜到蔬菜，都应当立即被送去城内某一处得到官方认可的正规市场。所有的买卖都应该在公众的眼皮底下完成，没有人可以藏匿货物、操纵供应，以此来确保商品价格的公正合理。公开市场的原则，被披上了上帝和社会的语言外衣，构成了道德化的经济文化的核心组成部分。[4] 伦敦城内有许多座市场，在某些特定的日子和时段内，获准进行相应的交易。其中的一些市场具有更鲜明的专业色彩，如鱼类市场比灵门、牲畜交易中心史密斯菲尔德，其他的市场则更具综合性，齐普赛街便是一个例子，历史上它曾是伦敦规模最大的一条商业街，它被划分成许多个区域，供人们采购不同的食品。[5]

这个基于乡村农民向城市居民出售剩余农产品的传统体系，因为首都不断增长的需求而变得愈加复杂。长期以来，伦敦一直依赖中间商从外省采购食品，接着在货物到达后进一步往下分销，在这些中间商里，有从远方各郡运粮过来的谷物商人，也有坐拥自家店铺、摊位的市民零售商，像是鱼贩、水果商等。除此以外，在未经伦敦金融城公司许可的情况下，转售从市场上收购的商品是非法之举。这种行为被称为“倒卖”（regrating），1552 年出台的一项议会法案将之定义为在市场、集市上购买商品，以便“再次出售”。[6] 有一本小册子，它由金融城的市政官们推动出版，而且多次付梓，其中列举了伦敦的七条《市场法令》（Lawes of the Market），其中之一就是禁止倒卖。[7]17 世纪早期，倒卖者被列为“奸邪之徒”（evill disposed persons），会以滥用市场、抬高物价、坑害良民的罪名遭到指控。[8]

当年的一些违规者，正是街头小贩。有一本保留至今的账簿，记录了向伦敦金融城公司金库缴纳罚款的情况，翻看当年的记录，倒卖是最常被提及的违法交易行为。犯罪者基本上是小商户，有好几位是女性，这类人群最可能把他们购买的农产品带去街上，再次售卖。[9] 比灵门市场尤其让市政当局感到头疼。至少从 14 世纪开始，零售商的行业协会就垄断了海产品的销售生意，市政官们和鱼贩公司（Fishmongers' Company）的官员们只得时不时地发布命令，阻止市场上的街头小贩从事倒卖活动。[10]1618 年，随着市政官们一声令下，在码头竖起了一把“浸水刑凳”（cucking stool），“用以惩罚那些来此收购鱼类、牡蛎和其他食物，再去其他地方倒卖的少女、鱼婆、草药妇和类似人等”。[11]浸水刑凳是一种刑具，被认为惹了麻烦的女性会被绑缚起来，坐到上面，浸入水中。数十年后，1666年发生的那场伦敦大火推动了市场的新一轮重建，那时，鱼贩依然试图阻止小贩在比灵门市场摆摊。鱼贩公司的成员向市政官们发起请愿，抱怨那些妇女来码头买鱼、卖鱼的行为缺乏法律依据，威胁到了鱼贩专享的“市场自由”（Liberty of Marketts）的特权。[12]

如果他们的存在如此不受欢迎，那为什么街头小贩还会继续凑到这儿来呢？答案似乎是，金融城政府在追求公开市场的理想时采取了灵活的态度。虽然从技术层面来说，他们的确是倒卖者，但小贩的买卖已经被各界普遍接受，通常而言，只有到了其他市民零售商投诉抱怨、大吵大闹的时候，他们的行为才会偶尔引起警觉。1590年至1628年，金融城的财务官只收到了91笔因为被判倒卖而缴纳的罚款，其中大部分罚款还是集中出现的。这么低的数据表明，所谓处罚，充其量只是偶尔为之。[13]在近代早期的那段岁月里，决定街头售卖性质的关键法规，是1612年出台的《执照法案》（Licensing Act），它开创先例，允许一部分小贩上街营业，这样一来，小贩的买卖自然要从买进货物开始。休·阿利（Hugh Alley）绘制于1598年的一组金融城市场规划图——又被称为《休·阿利的告诫》（*Caveat*）——是稀有的历史资料，其描绘了当时伦敦街道的状况，从那些图画中可以看出，在买家的队伍里，已经有了转售者的身影。在描绘“新鱼街”（Newe Fish Street）的图画中，出现了一行行商店和摊位，有几个搬运货物的人正沿着主干道行走，其中一位头上顶着篮子的，很可能就是小贩。画面里的一根柱子上还标有“倒卖者”（regraters）的字样，暗示这些做中间商的男子、妇女也应该有立足之地。[14]

进入 17 世纪 60 年代，鱼贩和街头小贩就后者进入比灵门的资格问题发生了激烈的争论，这 10 年间，街头小贩的进货权进一步得到了巩固。一个由市政官组成的委员会被召集起来，以听取女鱼贩的担忧，许多女鱼贩声称，那些获得特权的街头零售商正在吞噬所有的货源，眼看就要形成垄断了——这种论调博得了伦敦金融城公司的同情。为了兼顾双方的诉求，市政官们告诉小贩，每天交易开始的第一个钟头要暂停摆摊，要待在市场的一处角落里，避免四处走动。[15]可是到了 1699 年，议会表决通过了另一项法案，在原先的内容上更进一步，引发了更多鱼贩的愤怒。根据新的规定，比灵门被确认是一座“自由开放的市场”，之前施加在小贩身上的时间限制被撤销，那些垄断了市场的鱼贩也受到了更加严格的限制。[16]任何人，包括小贩在内，都可以来这儿进货。

比灵门之争，是伦敦市场发生蜕变这个宏大背景下的一个焦点议题。从17世纪中叶开始，对交易日期和交易时间的限制逐步放宽，除周日外，伦敦的各处市场获准在一周的其他任何时间开门营业。1666年的火灾加速了这一进程，以前集市在街道上举办，排列成行的手推车、临时搭建的摊位和堆积成山的篮子，就是将其与周围的空间草草区分开来的标志，而今集市已被转移到了专门的地方，与交通干道隔离开来。一些市场搬迁了，另一些新市场成立了，从今往后，金融城内的市场由伦敦金融城公司负责监管，郊区的市场则由私人业主负责监管。再后来，市场管理当局又建造了一系列带有屋顶的永久性建筑，里面有编了号的商店、办公室、自来水、通风设备。[17]科文特花园，就是体现了上述发展的一处典型例证。1670年，作为这场市场建设热潮的早期代表成果之一，科文特花园获得了特许经营权，这座市场每天都会迎来兜售水果、蔬菜、草药、花卉的各路卖家，营业时间不再局限于特定的几天，地址也选在了开放的广场，而不再是繁忙的街道。起初，虽然市场上百业兴隆，经营的环境却颇为糟糕，干活儿的园丁、销售人员依然要挤在木屋、摊位的旁边，直到贝德福德庄园（Bedford estate）的主人出面筹集各方资金，修筑了一座市场大厅，环境才得到了显著改善。这座于1830年完工的杰作，由建筑师查尔斯·福勒（Charles Fowler）担纲设计，呈现出新古典主义风格，至今仍是科文特花园市场的核心建筑。[18]

科文特花园，还是另一种发展趋势的例证。随着时间的流逝，许多历史悠久的市场发生了业务转向，开始以批发为主，服务零售商而非顾客。整个伦敦主营批发业务的市场数量，从1660年的7个，增加到1800年的21个，增长至原先的三倍。在原先的特色基础上，比灵门建成了海鲜市场，利登霍尔和新门建成了禽肉交易中心，而科文特花园、斯皮塔菲尔德、伯勒等地的市场则以园圃作物闻名于世。[19]这一转变表明，人们对倒卖的担忧正在消散，上至店主、下至小贩的转售商也随之受到了鼓舞。

时间来到19世纪，街头小贩已经成为备受欢迎的角色。亨利·梅休表示，在科文特花园的一个繁忙的周六，会有2000名男子推着手推车、牵着驴子来到这里，还有3000名女子步行抵达此地，用各色各样的货物填满她们的篮子。而在伯勒、斯皮塔菲尔德等交易廉价商品的市场，小贩甚至可能占据了主导地位。[20]诸如此类的现象在世人眼中已经习以为常，以至于19世纪80年代，皇家市场权利与税费委员会（Royal Commission on Market Rights and Tolls）在收集证据时，也邀请了7位街头小贩出庭做证。小贩们接受了询问，还就如何管理伦敦市场的问题，谈了谈自己的看法。有着30年街头售卖经历的亨利·科斯格罗夫，描述了他在比灵门市场度过的平常的一天。

问：你早上几点去？

答：我有时候5点就到，有时候5点半到，有时候8点才到。

问：你什么时候开始买鱼？

答：我一到那里就开始买，也就是市场6点钟开张的时候。

问：你立刻就买吗？

答：哦不，我要先在市场里转一圈，看一看哪家的鱼最便宜。

问：你会一直等着，直到轮到你们这些店主被接待吗？

答：不会，如果你想抢在别人前面买，只管去买就好了，只要你觉得价格足够便宜了，便宜到你买回去以后还能再卖出去混口饭吃，就可以买了。

问：你这么做不会有人干涉吗？

答：不会。

与其他街头小贩一样，科斯格罗夫可以随心所欲地利用市场。他接着解释说，他买完鱼后，甚至会叫搬运工把东西搬到自己的车上（“如果就送到市场外面，一包货要花 4 便士；如果要送到塔山去，一包货要花 6 便士”）。[21]

到了维多利亚时代中期，小贩在市场中的存在终于不再受到质疑了。而只要他们走上街头，他们就算是顶住了金融城官员和行会成员的批评，彻底成为市场大军中的一员。这个故事，构成了英格兰全境零售业兴起的宏大背景中的一幕，围绕这段背景的时间线，历史学家们至今莫衷一是。学者们曾经一度分化为两派，一派认为，直到 19 世纪下半叶，当光鲜亮丽的百货公司、连锁分店加入零售业的竞争时，分销的传统模式依然“十分基础和重要”；另一派则认为，从 18 世纪晚期开始，随着设计巧妙、经营高效的商店的持续扩张，以市场为中心的中世纪经济已经在朝着多面化的方向主动发展了。[22] 不久之前，研究晚近几个世纪的历史学家们刚刚揭示了一则事实，一直以来，英国各地城镇、村庄的店主们凭借着高超的技艺、创新的精神，及时响应了顾客的需求，跟上了最新的时代潮流。[23]

伦敦市场的悠久历史——连同街头小贩的长期活跃——为我们提供了一个不同的视角。自伊丽莎白时代晚期以来，以确保市民的粮食供应为首要考虑的市政官们，已经愿意怀着务实的态度，去灵活地运用古老而道德化的公开市场规则。整个 17 世纪，伦敦的城市运转高度依赖一个拥有多重面孔的零售商群体，其中既有店主，也有街头小贩，而处在这个群体身旁的，是一个正在慢慢转型和专门化，以满足庞大人口需求的市场体系，双方长期合作，携手并进。维多利亚时代晚期的社会发展，并没有在转瞬之间摒弃以往的一切，食品营销中的旧有特征依然保留了下来。科文特花园现在拥有了一座让人印象深刻的市场大厅，它用新时代的玻璃和铁武装了起来，可是，在19世纪80年代出版的幽默杂志《潘趣》(*Punch*)中，它仍然因为杂乱无章的过道、拥堵不堪的街巷、粗劣糟糕的管理，被戏称为“泥泞沙拉市场”(Mud Salad Market)。[24] 在过去的三个多世纪里，无论是在马路牙子上、市场摊位前，还是在店铺柜台后，伦敦的零售商总在不断地调整，与这座城市和它提供的商业机遇一道应时而变。

这些努力并不能让市场变成一处轻松的工作场所。19世纪的文学作品描绘过不少典型的交易场景，来到市场的访客会遭遇感官上的轮番轰炸，而这其实是街头小贩天天都要面对的情景。查尔斯·狄更斯在描绘伦敦的一个清晨时，顺带刻画了科文特花园及其周边地区的日常景象，“人们高声吆喝，板车倒车，马儿嘶鸣，男孩打架，买菜女闲聊，馅饼师傅夸夸其谈，吹嘘自家糕点的美味，就连驴子都叫唤个不停”。[25] 回到之前的几个世纪，官方市场还设在街道上的那会儿，喧嚣的程度也毫不逊色。在齐普赛街被用作首都最主要的综合市场的那段时期，它同时还是城内的一条主干道，市政官们不得不费尽心思，尽量让乡村和城市来的各路商贩，到访的顾客，邻近的居民，只想穿街而过的行人、马车乘客，全都感到满意。[26] 为了买到当天所需的东西，小贩们只能小心翼翼地挪步向前。

在市场中做生意同样充满了挑战。几个世纪以来，街头小贩绝非唯一的买家。除了鱼贩和其他坚守自身特权的零售行会，越来越多的推销员开始涌现，他们或者为园丁、渔民做代理，或者负责接收寄售的货物，并从最终的销售额中抽取一部分利润。[27] 另一个对手，是 19 世纪出现的“杂贩”（higgler）或“沽贩”（bummarree）。这帮投机商会早早来到市场，一等有新货入市就大量采购，然后将货物分成小份，转卖给晚到一步的零售商。这让小贩和店主倍感烦恼，他们认为这种做法人为地抬高了货物的价格。[28] 不仅如此，街头小贩还很容易受骗。他们中的许多人曾经作为受害者，在发现自己收购的商品已经变质、腐烂后，出现在伦敦的警察法庭上。1868 年 5 月 7 日，一位名叫约翰·伯克的来自沃克斯霍尔的小贩，被叫到兰贝斯区治安法官的面前出庭做证。前一天早上，他从比灵门市场的一名推销员那里购买了一箱鱼，推销员仅让他看了样品。伯克回到家后发现，“只有几条鲭鱼是完好的，其他的全都腐烂了”。治安法官检查了这批鱼（一家报纸称之为“一桩令人不悦的差事”），而后传唤了那名推销员，谴责了这一“恶劣的欺诈行为”。[29] 伦敦的法律官员现在开始捍卫伯克的利益了，这一刻，身为小贩的他，只是一个在市场上受了骗、要维权的普通顾客。

为小贩们说几句

人们不是勉强接受了小贩，而是认为他们的买卖为自己的生活带来了很多好处。在皇家市场权利与税费委员会面前，斯皮塔菲尔德市场的所有者毫不吝惜地表达了他对小贩的赞扬。他为小贩修建了专门的通道，方便他们把手推车推到市场中心。“货郎们对于市场的清理非常有用，”这位所有者表示，“他们清理掉了鱼类和绿叶蔬菜。”[30] 一位出庭做证的街头小贩约翰·登顿解释了“清理”的含义。在斯皮塔菲尔德市场，蔬菜水果商会匆忙购买商品，好早一点回到各自的店铺。像他这样的小贩则会一直等到大约 9 点，此时，大部分交易已经结束，只剩下种植者和他们的代理商试图把手里的零碎存货彻底清掉。“市场交易结束之后，我们买到的东西要便宜得多。”登顿补充道。[31] 这种情况不是 19 世纪末才有的特例。早在 1798 年，农学家兼测量员约翰·米德尔顿就写道，伦敦市场上的园丁们同样对街头小贩心存感激。那些拥有店铺、摊位的高级零售商只肯买卖最优质的高价蔬菜，而无论是农民还是消费者，都会感激那些“赶骡车的车夫、推手推车的妇女和其他各种流动商贩”，因为只有他们愿意买走剩下的蔬菜，再拿到街上，以“适中的价格”叫卖。[32]

因为小贩的这种形象深入人心，人们普遍认为，他们只出售廉价食品。在证词中，登顿继续描述了他是如何实现高销量的：“我们必须买得便宜，假如买得不够便宜，我们就不能卖得便宜；假如卖得不够便宜，我们就卖得不多；假如卖得不多，我们就赚不到什么钱。”[33]詹姆斯·格林伍德认为，街头小贩“薄利多销”的经营方式，对于保持食品价格低廉具有重要意义。根据他的报告，在白十字街的任何地方，鲽鱼的价格都只有每磅 2 便士，但如果把小贩赶走，鱼贩的店铺就会把价格抬高到原先的两倍。[34]我们今天已经很难确定，早些时候街头小贩售卖货物的实际价格。在一本 18 世纪问世的城市指南中，作者约翰·特鲁斯勒（John Trusler）提醒刚到伦敦的人，可以以其他零售商要价的三分之一的价格，要求从小贩那里买到鲭鱼。[35]实际价格自然会有所波动，但的确有很多原因，让街头食品的价格保持在老百姓负担得起的水平上。小贩们懂得紧跟季节时令，能够获得充足的货源供应，他们极少出售顶级的农产品，他们的顾客主要是消费能力有限的工人和中下阶层。此外，他们的交易成本也很低。与店主、市场摊主相比，街头小贩雇用的员工更少，而且不用支付场地租金。

不过，一味强调价格的低廉，可能会让我们忽略街头生意的微妙之处。即使是标准化的农产品，具体的售价也各不相同。小贩支付给奶牛养殖户的牛奶价格，取决于农场距离城市的远近（他们往返要走多远的路）。当然，消费者能注意到的唯一差别，也许只是零售商往牛奶里兑了多少水，这是一种当时随处可见的掺假手段。[36] 水果、蔬菜、海鲜的品种也不尽相同。1800 年和 1801 年之间的那个冬天，伊丽莎白·邓恩在朗埃克街经营着一家“牡蛎仓库”，这是一家比街头摊位稍微高档一些的寻常店铺。在那个季节，她至少为顾客提供了三种选择：“最好的牡蛎”“普通的牡蛎”“贻贝”。她为来自“乡间”豪宅的顾客保留了最好的牡蛎，那是惠特斯特布尔产的上等货。[37] 许多街头小贩同样瞄准了更富有的客户群，特别是在某种食品的销售季节刚刚开启时，那会儿也是价格相对较高的时候。[38]

一些评论人士认为，街头小贩的存在刺激了消费，进而促进了整体经济的发展。约翰·霍顿在他写于 18 世纪的另一份新闻通讯中，以《为小贩辩护》（*A defence of hawkers*）为题，向商贩的批评者们提出了质疑："想想看吧，如果人们只有亲自去市场、商店，才能买到售价1便士的商品，那么我们的牛奶、鲭鱼，我们需要的其他种类的鱼，还有橙子、柠檬等，该怎么处置呢？"[39]1759年，市面上出版了一本名为《伦敦渔业的开放》（*The London Fishery Laid Open*）的小册子，其匿名作者也相信，引入街头小贩能够打破大买家对于比灵门市场海鲜供应的垄断：

> 现而今，如果市场上能够公平地供应所有捕获的鱼，如果这些鱼能够从捕获地直接送至市场，沿途不经过中间环节，拿到市场上出售时也不存在欺诈行为，就不会再出现鱼类的垄断和囤积居奇等现象了，各种鱼类的供应都将极为充裕，到那时候，一般来说，这些鱼就必须而且理应以合理的价格对外出售；接下来，街头小贩能够将各种各样的鱼一路送到你的家门口，无论是新鲜度还是质量，这些鱼都不亚于城里最大的鱼贩卖给你的鱼。[40]

上述两种论点都摒弃了传统的信条，即一个拥有充足货源且不允许中间商影响价格的市场，最能满足城镇居民的需求。通过开展市场内部的竞争、明确规定谁可以交易，可以遏制垄断的出现。可是时过境迁，人们越来越不把市场想象成一个具体的、有形的地点了。市场变成了整座大都市，但凡有顾客的地方，就是市场。[41]

要为街头小贩的经济重要性赋予一个具体的数字是困难的，这也是研究过去和现在的非正规经济活动时，经常面临的典型问题之一。[42] 其中的一块绊脚石，是活动参与者的交易规模。在对小贩生意的描述材料中，他们卖出的是“半便士”的未熟的小苹果、“2 便士”的梨和“6 便士”的橙子。顾客购买的是一壶筐的草莓、1 先令的 5 个杏子和一颗卷心菜。寡妇萨拉·梅蒂亚德订购了牛奶，每次收到一夸脱，“有时是隔天早上收到，有时是每天收到，有时则是每天收到两夸脱”。[43] 即使顾客有记账的习惯，像这样的小额消费，也并不总是会在他们的书面支出记录中被单独列出来。在城镇里，某些固定的交易场所，如市场、商店，留下了现存为数不多的有关食品销售的机构记录，这便是我们今天还能看到的账目、租金、过路费、关税等历史文件。而在最缺乏组织的街头交易中，就连度量标准都各不相同。格林伍德在 19 世纪 80 年代完成了一篇关于水芹小贩的文章，描述了拂晓时分在法灵顿市场发生的讨价还价的一幕。小贩们在支付了 1 先令，买回了 13 捆——一捆有拇指摁住食指指尖那么粗——水芹后，又按惯例饶了一点，白给的这点菜被称为“上帝保佑”（blessing）。双方唯一争执不下的问题是，“上帝保佑”究竟该是多少水芹。[44]

在《伦敦的劳工与伦敦的贫民》一书中，梅休计算了每年有多少食物运抵伦敦的市场，街头小贩售出的部分又在所有食物中占有多大比例。按照他的估算，在比灵门市场，小贩购买了大部分的鲽鱼、鲭鱼、新鲜鲱鱼、西鲱、偏口鱼、小比目鱼、贻贝、乌蛤、玉黍螺、峨螺。在果蔬市场，他们也购买了超过一半的苹果、梨、樱桃、红醋栗、草莓、榛子。他们购买的蔬菜比较少，其中占比最大的是卷心菜、萝卜缨、西葫芦、洋葱，占到了市场供应量的三分之一，还有豌豆，也占到了一半之多。由于食品的供应量极其庞大，即使是就小贩并非最大买家的商品而论，他们的购买量也令人惊叹。据说，伦敦人每年吞下的 4.96 亿只牡蛎中，有四分之一是由街头小贩售出的。[45] 我们不应过分信赖这些确切的数字，但是可以从中看出，19 世纪的小贩在他们擅长的食品销售业务中占据了相当大的份额。这种情况其实已经持续了一段时间。在依托铁路运送牛奶之前，伦敦城内几乎所有的牛奶是靠小贩从郊区的农场运来的。17 世纪中叶，有市政官指出，街头小贩习惯了在市场上收购“中等及较差品质的鱼”。[46]“中等”和“较差”，可能是在形容渔获物的质量较低，也可能是指渔获物的需求量较少，但不管怎样，这部分货物依然占到了渔民送往泰晤士河畔的货物总量中的很大一部分。小贩的贡献不易计算，但这绝不意味着他们的贡献微不足道。

穷在闹市有人问

除了从各方面去量化他们的生意，我们还可以思考一下，街头小贩是如何证明自己对于伦敦居民而言是不可或缺的。我们已经知道，他们的顾客遍布这座大都市的各个角落。在已经识别出来且发生在1825年之前的街头售卖事件中，有340起可以与它们发生的教区关联起来（图7）。小贩的足迹几乎无处不在。有些小贩在金融城的中心区域摆摊，聚集在皇家交易所（Royal Exchange）门外的水果小贩，就是他们当中的代表。另一些人在伦敦的边缘地带交易，到肯辛顿卖虾，或者是去麦尔恩德路卖腌鲑鱼。[47]他们既在时尚的伦敦西区工作，为中产阶级、专业人士、政治家的酒会和社交服务，也在犬渠街、白教堂之类的低端社区活动，与勉强维持生计的穷人打成一片。

这种离散的分布状况，恰与19世纪后半叶街头市场扩张、小贩频繁聚集的现象相吻合。格林伍德解释道，“伦敦最繁忙、最繁荣的市场和集市，无不位于人口极度贫困的地区”。[48]1893年，规模最大的13座市场全部坐落在被贫困区

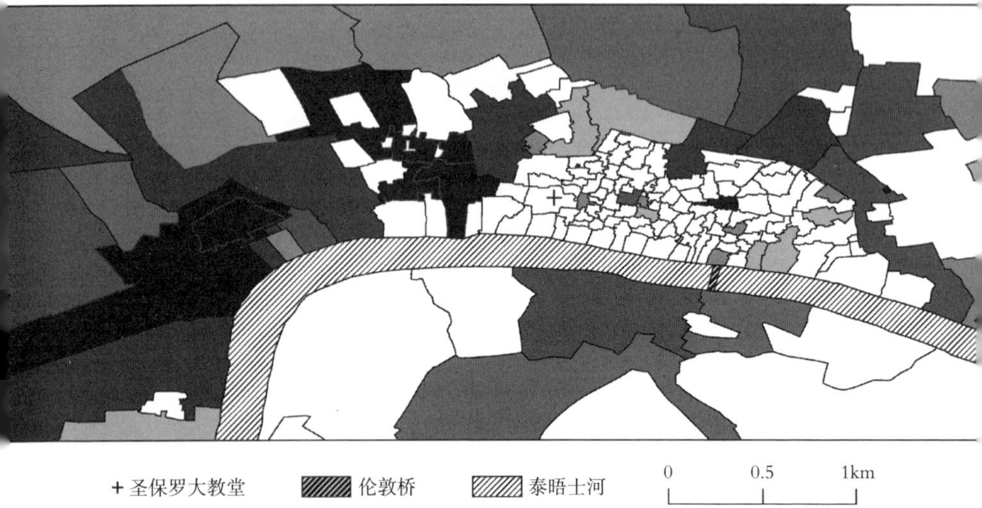

图7　街头贩卖事件发生地的伦敦教区分布图，采集自1600—1825年的研究样本，基于18 世纪中叶的教区边界。阴影越深，说明该教区发生的事件越多。同样，总体模型比确切数字更为重要。

域环绕的一个环状地带内，那里也是多数小贩的居住地，具体来说，包括国王街/哈默史密斯、伯维克街、皮革巷、教堂街、霍克斯顿街、白十字街、温特沃斯街、沃特尼街/沙德威尔、砖巷、克里斯普街、兰贝斯沼泽、东街/沃尔沃斯和南华克公园路。除此以外，还有100多座规模较小的市场，散落在首都各地。[49] 在此基础上，我们还发现了数不清的单个摊位和流动商贩，虽然他们的位置无法被标注到地图上，却从北、东、南、西等各个方向延伸到了伦敦的最远端。

长期以来，维多利亚时代的小贩与伦敦贫困地区的紧密联系，掩盖了其客户群体的复杂身份。对于大众的这种刻板印象，梅休在某种程度上难辞其咎（他曾说过，“一般来说，行贩或叫卖小贩是穷人的供应商”），但事实上，他本人调查过的受访者并不符合这种失之简单的看法。有一位流动菜贩拉着蔬菜，在开阔的郊区叫卖，他最大的客户都住在“独栋的别墅”里；还有一位卖牡蛎的小贩称呼她的顾客为“绅士”。[50] 许多描述街头售卖的早期材料，读起来都能让人感受到顾客的身份地位。他们中的大多数人同样属于伦敦的劳工阶层，只是来自不同的层次。其中有完成差事后，巴望着吃牡蛎的水手和士兵；有喜欢在深夜时分吃点姜饼的金链师傅的学徒；有孤身一人行走在茫茫城市中的男男女女，有的单身，有的已婚；有文员、记账员、佣仆和被简单标记为“劳工”的男人；还有一些人自己就是小贩。[51] 少数顾客被尊称为“绅士”，似乎暗示着他们拥有更高的社会地位。街头小贩有时会向一些显赫的地址供货。每一天，丹尼尔·麦卡锡都要拜访住在马里波恩的伊莎贝尔·达什伍德夫人的居所，在那里卖出多达3先令的水果，这位夫人的丈夫当时正在南非担任要职。[52] 中产阶级和专业人士对街头小贩也并不感到陌生。在写于复辟时代的日记中，海军行政长官塞缪尔·佩皮斯（Samuel Pepys）提到，1660年的某个周六的早上，他从一个路过其塔山住所的叫卖者手中买下了3条鳗鱼。在另一处地方，佩皮斯又写道，他一口气吃下了“2便士的牡蛎，是斯特兰德街的一个女小贩为我撬开的”。[53]

面对这些面目各异的顾客，小贩扮演着迥然不同的角色。直到19世纪晚期，与街头小贩打交道，一直是大多数伦敦人购买牛奶、水果以及应季和廉价的鱼类的主要途径。在铁路和得到改进的冷藏技术出现之前，园丁、奶牛饲养人、渔民都要依赖街头小贩为他们提供的易腐产品寻找市场。凭借这身举足轻重的本事，街头小贩在都市生活中左右逢源。正因如此，伦敦金融城公司认可了他们在比灵门市场买鱼的权利，也正因如此，他们得到了约翰·霍顿等评论家的支持。

街头小贩还帮忙将食物送去了基础设施不足的区域。从17世纪早期开始，伦敦官方市场的增加速度就再未跟上这座城市整体的发展脚步。大都市区的外围人口迅速超过了老城中心地带的人口，可是截至 17 世纪中叶，西郊只有区区 4 座市场，东郊竟然连一座都没有。同一时间，金融城则坐拥 15 座市场。住在哈克尼、斯特普尼的 4 万名居民，不得不徒步走上好几千米，才能买到食物。[54]1666 年伦敦特大火灾发生后兴起的那场市场建设热潮，填补了些许空白，但直到 19 世纪，伦敦东区和泰晤士河以南的各个地区依旧只有零零星星的市场供应。[55] 对生活在那些地方的人们来说，小贩和小商店的作用极为关键。

与此同时，开始专注于批发业务的官方市场，已不再是普通消费者的购物场所。据历史学家科林·史密斯（Colin Smith）估计，此类市场在食品零售生意中所占的份额，在 18 世纪中叶达到了历史顶峰，随后在 1840 年骤降至高峰期的五分之一以下。[56] 再后来，1893 年发布的伦敦郡议会报告惊人地宣称，首都“较之其他任何重要城市，或许有一点非常显著的不同之处，那便是，这里不存在一般意义上的零售市场”。在这里，距离老百姓最近的零售市场的替代场所，是小贩平常扎堆停放手推车的地方。[57] 一如查尔斯·布思的调查报告所言，街头小贩在伦敦扮演的重要角色，是他们“在任何其他城市的同行都无法比肩的”。[58] 站在 19 世纪晚期，伦敦食品供应体系的缺陷和小贩带来的好处，都已经显而易见。

零售市场的匮乏，对工人阶级、贫穷人群的打击最大。中产阶级和上层阶级有仆人代为购物，越来越多的商店也为他们的家庭提供了更好的服务。流动的小贩、路边摊、街头商人自行组织的非法市场，就成为伦敦劳动人口购买食品的主要场所。在具体而微的日常生活中，人们认识到了街头市场的必要价值。1888 年，斯皮塔菲尔德市场的管理人员向皇家市场权利与税费委员会表示："我觉得，解决市场问题的秘诀在于小贩。他们的确是穷人的好朋友，为他们带去了便宜的商品。"[59] 如前所述，小贩提供的廉价吃食，是许多工人不肯离开拥挤的内城的原因之一。[60]

各个阶层的伦敦人都会光顾街头小贩的摊位，偶尔买一点零食。现在，关于 19 世纪边走边吃的街头文化，我们已经掌握了更多的材料。[61] 而关于此前的几个世纪，我们也已经知道，当时的街道上摆满了牡蛎、水果、坚果、蛋糕，那些小吃可能只需要花上几便士。离开街头，小贩们还为大小酒馆送去了橄榄、凤尾鱼、泡菜、馅饼、海鲜。研究零售和时尚的历史学家们曾经撰写过有关"小奢侈品"（small luxuries）的著作。作为新兴消费文化的一部分，中产阶级、工人阶级可以购买缎带、蕾丝、纽扣、书籍、玩具和其他小饰品，用来犒劳自己。在这个范围内，人们过去讨论最多的食品都是些舶来的洋货，以茶、咖啡、糖为代表。[62] 其实，伦敦街头的小吃，也应该被视为这类小小不言的人生乐趣之一。它们是大多数人能触碰和享受的一时之乐。甚至连上流社会也从中体察到了愉悦。1786年，德国作家索菲·冯·拉·罗赫（Sophie von la Roche）来伦敦访问，其间，她迫切地想要品尝"真正新鲜的英国牡蛎"，于是专门在比灵门的一家旅馆安顿了下来，让一位小贩送来牡蛎供她挑选。[63]有人在乳品行业窥见了商机，在西伦敦的几座大公园里饲养起了奶牛。来到格林公园等地的游客，可以在售货亭或者摊位前面稍作停留，喝上几碗才挤出来不久的新鲜牛奶，看着刚挤完奶的那一小群奶牛，在几步之遥的前方咀嚼着青草。[64]

享用街头美食，不仅是一种休闲活动。自中世纪以来，外出就餐已经成为都市生活中的一种日常体验。大多数人家里的空间都很局促，直到19世纪，他们的烹饪器皿通常也不过是一个炉灶，外加几样炊具。这也是面包师、酿酒师等加工食品的制造商和零售商历来受到社会重视的原因。[65]即使到了后来，人们逐渐用上了炉灶、锅炉、燃气烤箱，家庭主妇们还是在很大程度上依赖于专业的食品销售商，毕竟，她们需要在做家务和赚钱之间维持平衡。20世纪早期，莫德·彭伯·里夫斯（Maud Pember Reeves）在兰贝斯区调查了多位家庭主妇，大多数人的家里没有储藏新鲜食物的橱柜，无法防范老鼠之类的啮齿类动物，而且她们也深知，用那点钱买回来的烹饪所需的煤炭、煤气，顶多只够在每周日晚上准备一顿热腾腾的家常晚餐。[66] 出于上述原因，在劳工阶层聚集的地区，不仅到处都是售卖熏鱼和腌鱼、香肠和馅饼的摊位，还出现了最早的炸鱼薯条店。[67] 随着城市不断向外扩张，工作的地点和劳动者的家往往相距甚远，为了维持一天的体力，伦敦人逐渐习惯了外出就餐。[68] 不少历史学家在罗列英国城市过去的餐饮场所时，会按照级别，由低至高，一一历数，从小饭馆、普通餐馆、啤酒店，到酒馆、客栈，再到餐厅、酒店，然而，他们却并不总是将街头小贩的摊位列入其中。实际上，在当时的伦敦，从小贩那里购买食物也是外出就餐的众多方式之一。[69]

如今，与过去一样，外出就餐的性质介于奢侈与必需之间。诚然，去餐厅用餐，即兴地享受一顿小吃，可以带来极大的精神满足。但我们吃饭终究是为了生存，外出就餐，说到底是我们维持生计的必要之举。[70] 多数情况下，21 世纪的伦敦街头美食意味着某种放纵。它为我们提供的汉堡、墨西哥玉米卷饼、面条，均为多样化、高品质的现代餐饮行业的产物，从而迎合了那些用可支配收入换取佳肴和享乐的“吃货”。伦敦历史上的街头美食，无疑也带给了时人源源不断的满足感，一把水果，就能点亮原本单调无趣的饮食，一只咸鲜的牡蛎，便可以与啤酒、葡萄酒相得益彰。但归根结底，其中涉及的许多食物依旧是不可或缺的。就这样，小贩们提起装满食物的篮子，扶起手推车，又一次上路了，他们要为那些别无他法、只能在路上吃饭的劳动者送去吃食，为他们每一天的奔波劳碌注入能量。

第五章　零售商

远离了市场的喧嚣，小贩们踏上了寻找顾客的征途。一些人沿着固定的路线行进，挨家挨户地叫卖；另一些人则前往酒客盈门的客栈和酒馆。还有人选择站在路边或是可移动摊位的后面，在行人的必经之地摆摊设点。他们备有辅助的家伙什儿：便于灵活使用的篮子、堆满农产品的手推车、负重前行的驴子。即便如此，在街衢的中央做生意，也绝非易事。伦敦的道路、小巷尽是些叫人犯难的畏途，放眼望去，满是行人、马匹、马车、板车，保不齐脚下的地面和头顶的空间就会闪现点什么，走在路上，并不能让人放下心来。小贩们不仅饱受风雨、泥泞之苦，时而遭受陌生人的威胁，还要提防被车流撞倒。他们必须在摸爬滚打之后，成为熟稔街头环境的“原住民”，时刻准备着拥抱机遇、防范危险。

接下来的三章，将着力重构食品小贩在英国首都街头的生意经历。它们依次揭示了小贩的交易方式和地点、傍身的技艺，以及依靠步行外出劳动的艰辛。除此以外，这三章还共同探讨了一系列更深层次的问题，而所有问题又全都围绕着一个内核，即我们究竟该如何看待街头。

在人类历史长河的各个阶段，街道的形态、功能并不一致，但无论是在何时，它始终是城市建筑的基石之一。[1]1600年以后的三个世纪，见证了街道概念在伦敦的形成，在很大程度上，这种概念依然适用于当今世界的大部分地区。中世纪和文艺复兴时期的欧洲街道，是一种深具公共性质的空间，统治者与宗教精英在这里举办游行、大兴土木、执行死刑，借以展示权力和秩序，邻居和熟人也在这里闲聊、争吵，大家一道参与仪式，去市场上讨价还价。[2]从17世纪开始，伦敦的道路经历了认真的改造，路面变得更加笔直、宽敞，清洁、治安工作也更加到位，照明系统、路面铺设也更加完善。在不完全抛弃街道旧有的公共功能的前提下，利用各方面的新发展，促进人员、车辆、货物的自由流动，这就是19世纪的建筑师们追求的理想，他们将街道塑造成了无障碍的流动通道。在摆脱了有形的物质障碍和无形的社区纽带的束缚之后，街道成为人们漫步、梦想和消费现代大都市的乐趣、商品的场域。[3]如果说伦敦有哪个区域是现代的，那一定非西区莫属。由约翰·纳什（John Nash）设计的摄政街，是一条视野开阔、两侧装饰了石膏浮雕的林荫大道，竣工于1825年。随着19世纪的推进，这一带渐次发展成了首都的“娱乐区”

（pleasure district），富人和中产阶级可以在光彩夺目的拱廊、大型百货商场里自在周游，可以在剧院、音乐厅、电影院里大饱眼福，还可以在俱乐部、酒馆、餐厅中尽情享受。[4]

关于街道，我们能够讲述的故事远不止这一个。所谓“现代”的街道生活的各种特征，诸如对女性独自出行的忧虑，抑或为阻止恼人且代价高昂的堵塞而实施的交通管制，即使不是在此之前就已确立，也早在 17 世纪初就已显露端倪。[5] 而我们通常认为的“前现代”活动，像是买卖交易，其实从来没有完全消失。到了 19 世纪，即便威斯敏斯特和金融城的街道得以拓宽，也仍然被行人、车辆、动物堵得水泄不通。远离了伦敦西区闪闪发光的店面和耀眼夺目的街灯，伦敦的大部分地区昏暗如故，房屋由腐朽的木头、灰泥搭建而成，杂乱无章地散落开来，狭窄的道路泥泞不堪，到处坑坑洼洼。纳什对摄政街的设计，自然是一次引人注目的改造，但伦敦终究未能像豪斯曼男爵（Baron Haussmann）在巴黎实现的那样，借由一项全面的干预方案，让城市的面貌焕然一新。至少，对街道的改善并不彻底。[6]

这一时期，小贩们走上街头，从头到尾，亲身经历了大都市的现代化带来的种种矛盾。他们评估街道改善进度的标准，是自己能否在人行道上站得平稳，是入夜之后还能看清多少东西。他们时刻警惕着疾驰而过的车辆和心怀不轨的市民，心里明白，伦敦的交通干道对于出行、工作来说，绝不是真正安全的福地。身为在城市各处往来穿梭、觅求财路的零售商，他们深知，街道是如何与周遭的城市肌体水乳交融的。但凡有了小贩，街道就不再只是通道了，它们变成了兼做小本生意的交易场所，人们来这儿买卖日常必需品，用偶尔才能品尝的美食奖励自己，度过烟火气缭绕的又一天。

街道那些事儿

小贩的工作地点，并不仅限于公路。在已经识别出来且发生时间早于 1825 年的 443 起街头售卖事件中，每一起事件都可以与某一类型的地点联系起来，其中多数地点在整个 19 世纪一直受到食品小贩的青睐。这表明，街头小贩的交易场所涵盖了多种多样的地理空间，这些空间往往位于人流、车流集中的主干道周边，在那里，公共与私人、开放与封闭、室内与室外之间，不存在明显的界限。这些空间还向我们揭示了小贩作为零售商的经营策略，原来，他们要么置身于自己认定将会人流如织的地方，要么将食物直接带去潜在顾客的栖身之所。

有一些挨家挨户登门售卖的小贩，被允许进入伦敦市民的家。1807 年 1 月 1 日下午 2 点左右，简·梅特卡夫“像往常一样”走进了萨拉·米切尔位于肖迪奇区的住宅的厨房，送去了 1 便士的牛奶。[7] 还有一些居民提到，他们会保持自家的“街门”或“后门”敞开，小贩们知道，主人这么做，是在邀请他们进门。[8] 在伦敦历史上的多数时间里，公共空间和私人空间的界限并不清晰。步入当年的住宅，用于制造、零售的功能区域，往往与家庭内部的功能区域混杂在一起，若是有许多租户合租，大家彼此间也只用临时的木墙稍作分隔。由于地面空间有限，上层的房间会旁逸斜出地伸到街道上方。经过的路人可以透过没有装玻璃的开放式窗户，与店主做买卖。较大的住宅还设有供仆人、商贩分别进出的单独入口。[9]

从 17 世纪中叶开始，住宅内外的空间分隔变得越发明显，许多建筑用砖块取代了传统的木材和灰泥，玻璃、门槛、铁栏杆的运用则进一步巩固了家庭空间的边界。在现实生活中，这可能强化了大门作为“典型的阈限边界”（archetypal liminal boundary）的作用。[10] 大部分小贩跨越了这道门槛。在艺术家托马斯·罗兰森创作于 1799 年的版画作品《伦敦的叫卖声》（*Cries of London*）中，一位家禽小贩正把一只瘫软的鹅推给站在自家门槛上等待的顾客（图 8）。罗兰森选择性地呈现了画面的背景，有意设计了一系列可供对比的滑稽元素：红光满面、身形圆润的小贩与他那瘦弱、苍白的顾客；装饰华丽的威斯敏斯特住宅与户外的劳作；安逸的中产阶级与粗犷的伦敦劳工阶层。尽管艺术家的作品看起来妙趣横生，可

图8　一位家禽小贩为一对富裕的夫妻送来了鹅。请注意艺术家托马斯·罗兰森设计的几处可供对比的滑稽元素。

是一旦跨越了大门所代表的边界，就有可能引发重重危险。上门推销的小贩偶尔会被指控，是在以经商的幌子掩护小偷小摸的行径。1729 年，安・帕森斯被人指控偷窃了银餐具。老贝利法院的审判报告声称，这位小贩来到原告家中卖牡蛎，却“趁机窃取了汤匙”。[11]

再来看酒馆，那里既有风险，也有回报，个中情形却各不相同。小贩们被 17 世纪至 18 世纪的啤酒屋、小酒店、客栈、咖啡店吸引，在维多利亚时代的伦敦城内和周边的数千家酒馆附近徘徊。一些人受到邀请，进入了这些对外开放的室内空间做生意，另一些人则选择继续留在酒馆外面摆摊。赫斯特・莱克一直去星期五街的“白马”（White Horse）客栈门口卖牡蛎，到 17 世纪 20 年代中期，他“已经在这儿待了 30 年了”。[12] 贝类海鲜向来格外畅销。一位小贩告诉记者阿道夫・史密斯：“牡蛎、峨螺和酒水，谁也离不开谁。”[13] 截至 1825 年，我们总共收集到了 46 份描述酒馆叫卖的历史材料，其中有一半以上提及了牡蛎。小贩还出售水果、姜饼、馅饼、虾仁等零食，可以供顾客边喝酒边挑选。从都铎王朝和斯图亚特王朝时期的啤酒屋里的面包、奶酪、蛋糕，到 19 世纪酒馆里的猪肉馅饼、三明治，小贩的到来，让酒客可以期冀的吃食变得越发丰富多彩。[14] 小贩还带来了供给家庭的食品，如卷心菜、花椰菜、鱼、牛奶。伦敦的酒馆不仅是娱乐场所，也是另类的交易中心，在交易被当局限定在特定场所的年代，非法市场在酒馆的周围自发地组织了起来。[15]

在多数酒馆里头，能同时看到广大的伦敦工人和中产阶级顾客的身影。直到 19 世纪晚期，中产阶级里较为体面的那部分人群才开始放弃酒馆，部分原因是禁酒运动以及咖啡馆、茶馆、餐厅等新兴消费场所的出现。[16] 过去，人们曾普遍认为，酒馆是由男性主导的空间，但如今我们已经知道，女性向来都是酒馆中的一员。有的女性是来喝酒、社交的，有的女性本身就是酒馆的老板，有的女性受雇于酒馆老板，还有一些女性会从街面上走进来出售食物，抑或提供其他服务。[17] 小贩们服务于各种等级的各种人群，奔波于不同地方的不同场所，既有位于白厅（Whitehall）左近的优雅咖啡屋，也有水手、搬运工经常混迹的东史密斯菲尔德（East Smithfield）的简陋场子。[18] 小贩们每每发现，自己身处尴尬的境地。一位卖炸鱼的小贩告诉亨利·梅休，酒馆老板们欢迎他进入酒馆的不同隔间，这让他得到了一个“卖鱼仔”（Fishy）的诨号。然而，他却不止一次地遭遇托盘被好事之徒“为了找乐子而踢翻……鱼也被人哄抢一空”的下场。有一回，他甚至因此受伤，被送入了医院。[19] 在过去的几个世纪里，类似的闹剧简直层出不穷，到处都有小贩被喧闹的酒鬼推来搡去，手里的馅饼盒被打翻在地，他们中的女性零售商还会被污蔑成娼妓。[20]

为了寻找顾客，街头小贩甚至走进了教堂。在那个时代，宗教在大都市生活中的地位比今天重要得多，在所有城市景观中，教堂尤其引人瞩目。1666 年的那场大火发生前，单是金融城内就分布着 100 多个教区。小贩受到教堂人流的吸引，会来到教堂的门廊旁边、庭院内部，还有周围的小巷里头摆摊，信众举行礼拜的周日，更是他们招徕顾客的好时机。17 世纪至 18 世纪，许多教区的教区委员会都曾对售卖水果、草药的小贩感到不满，多次命令治安官和教堂执事将他们赶出教堂及周边地区。[21] 教区当局是在打一场必将失败的战斗。在拥挤的金融城，不少教堂庭院被渐渐挪作世俗用途。一些院子被当成了通道，用来晾晒衣物、饲养家禽，甚至是开展布料拉伸、砖块制造等工业活动。有一段时间，圣保罗大教堂的庭院竟然变成了伦敦首屈一指的草药市场。[22] 在许多诸如此类的活动中，小贩慢慢获得了当局的认可，有时还得到了明确的批准。1654 年，伦敦西区圣邓斯坦教堂（St Dunstan）的教区管理员从“坐在教堂庭院西端的那个女苹果贩”手里收取了 15 先令的年费。后来，一位名叫约翰·史密斯的鱼贩也加入了那位女苹果贩的行列，史密斯付的钱是女苹果贩的两倍有余，却只换来了一块被称为“板子”（Board）的立足之地。[23]

街头小贩还主动置身于伦敦人频繁出入的工作、休闲场所的外面。坐落在德鲁里巷的科文特花园剧场在王政复辟后首次开门营业，后来又经历了多次重建，剧场的门前常年聚集着许多出售橘子、牡蛎的小贩。[24] 在 19 世纪的伦敦，形形色色的剧院如雨后春笋般涌现，无论剧场的表演是高雅的，还是俚俗的，剧终的幕布降下后，观众都能在剧院外头买到火腿三明治、烤土豆、峨螺等小吃。[25] 小贩还去花园、公园的门边设摊，散步的人们可以在此休整，喝杯牛奶，吃点水果。[26]

生意一向最红火的黄金摊位，位于皇家交易所的大门外。皇家交易所是由托马斯·格雷沙姆爵士（Sir Thomas Gresham）在 1571 年创建的，来自世界各地的商人们，每天都在这里的底层庭院中达成各种交易，追求时尚的各路潮人则会去院墙周边和上层阳台的商店里购买帽子、珠宝、布料等奢侈品。在毁于那场大火之后，皇家交易所又得到了重建，并于三年后重新开张。[27] 在这段动荡的时期前后，小贩们一直聚集在皇家交易所的入口处，这在整个 17 世纪屡次引发了当地居民的怒火。1611 年，在“皇家交易所出售苹果和其他水果”的小贩受到了指责，人们认为他们的篮子堵塞了街道，导致“马车、板车全都无法顺畅通行”。[28] 皇家交易所重新开放后不久，一位没有留下姓名的水果小贩获得了在交易所北侧摆摊的特权，条件是每年支付 4 英镑的不菲费用。[29]19 世纪的前几十年，街头小贩的摊位仍旧排满了通往皇家交易所的过道。其中有不少卖橙子、柠檬的小贩是犹太人。这很容易理解，伦敦犹太人的聚集区就位于阿尔德盖特和白教堂的旁边，从这里往东再走一小段路就到了。[30]

教堂庭院、剧院、商业中心都是人流密集之地，小贩们希望在这类地方招揽到过路的生意。此外，他们还有一种经营策略，是去桥梁等地形狭窄的拥挤路段摆摊。1750 年，威斯敏斯特桥才开通，黑衣修士桥也在 10 年后才落成，而在此之前，伦敦桥一向是横跨泰晤士河、连接伦敦南北的唯一通道。在这座中世纪结构的桥梁的两侧，排列着鳞次栉比的商店和房屋，它们高耸于一条大约 5 米宽的通道的上空，最终，整座桥梁连同所有建筑都被尽数拆除，而后又于 19 世纪重建。[31] 从小贩的角度来说，缓慢移动的交通恰恰为他们营造了一处固定的市场，但是在金融城市政当局的眼里，时刻可能发生的交通阻滞让他们难以容忍。1617 年，亨弗雷·西尔因为去桥上卖苹果被送进了大牢，而他的案子绝非这方面的孤例。[32] 舰队桥（Fleet Bridge）在出售牡蛎、水果的小贩中颇受欢迎，它横跨了一片现在已被遮盖的水道，这条水道在黑衣修士桥那里汇入泰晤士河。[33] 在奈德·沃德撰写的《伦敦间谍》一书中，舰队桥引来了一群怪诞的乌合之众。叙述者当时正和他的同伴穿过舰队桥，他们看到，坚果、姜饼、橙子、牡蛎“堆积在装了轮子的流动摊位上，摊主是一帮相貌丑陋的家伙，有的只有一只眼，有的没有鼻子”。[34] 笔者经过研究发现，进入 19 世纪以后，小贩去桥上摆摊的案例变得更少见了，不过梅休认为，他们仍然广受欢迎。如果说，桥上的小贩数量当真有所减少，这或许可以用日益增长的交通流量来解释，在那种情况下，人们在半道上停下来，购买小贩的商品，可能会受到很大的环境干扰。街头小贩可能会因此去其他地方寻找经营场所，这样一来，新出现的由新型交通工具造成的拥堵地点，就成了他们的目标。19 世纪 70 年代，伦敦大都市区铁路公司（Metropolitan Railway Company）每年运送的乘客量已经高达 4000 万人次，该公司分管的路段构成了逐步扩大的铁路网络的一部分，这些铁路盘亘在地上和地下，运送通勤者出入大伦敦都市圈。[35] 有一位小贩在贝克街车站的墙边支起了水果摊。圣马里波恩（St Marylebone）的教区委员会为此提出了抗议，铁路公司却回信解释道，这位摊贩只是车站外头众多摊贩中的一个，为了能留在这里吸引过往的旅客，他们已经支付过租金了。[36]

在研读了有关街头售卖的大部分描述材料后，我们可以确定，它们一概是在街道上发生的。从材料的字里行间，我们可以读出，小贩以各种各样的方式占据公路。有些小贩流动性更强，被描述为“沿街行走”，或者“游荡街头”。[37] 但与此同时，还是有许多人留守在更为固定的摊位前。安·卡罗尔就坐在自家院子与罗斯玛丽巷的交会处售卖水果（考虑到人流、车流会从各个方向涌来，街角也是小贩时而出现的地点之一）。[38] 当被人问及是会带上橙子去往各处兜售，还是会留在同一个地方等待顾客上门时，约翰·弗兰克斯回答道："我就站（stand）在一个地方，一动不动。"[39] 当然了，人们说小贩经营着一处"摊点"（stand）或"站摊"（standing）时，并不是指他们真的要长时间待在同一个地方，恨不得把脚跟踩进泥土里。[40] 他们有时候需要用篮子、桌子、木板来显示自己的存在，有时候干脆搭建一座固定的货棚。有了更加稳固的立足之地，这些小贩与守着街道旁边房屋经营买卖的店主其实有很多相似之处。没错，他们的铺面看起来多少有些差别，但究其本质，他们从事的是同样的销售业务。

留着划痕有用

小贩的摊位分散在伦敦的各个角落，有的简陋至极，只剩下一张桌子；有的又不无精致，手推车上还盖着遮阳篷。19 世纪中叶，梅休曾尝试统计摊位的数量。为了开展抽样调查，他徒步跋涉了 74 千米，发现了 632 处摊位，折算下来，每千米约有 14 处。梅休据此估计，即使不把街头市场上的摊位计算在内，在整个伦敦大都市区，堆满鱼类、蔬菜、水果等各色商品的摊位也有 8000 处之多。[41] 小贩们的足迹仿佛梳子一般扫过了英国首都的各条街道，他们会在合适的地点停步——那里通常人流众多，但车流不大——如果他们又返回了某处，那意味着他们要对外宣称，那是自己的地盘了。有一次，作家奥利芙·马尔弗里（Olive Malvery）尝试过卧底，扮演街头小贩的她自以为找到了一处颇有前景的摊位。然而，她刚刚把手推车停到路边，就听到一个"高大、强壮、满脸通红的女孩"大声叫喊起来，对方一边扛着土豆和卷心菜，一边抱怨："喂，这位太太，往上面挪点儿，你正好占了我的地盘。"[42] 只凭借现存史料对小贩工作的简短描述，我们很难确认其中有没有涉及金钱交易。在 17 世纪的威斯敏斯特，玛格丽特·卡特是否支付过费用，才获准在理查德·科尔曼的家门外搭建"摊位或棚架"，开始贩售苹果？到了 1609 年，威廉·道森至少已经租用裁缝店对面的"店铺或摊位"长达两年，为此他到底支付了多少钱，租约又有多牢靠呢？[43] 很明显，这些协议对于街头小贩本人意义重大，并且得到了竞争对手、土地所有者、邻居的多方认可，尽管它们几乎不具备任何法律依据。

比之实体店铺，小贩的路边摊显得摇摇欲坠。进入 19 世纪，随着伦敦西区购物拱廊等新型消费空间的兴起，两者之间的差距越发显而易见，那些购物拱廊由专业建筑师担纲设计，顶部覆盖了玻璃，有专人负责巡逻，可谓现代零售业的早期缩影。[44] 其实，自中世纪以来，经过我们识别的伦敦商店数量一直在不断攀升，而且至少从 17 世纪开始，商店的设计已经一座比一座更趋于精致。大多数商店原本是私人住宅的前厅，可以从街道或者某条通道直接进入。来到店内，前屋和后屋被屏风隔开，店主会利用木板、货架、抽屉、织物衬里、展示玻璃来吸引顾客、展示商品。为了与街道分隔开来，也为了防范小偷，城里富裕地段的商店开始在窗户上安装玻璃，又或是制作格子窗。就连不怎么高级的店铺也可能会挂上一面招牌，最常见的是在微风中摇曳的悬挂式招牌，那既是广告，也是地位的象征。[45] 到了维多利亚时代，商店的门脸装潢得更加复杂，圆柱、壁柱、楣板都派上了用场，它们一同框起了透明的玻璃门窗。随着 19 世纪 50 年代新发明的工业生产方法的应用，玻璃的面积变得越来越大，价格也越来越亲民。[46] 再后来，百货商店将玻璃与人工照明相结合，打造出了值得驻足一看的剧场式景观，其精心设计的舞台效果对顾客产生的吸引力，不亚于同一屋檐下眼花缭乱的服务和商品。[47]

然而，若是问及店铺究竟为何物，那时还不曾有过明确的定义。许多店主将他们的零售空间扩展到了街道上，他们在前门外摆放桌子，透过打开的窗户展示自家的商品，用一块可下拉的板子充当延伸自如的柜台。鱼贩、肉贩等出售生鲜食品的商贩，是最后一批采用玻璃的商家。直到维多利亚时代晚期，他们的店铺才开始装配推拉窗、折叠窗，经过改造的窗户可以让路过的顾客像早些时候一样，直接触碰到感兴趣的商品。[48] 在此之前，“商店”（shop）一词本身指的是各类“结构”（structures），比如用支架搭在人行道上的桌子、存放货物的封闭仓库、能够折叠收起的帆布摊位，以及被称为“大块头”（bulk）的木制或石制的货棚，后者既可以单独立起来，也可以靠在建筑物上。[49] 许多拥有较为固定的摊位的商贩，声称自己经营的是“商店”，可是从上下文的史料描述来看，他们似乎只是在街上摆摊而已。[50] 拥有四面墙的商店和街头摊位之间的区别，在论及地下室时最为模糊。小贩们将这些通过台阶、地板门到达的地下房间，同时用作储藏室和店面。最乐意占据地窖的是卖水果、牛奶的摊贩，他们之所以到这里来，并不仅是为了零售的生意。他们经营的“牛奶地下室”（milk cellar）还是一个可以让路人立马喝上一杯清爽饮料的好去处。[51]

有一些小贩的摊位搭建得相当坚固。约翰·柯克兰德在弓街的水果摊想必就很结实，可能还配有侧板和可上锁的前门，因为小偷“破门而入”，偷走了他的橙子、柠檬和苹果。[52]乍一看，大多数摊位都很简陋。18 世纪 50 年代，保罗·桑德比画过一位樱桃小贩，她俯身站在一张小方桌前（图 9）。虽然画中的陈设看起来很简单，但她把桌面当作柜台，用来放置篮子、称重水果，而折叠式的桌腿设计，则方便了她在交易结束后轻松移动桌子。街头零售商会利用手头的一切材料搭建销售场地，可能是几块拿来垫高的木板，也可能是围成半圆的几个篮子。[53]单单一辆手推车，便可以改造成封闭的摊位。约翰·汤姆森在 19 世纪末拍摄过一位贝类小贩，他把自己的手推车停在了路边（图 10）。一块用织物搭成的屋顶，在为他的各种罐子、调味品遮风挡雨。照片中，甚至还能看到一把供人歇脚的椅子。两名顾客正在检查柜台上陈列的商品，另有一名头戴圆顶礼帽的顾客刚好被货摊的框架框住了身影。在街头小贩聚集的非正规市场，与之类似的垂直的货摊框架也会被用来悬挂食物。[54]

小贩们也将零售的种种技艺带到了街头。他们也许没有用到标价签，也不曾使用印刷好的商品宣传卡片打广告，但他们整理和准备货物的方式，与坐拥固定摊位的同行没什么两样。在采买完当天需要的货物后，小贩们总要花费好一阵时间摆弄这些东西，把它们拾掇得漂漂亮亮。一位接受梅休采访的水芹小贩解释道，他在法灵顿市场买了几捆水芹后，会去哈顿花园的一处水泵旁清洗，“好让它们一整个上午都看

图9　一位樱桃小贩在折叠桌上称樱桃。

图10　19世纪末，一位贝类小贩的大型摊位。

起来鲜嫩欲滴，不至于叫风给吹得蔫了吧唧”。还有一些小贩会利用走去摊位的片刻时间，又或者是在不远处的圣安德鲁霍尔本教堂（St Andrew Holborn）的台阶上稍稍安坐的那点余暇，拿住水芹的茎秆，按售价半便士一份的量，重新捆扎起来。[55]1860 年 7 月的一个清晨，7 点到 8 点之间，小贩詹姆斯·克劳利正在南华克一座提供公共饮水的喷泉里面洗鱼。孰料，克劳利被所在片区的扰民事务督察员撞见了，在拒绝停止清洗后，他被传唤至该地的治安法官面前。不过，由于当时还没有法律明令禁止他的行为，这个年轻人仅受到了警告，便被放了出来。[56]

街头小贩要经营生意，自然离不开精打细算。以桑德比创作的樱桃小贩图为例，在此类描绘小贩的印刷图像中，水果小贩的秤是一种常见的元素，而且通常是那种手持的、悬挂式的秤。构思这种秤，不仅是为了艺术性地调侃这群生意人的不可靠，它们真实地出现在当年街头小贩的物品清单中。[57]说到数字，小贩们有自己的记账方法。19 世纪的记者描述了他们的各种技巧，一位卖水芹的小贩懂得 1 便士能买多少菜，因为这些菜刚好能被她抱进怀里，而 1 先令的菜则能铺满她的膝盖，还有一位小贩创制了一套只有他本人才能理解的结算金额的特殊符号。[58]街头交易大多是用现金完成的，但是在史料中，有时候，小贩们也会提到常客在自己这里积攒的可兑换代币和账单。[59]乳品小贩则通过某些记分或记账系统，为客户提供赊销服务。小贩送货上门时，会在门框、门柱乃至棍子上，拿小刀刻一个凹槽，或是用粉笔画一个记号。桑德比的伦敦乳品小贩图（图 3），是艺术家关注实用性的另一个例子，这幅画展示了记录账单的过程，一位零售商正在木头上刻画，管家则在一旁监督。与用纸和阿拉伯数字计数相比，这种在木头上刻画的方法显然容易招致批评：约翰·特鲁斯勒就曾警告新来的伦敦人，狡猾的生意人可能会偷偷多刻一个凹槽，或是擦掉已有的记号，而后随心所欲地胡乱收费。[60]不过，除了揭示街头小贩与顾客之间的信任纽带，这套记账系统事实上出奇的可靠。1773 年，玛丽·布朗位于伦敦苏活区的宅邸被盗，失物是一扇铁门，结果，布朗的仆人竟然利用门上的“牛奶划痕”认出了丢失的物品。“上面有 15 处用粉笔画的记号。”这名仆人解释道，送货的乳品小贩还用手指从中间画了一下，代表账单已彻底结清。[61]

依靠小贩们的努力，零售业继续留在了伦敦的街头。在整个 19 世纪，尽管伦敦传统的街头市场被挤去了专门的场地和永久性的建筑中，新兴的商店则变得无处不在且井然有序，零售业却依然在街头占有一席之地。如果说，街头小贩在买卖何以现代化的总体叙事中显得有那么一点格格不入，也主要是因为这套叙事体系对售卖场所应有的模样持有僵化的执念。一旦抛开这一执念，去关注零售业的具体实践，我们大可以将小贩视为一个更广泛的群体的成员，这个群体包括拥有大型商铺的店主、市场商贩、摊位老板、篮子搬运工和手推车推手。是的，在这些生意人中，有些人身穿更华丽的服饰，掌握更先进的技术，顶着更响亮的名头，但他们也要利用手上的资源去吸引顾客，也要出售存货以获取利润。与之相似，小贩同样是伦敦零售商光谱中亮眼的组成部分。

购物狂欢节

到 19 世纪末，小贩聚集的街头市场已经被视为城市零售业的重要场所。即便如此，它们的形象依然会遭到诋毁。与对清晨的比灵门、科文特花园的刻画一样，对伦敦街头市场的生动报道，也是当年新闻报道的一个常规套路。乔治·奥古斯都·萨拉（George Augustus Sala）在探索金融城东部的边缘区域时，偶然发现了“一条放眼望去无穷无尽的站摊和地摊的长龙”，那些摊位由卡车、手推车、篮子、木板组成，堆满了几乎所有你能想象到的小商品。除了牡蛎、蔬菜、水果、蛋糕、炸鱼，萨拉还在这里发现了民谣集、《圣经》、陶器、煎锅、柴火、人造假花。这座“白教堂集市”（Whitechapel Bezesteen）回响的声音，激发了他最热情洋溢的文笔：“且留意那耳畔的噪声吧！我听见了吆喝、尖叫、呼号、咒骂、嬉笑、打斗的狂欢；看到了商业、娱乐、嬉戏、欺骗、施舍、偷窃、恶行的结合；嗅出了杜松子酒气和烟草香味的弥漫。”[62] 萨拉采撷的辞藻散发出了节日和异国的情调，而非严肃的商业气息。在更为冷静的另一段文字叙述中，布兰查德·杰罗尔德（Blanchard Jerrold）称此类市场为“街头集市”（street-fairs）。[63] 还有另一位作者，将位于哈默史密斯的国王街的周六夜市称为“穷人每周一次的大型购物狂欢节”。[64]

就物理形态而言，伦敦的街头市场看上去与19世纪早期以来，在英国各地为市民新建的市场大厅截然不同。那些市场大厅多由铸铁、玻璃、石头建造而成，拥有尺寸标准、位置固定、由宽阔的过道一一分隔开来的店铺、摊位，此外，流水和排水设施，照明和通风系统，易于清洁的外墙表面，往往也一应俱全。[65] 与在科文特花园、利登霍尔等地落成的新式建筑不同，街头市场没有遮蔽物，没有储藏和卫生设施，也没有领取薪水的管理人员来监督交易。它们也不遵守当局规定的营业时间。不过，我们可以透过它们杂乱的外观，读出更多的历史信息。历史学家维多利亚·凯利（Victoria Kelley）提出，街头市场是一类“脆弱”“临时”的建筑。生意兴隆的时候，聚集在一起的摊位、手推车共同构建了一处连贯而有边界的空间，置身其中的感受与在市场大厅、商店相似。石脑油灯的明亮，与外面街道的晦暗形成了鲜明的对比。广告叫卖声、销售话术连同恍如涟漪的一阵阵交谈，为市场营造出了独树一帜的声音景观。扎堆的摊位、结队的人群阻滞了交通，让此处的街道与城市的其他人流、车流彼此隔绝。街头市场冲击着伦敦人的感官，那种冲击的方式也许更类似浓妆艳抹的百货商店，可以说，要比附近的普通商店更强烈、更直接。凯利认为，无论是街头市场还是百货商店，都是“各种异质事物的临时组合，旨在制造感官上的奇观，撩动顾客的情感”。[66]

市场与市场殊为不同。在 1893 年发布的报告中，伦敦郡议会委员会统计了全市 112 座街头市场中的全部 5292 个摊位。有些摊位明确归店主所有，但大多数摊位是由流动的小贩经营的。三分之二的摊位售卖易腐食品，最多见的是蔬菜、水果、鱼、肉、糖果，在易腐食品之外，那里也卖旧衣物、男装服饰用品、厨具、书籍、乐谱、玩具。[67] 摊位的分布并不均匀。有 75 座市场的摊位少于 50 个，而最大的 13 座市场的摊位总数，竟然超过了伦敦所有摊位的五分之二。[68] 这些市场占用街道的情况也大相径庭。在皮姆利科区的卢普斯街坐落着一座小型市场（平日里只会停靠两辆手推车，即使到了周六，充其量也不过增加至六辆），它完全没有对宽达 12 米的道路构成任何阻碍。即使是在中等规模的古吉街市场

（道路两边各自分布着 45 个摊位），也有足够宽敞的空间供往来的车辆通行，并且留出了进入周边商店的通道。与之相反，温特沃斯街则呈现出另一番景象。位于白教堂、斯皮塔菲尔德之间的温特沃斯街的市场，是伦敦规模较大的街头市场之一，挤满了多达 335 个摊位，每天都在不停地营业。在这个犹太人聚居区，市场的生意高峰出现在周五下午和周日上午。到了最繁忙的时刻，摊位只得超出两边的马路牙子，摆放到道路的中间地带，迫使交通运输“完全停滞”。至于人行道，更是已经被商贩挤得水泄不通。伦敦郡议会委员会曾经不止一次地指出，温特沃斯街“几乎已经不能再被看作一条可供通行的道路了”。[69]

类似苏活区的温特沃斯街、伯维克街，以及哈默史密斯区的国王街之类的街头市场还有一些，它们体量惊人、布局杂乱。1893 年的报告得出的结论是，规模最大的那些街头市场“理应得到足够的重视，无论是从生意的规模还是种类来看，它们都足以被视为一般意义上的零售市场了”。[70] 其实，即使是像卢普斯街那样的体量较小的市场，也应该被看作零售场所，它们遵循着可预测的营业模式，顾客大可以信赖这些模式。周六晚上的生意通常最为红火，但大部分市场会在一周之内的每一天，通过各色各样的方式，持续地为它们所属的社区提供服务。街头市场当然不是永不打烊，每天收摊时，摊位会被搬开、推走。不过，在早已谙熟市场营业节奏的伦敦老百姓的眼里，它们就仿佛是天天到了点儿就要打照面的老相识。正如伦敦郡议会的报告所显示的那样，只要伦敦的管理者们愿意，他们完全可以追踪这些市场的营业规律。[71]1884 年至 1885 年，围绕国王街市场造成的干扰引发了一场旷日持久的争论，伦敦大都市区警察局就此问题展开了详细的调查，调查环节包括在市场最繁忙的日子，记录每个小时出现的手推车的数量，前后历时数月之久。保存在英国内政部（Home Office）存档文件中的调查结果展现出了某种商业规律，国王街市场的摊位数量从上午 11 点开始逐步上升，在晚上 6 点到 8 点之间达到顶峰。[72]对于住在附近的人们和依赖市场的顾客来说，这些市场绝不是临时性质的去处。就像商店会开门、关门一样，小贩们的摊位也会在街道上摆满、搬离，周而复始。

街头市场是自下而上组织起来的，遵循着许多不成文的潜规则。了解这一点有助于我们理解，为什么吸引小贩入驻新落成的官方市场的计划，每每以失败告终。1869 年 4 月 28 日，哥伦比亚市场（Columbia Market）在贝斯纳尔格林盛大开业，开幕仪式上上演了乐队的演奏、唱诗班的赞美诗咏唱、志愿者队伍的游行和坎特伯雷大主教的演讲。各路媒体对眼前这片新哥特风格的建筑群赞不绝口，对尖顶拱门和惹人注目的钟楼极口揄扬，甚至将其与威斯敏斯特大教堂相提并论。这座占地8000平方米的市场共耗资25万英镑，由分为上下两层的商店长廊、一座在过道上设有固定摊位的市场大厅、一座开放式庭院组成。市场的创始人，慈善家安吉拉·伯德特-库茨（Angela Burdett-Coutts）夫人，希望自己的成果能为小贩提供一处出售货物的场所，为居民提供一个消费购物的去处，从而解决伦敦东区缺乏零售服务的痼疾。然而，仅过了不到六个月，哥伦比亚市场就关门大吉了。庞大的建筑群既未能吸引商贩，也未能吸引顾客，只得落寞地被改造成了一座鱼市，由伦敦金融城公司接管，再后来，又归还给了伯德特-库茨夫人，并最终于1885年宣告倒闭。20世纪50年代，建筑群被整体拆除。[73]

评论家将哥伦比亚市场的失败归咎于街头小贩的顽固不化，这一论调契合了时人认为他们属于堕落的下层阶级的刻板印象。布兰查德·杰罗尔德语带讽刺地哀叹道，这份来自“我们时代的慷慨贵妇”（伯德特-库茨）的馈礼，竟然遭到了小贩们的冷酷拒绝，他们证明了自己的“愚昧无知和放纵无度”。[74]伯德特-库茨夫人的计划当然包含了道德教化的意图，市场的墙壁上印有激励色彩的语句，指示卖家要“保持清醒”“礼貌待人”。但实际上，计划落空的原因一点儿也不高深。小贩们不习惯遵守市场的章程，不习惯只能在固定的营业时间到官员允准的地方去做买卖。[75] 这次失败并没有让政治家、规划者们气馁。1893 年，伦敦郡议会发布的报告又收录了几份建造小贩市场的图纸，它们由建筑师亚瑟·考斯顿（Arthur Cawston）设计，被看作哥伦比亚市场的替代方案。亚瑟·考斯顿倡导从高度理性化和未来主义的建筑理念出发，去改造伦敦的街道，然而，他的理念从来不曾实现。[76] 另外，小贩们未经官方许可、自行组织起来的态势还在蓬勃发展，并且在 20 世纪上半叶的数十年间长期保持着旺盛的势头。他们的力量，恰恰源自与哥伦比亚市场严格的规章制度相反的那些东西。没有了僵硬的组织架构，小贩们可以依照顾客的需求，根据邻居、政府、警察的态度，给予灵活的回应，街头市场也可以适时地做出变化，或扩张，或收缩，或调整。

街头市场长盛不衰的重要地位和它们抵制官方改革的方式，不禁让人心生疑问——为什么街头市场直到 19 世纪才出现？这可能是因为随着城市的扩张，原有的市场供应变得越来越碎片化了，像比灵门这样的传统交易中心已然放弃了零售功能，大多数商店又并不出售贫穷消费者需要的廉价商品，故而，人们对街头市场的需求变得更加迫切了。除此以外，原因还可能在于小贩数量的与日俱增。随着劳动人口的增长和临时工种的普及，越来越多的城市贫困人口转而依靠售卖食物来维持生计。崛起的伦敦迫切需要一个从事零售的工人阶级，而现在有足够多的小贩来响应这一需要。

另一个答案是，街头市场也许有着比这更长的历史。尽管小贩们自行组织的情形，在 1800 年以后才变得更加频繁和普遍，但在那之前，街头小贩就已经摸清了伦敦人需要他们的场所以及有大量潜在顾客出入的地点，并且有针对性地在那里聚集起来了。实际上，聚集在皇家交易所外、舰队桥上、酒馆门口的街头小贩，已经组成了早期的街头市场。坦普尔栅门（Temple Bar）是这三地之外的另一个例子。作为金融城与威斯敏斯特的边界、舰队街与斯特兰德街的交会处，这里是伦敦繁忙的交通干道之一。车辆行驶到这里必须减速，才能慢慢挤过 1878 年才被拆除的典礼拱门。小贩们很好地利用了这一点。1614 年，当地住户指控亚当·哈里森（Adam Harrison）“在舰队街靠近乔斯利巷的一处地下室里贩售水果和根菜类食品，妨碍了国王大道上的行人”。往后的几年里，哈里森和其他售卖苹果、牡蛎的小贩又反反复复地遭到起诉，原因同样是他们的篮子、摊位挡住了过路人。[77] 事发地点距离律师学院（Inns of Court）仅一步之遥，那里是巴望着打官司的法律界人士的大本营，一直到 18 世纪，仍然是牡蛎卖家最喜欢的经营场所。[78] 回望那段早年岁月，当时的经济文化强调买卖场所的固定，对于市场应该呈现出什么样子，有着比今天更为严格的要求。可是，小贩们却通过摆放他们的商品，用木板、篮子、手推车搭建摊位，将伦敦的一段段街道变成了一处处商业场所。

第六章　工具

小贩们使用的设备，与其售卖的商品十分匹配。例如，进入 19 世纪以后，在越来越长的街边即食食品清单中，首次出现了烤土豆的名字。为了给这种富含淀粉的零食加热，小贩们摆弄起了“土豆罐”（potato cans），这是一种装了支脚、体形笨重的锡制容器，里面放了一个用炭炉加热的汽锅，产生的蒸汽通过烟囱排放出去。自豪的主人把他们的罐子擦得锃亮，有些人还会给罐子上漆，用黄铜配件、银色配件、彩色玻璃灯把它装扮得漂漂亮亮。许多罐子上面印有制造商的品牌标识，类似“皇家联盟杰克”“威尔士亲王”“皇家乔治”等。[1] 后来，街头小贩又就这个玩意儿捣鼓出了额外的改装方案。在一张拍摄于 1892 年的照片中，小贩不仅给他的罐子安上了方便移动的轮子，加装了分类存放货物的抽屉，还在罐子的顶部插上了一排土豆作为装饰（图 11）。[2] 土豆罐只是几个世纪以来，为了保持街头美食的热度而派上用场的设备中最先进的一种，与之类似的例子还包括数不胜数的钎子、锅

图11　一位烤土豆的小贩正站在街头销售设备的后期迭代产品——带轮子的加热烤箱旁边。

和水壶。[3]即便是那些相对简单的设备，也能满足街边工作的特定需求。有的小贩从牛棚走回来时，肩膀上会挂着木轭，木轭的两端吊着各种水桶，里面的牛奶荡来荡去。木轭、水桶可能散发着体力劳动和田园生活的气息，但它们是首都密集型乳品行业的必要工具。有了它们，这些流动的零售商就能徒步数千米，将沉甸甸的、摇晃不定的货物搬运到远处。

街头小贩使用的都是看似平凡的家伙什儿，其中最常见的莫过于篮子和手推车。18 世纪中叶以后，他们又开始赶着又肥又矮、邋里邋遢的驴子帮忙拉货。在那个商店的数量与日俱增，店主们纷纷用上玻璃窗、电灯、印刷广告等新技术的时代，篮子、手推车、驴子自然成了人们眼中落后的标志。对于持批判态度的观察者来说，所有这些都是小贩赶不上时代，不应该被归类为零售商的证据。可即便如此，进入 20 世纪，街头小贩还在使用这些玩意儿，他们以巧妙的方式把手里的工具派上了用场，并根据现实需要做出调整。小贩们的设备往往只体现了某些廉价而粗陋的技术，在此之前，很容易被聚焦于发明和创新的历史学家们等闲视之。不过，正如新时代研究技术的学者们所指出的那样，许多旧工具的应用范围，比它们新奇的现代对应物广泛得多，在某些情况下，旧工具甚至得到了创造性的更新。在审视历史变迁——譬如，像伦敦这样的城市是如何崛起，实现现代化，并取得进一步发展——的时候，对多数人实际使用的东西稍加注意，有助于消解单一的宏大叙事。[4]

从16世纪到20世纪，篮子、手推车乃至驴子，都是伦敦街头小贩天天用、年年用的必备工具。在店主们忙于提升店面形象的同时，小贩们也正熟练而细心地沿用着这些古老的工具，并且不断地改造它们，使之满足街头劳作的严苛环境。支撑起这座日渐扩张的大都市的食物，就是被装进篮子，放上手推车，靠着马匹、驴子和人类自身的力量，被送往四面八方的。研究小贩们的技术设备，不仅能够揭示他们如何在街头环境中做生意，其他伦敦人又如何看待他们，还能够引领我们从最基础的视角着眼，管窥街头物质文化的变与不变。

把商店顶头上

初看之下，街头小贩用的篮子似乎是些用了就扔的一次性物件。它们通常由柳条、藤条编制而成，形状各异，是用来搬运各种货物的最简单不过的容器。[5]在伦敦居民的财产清单中，篮子一般与其他物品搁在一起列出，鲜少单独估价，这似乎在暗示它们不值几个钱。[6]篮子售价低廉，但对于收入微薄且不稳定的小贩来说，它们还是很有价值的。鱼贩安·马龙就指责仆人偷走了自己的一个篮子，那个篮子上面刻有她的名字，在她看来应该估价 6 便士。[7] 约翰·布拉沃对自己的水果篮子极为珍视，为了把篮子存放在地下室里，他甘愿每周支付 1 格罗特①。[8]

有些篮子还有特殊的用途。在小贩们使用的篮子中，最独特的当数“壶筐”。这种锥形的小篮子被用来盛放软质水果，是草莓小贩的标志，在许多描绘这类商贩的历史图像里都能见到它。以弗朗西斯·惠特利绘制于 1795 年的一幅版画为例，画面中，一位小贩手里提着两个壶筐，同时，我们还能看到更多类似的壶筐放在了她头顶上的另一个篮子里，这是携带大量货物穿街过市的方法之一（图 12）。壶筐可能是外卖包装的一种早期形式。有一种说法是，按壶筐出售货物的小贩会在原先的价格上加 1 便士，倘若顾客归还壶筐，就能拿回这 1 便士，由此可见，这些容器本身是有价值的。[9] 对于像惠特利这样的艺术家而言，形状奇特的壶筐可能提供了一座桥梁，可以借由它来切入“伦敦的叫卖声”这类题材的核心主题，通观这类题材的作品，携带壶筐的街头小贩，经常被刻画成古朴、传统的习俗的守护者，看到他们，让人不禁联想起了伦敦的历史，仿佛触碰到了更为古老的乡村牧歌的过往岁月。[10] 壶筐并不是艺术家的凭空创造，它确定无疑

① 旧时英国的一种银币，价值相当于 4 便士。

图12　提在草莓小贩手中的锥形小篮子被称作壶筐，用于盛放软质水果。她头顶的篮子里面还放着更多的壶筐。

地存在于世上。在法庭报告等间接证据中，不少顾客描述过他们在街上按壶筐购买草莓的情况，小贩也是以壶筐为单位为草莓定价的。[11] 另外，我们还发现了实物证据。位于雷丁的英国乡村生活博物馆（The Museum of English Rural Life）收藏了两个 19 世纪的壶筐。它们由割开的柳条制成，长度略低于 30 厘米，顶部宽度约为 8 厘米，上面安了一个环状把手。每个壶筐能够盛放半品脱到一品脱的浆果。[12] 考虑到软质水果价格昂贵，用壶筐盛放，可以确保每一份水果分量适中、价格合理，同时保护这种娇嫩的食品免受碰撞、损坏。

壶筐只是用于不同目的的各种篮子中的一种。与之相比，从郊区园圃运送水果、蔬菜的那些又深又宽的陶罐、笊篱、平底篮，论起个头儿，还要大出许多。[13] 这几种篮子不适合长距离携带，可是在城里面，它们却最适合用来搭建简易的临时摊位，正如在皮耶特·安吉利斯绘制的科文特花园市场全景图中（图 6），那几位小贩所做的那样。当我们在文献中看到，地方官员抱怨街头小贩的篮子堵塞了道路时，他们暗指的可能就是这几种篮子。[14] 更便于移动的是手提篮，小贩们时而把它们挂在手臂上，时而把它们系在腰间。篮子里的东西偶尔会用一块布遮住。[15] 至于最不寻常的篮子，在现代人看来，还得是绑在小贩背上的高高的背篓。虽然它们非常实用——用的时候既可以将货物的重量分散到全身，从而让双手解放出来——但是在英国，背篓并不像在低地国家和中欧地区那么常见。我们只能依靠同时代遗留的少量图像资料来论证它的使用情况，那些资料显示，有些敢为人先的摊贩也许会为了出售鱼和热乎乎的烘焙食品，把背篓直接绑在身上。[16]

有一种携带篮子的方式，专门与小贩关联了起来。在一份 17 世纪中叶印刷的以“伦敦的叫卖声”为主题的街头人物方格图中，一共出现了 37 个人物角色，其中有 19 个是售卖食物的小贩，超过一半的小贩头上顶着保持平衡的篮子。在围绕这一主题刻画街头小贩时，匿名艺术家并不注重写实性，看看他笔下那些头顶篮子的小贩们吧，有的人顶着不可能顶得动的重物（有一个篮子里面满满当当地装着萝卜，几乎要掉出来），有的人顶着不可能顶得了的饮品（牛奶），还摆出了欢快的姿态（有一位鱼贩不知道是在指指点点，还是在手舞足蹈）。和当时的其他大多数作品一样，在这幅版画里，头顶篮子的小贩们基本上都被画成了女性。在小贩的职业朝不保夕以及他们最初多为女性的事实之外，那些想要贬低小贩，否认他们合法商人身份的好事之徒，现在又可以拿这种携带篮子的古怪方式做文章了。果不其然，在嘲弄完比灵门鱼婆的粗鲁言行后，讽刺作家唐纳德·卢普顿又讥笑起了这群头顶篮子的小贩，调侃他们是“把商店顶头上”的生物。

我们或许想问，头顶食物，是否仅是艺术家的一种创造性构想。[17] 不过，的确有足够多的证据使我们相信，伦敦的街头小贩真的会将货物高高地顶在自己的头上。1781 年，爱丽丝·鲍威尔在老贝利法院做证时，描述了自己在采购了一些青菜准备稍后出售时，“头上顶着一担货物”步行回家的情景。还有一次，凯瑟琳·麦卡尔回忆道，她“头上顶着一篮子牡蛎，正走在朗埃克街上”，恰在此时，她目睹了一起入室盗窃案的事后景象。最后是威廉·吉尔，在被要求解释自己的工作时，他回答道：“我在街上卖芦笋，有些时候我把它们放到头上顶着，有些时候我把它们放到驴背上驮着。”[18] 显然，这不是一份专属于女性的差事。一张拍摄于 19 世纪最后 10 年的照片显示，一位男性松饼小贩正站在一栋房子旁边。一块摆放着松饼的板子被他左右平衡地顶在头上，热乎乎的松饼被一块布盖了起来。他那压扁了的帽子充当了重量的缓冲垫，辅助保持板子的稳定。他的两只手都空了出来，其中一只手里握着一个铃铛，随时准备提醒顾客，他带着松饼来了。[19]

头顶物品当然是一项技能。这项技能至今仍然被世界各地的人们广泛使用着，特别是在撒哈拉以南非洲的某些地区的女性中。20 世纪 80 年代，科学家们提出了所谓的“免费乘车假说”（free ride hypothesis），因为实验似乎显示，卢奥和基库尤的妇女能够携带重达自身体重五分之一的物品，却无须消耗任何额外的能量（通常情况下，能量的消耗会随着人们携带物品的重量的增加，而成正比地上升）。[20] 然而，近期的若干研究对这一行为的节能效果提出了质疑，研究者们发现，头顶物品并不比背背包更节省能量。[21] 但作为一种解决方案，头顶物品方便了人们搬运大体积的容器，比如在伦敦的市场中用到的那几种篮子，倘若不这么做，人们将难以在步行的同时应对那些重物。不管这项技能是否比别的办法管用，想在移动的过程中保持平衡，都必须经过专门的练习。要在步履匆匆的大都市中做到这一点，一边穿越凸凹不平的路面，躲避人流、车流，一边时刻注意招呼顾客，就更不简单了。

更何况，这还是一项令人疲惫的工作。在就英国首都的新鲜农产品贸易开展各项调查时，17 世纪的统计学家格雷戈里·金（Gregory King）估计，那些从泰晤士河畔的码头将水果运送到市场的女性搬运工，每一趟能承受 35—40 千克的重量，而男性搬运工则能承受几乎两倍于此的重量。[22] 两个世纪以后，乔治·多德（George Dodd）声称，夏季清晨从郊区的园圃市场步行到伦敦西区运送草莓的女性，头顶的篮子重量有 13—18 千克。[23] 综合而言，街头小贩究竟能搬得动多少货物，取决于个人的力量、运送路线的长短和所选货物的重量。

运送重物会影响小贩们的行走方式。任何背着沉重的背包走过哪怕一小段路程的人都知道，这会影响你的速度、姿势和行动的自如程度。尽管在当时，驴子、马匹、手推车都已抬眼可见，但是在伦敦历史上的这段时期，大量的食物以及建筑和制造材料，甚至还有水，仍然是由劳动人民挪动双脚，要么用手搬运，要么用背驮运的。[24]无论是借助工具，还是操纵自己的身体，劳苦大众已经习惯了负重前行。多德在描述女性草莓搬运工时提到，她们采用了“非常垂直的身姿”，以每小时 8 千米的速度快步疾走。那些手持其他工具的小贩，比如用一根杆子穿起家禽的人，还有扛着木轭、水桶贩售牛奶的人，可能会以不同的方式行进。他们的姿势也许类似于 20 世纪中叶之前，在日本人当中常见的那种典型走姿，具体来说，是要在挪步之时，从膝盖的位置弯曲，同时保持臀部、手臂的相对静止。这种驼背、蹒跚的行走方式降低了行人的重心，因而特别适合肩扛重物。[25]但是，无论怎么行走，小贩和其他负重的工人都绝不会像那些在人行道上漫步的人们一样，走得自在轻松。

推车的人来了

减轻负担的一种方法，是将重物放到地上推着走。从我们掌握的史料来看，伦敦的小贩们似乎是在 17 世纪晚期开始使用手推车的。我找到的最早案例出现在1688年3月，当时，有四名男子因为“用轮式手推车贩卖水果，扰乱了街道”，而被带到市长面前受审。[26] 一年前，马塞勒斯·拉隆刚出版了他的系列版画作品《伦敦金融城的叫卖声》，其中收录了我们已知最早的推着手推车的小贩形象，画中的那辆手推车上堆满了长着尖尖贝壳的牡蛎。[27] 一开始，大多数推手推车的人都是年轻男子。约翰·哈里斯谈到，他曾经“为了养活生病的母亲”，推着手推车去街上叫卖水果。[28] 但是，从18世纪早期开始，女性街头小贩也加入了使用手推车的队伍，不仅如此，在这部伦敦小贩史的余下时间里，贩卖樱桃、鳗鱼和其他食物的她们，手里再也没有放下过手推车的车把。[29]

街头小贩为何在使用手推车这么久之后，才对其加以改进？西方风格的手推车，前部装有一两个轮子，是一种异常古老的工具，它曾经出现在古典时代的希腊建筑工地上，最迟在12世纪或13世纪就已经传入了英格兰。[30] 与篮子一样，手推车被伦敦人列入自己的财产清单时，通常会被草草处理，与其他物品合并记录。[31] 街头小贩使用的那些手推车结构都很简单。早期的手推车，基本上就是一口装在轮子上的木箱，上面配有一对可以当杠杆用的手柄，还有便于支在地面上的箱子腿。箱子是用粗糙地钉在一起的木板制成的，有时，箱子内部会衬上一层布料，以保护里面盛放的食物免受污染，同时起到缓冲碰撞的作用。正如我们在托马斯·罗兰森的一幅素描中看到的，进入19世纪，人们仍然在沿用这种基础款式的手推车（图13）。[32]

渐渐地，小贩们捣鼓起了手推车，开始花心思研究改装和增配。从手推车的手柄延伸到小贩肩膀上的皮带，减少了他们抬起车身的重量。[33]1760年左右，保罗·桑德比完成了一幅关于热布丁小贩的画作，画中的小贩已经把他的手推车改造成了一台便携式烤炉。这幅画的标题是《来自意大利的大块头机器，任我边走边烤》（*The Grand Machine from Italy. Bake as I go*），暗示了这项技术源自国外。[34]这幅画还预示了19世纪下半叶即将登场的带轮子的土豆罐。到那时候，初始版本的小贩手推车已经经历了一连串改进。从外形来看，维多利亚时代晚期的手推车款式要更长、更宽，车身两侧有的加装了护栏，有的没有，轮子被移向了中间位置，底盘上可能装配了弹簧来减少颠簸。最关键的变化是手柄的加长，加以调整之后，小贩们既可以利用手柄推动车身，也可以在它的前方套上一头驴子来辅助拉车——假如他们幸运到拥有一头驴子。这些类似板车的“货郎手推车”（coster's barrows），非常适合长途运输和承载较重的货物，在拍摄伦敦街头小贩的第一批历史照片中，它们几乎无处不在（图14）。[35]在英国首都还紧紧蜷缩于中世纪的城市边界的时候，小贩们不需要为

图13　出现在一张照片中的几种街头售卖工具：顶在头上的篮子，穿起兔子或家禽的杆子，以及基础款式的木制独轮手推车，车里堆满了土豆。

图14　19世纪，小贩们的小推车有着类似板车的外观。有些小贩的小推车（例如图中这辆）还配备了加长的手柄，可以套在驴子身上。

了寻找顾客，从市场出发，走很远的路程。可是随着建成区的扩展，街头小贩必须把食物带去新兴的城区，有了手推车，他们才能到更多的地方。

推一辆手推车上街，绝不是一件毫无挑战的事。就像头顶篮子走路一样，要控制好堆满货物的手推车，也需要经过练习。这一点，让乔装成小贩体验生活的作家奥利芙·马尔弗里很是苦恼。上街营业的第一天，在兴高采烈地把西红柿、李子扔进手推车后，她发现自己压根儿推不动这堆货物，车上的重量“分配得如此不合理，我实在没有办法把它推走”。一位做街头小贩的朋友向她传授了打包货物的技巧，可即便如此，马尔弗里还是感到吃力至极，最后不得不请求一位男士帮助。[36] 一旦停下脚步，小贩们会在手推车的顶部铺上木板或布料，把车子变成摆摊的柜台。[37] 实际上，19 世纪的街头市场就是一排排停靠在街边的手推车，车子是小贩们连拉带拽，从这座大都市的各个角落弄来的。一等车子落位，小贩们会给摊位打扮一番，往上摆放货架、帆布、抽屉、箱子和成堆的农产品。[38]

购买一辆手推车，无异于一笔投资。对小贩而言，这相当于开了一家店，又或者，类似于传统意义上的工匠、商人完成学徒生涯以后，创立了属于自己的生意场所的过程。约瑟夫·莱科克在讲述他的人生故事时提到，他当年自认为

“足够成熟，足够老练，能够单枪匹马做买卖了，于是才买了一辆独轮手推车，穿街过巷卖起了橙子”。莱科克表示，那辆手推车就是他的“小店，不需要很大的库存”，这进一步佐证了在那个时候，“商店”一词有着宽泛的定义。[39] 从 18 世纪晚期开始，当小贩的手推车被列入失窃物品的清单时，它们被标注的价值从 5 先令到 15 先令不等（无论货币价值如何，显然它们值得被盗）。[40] 到了 19 世纪 50 年代，手推车的价格更加昂贵了，一辆新车可能要价 2 英镑，一辆成色较好的二手车也要卖到 30 先令。当然了，卖到这个价位的手推车可能是那些体积更大、更像板车的款式。到后来，它们变得越来越常见。[41] 我们可以实事求是地说，购买一辆手推车，至少要花掉一位小贩整整一周的全部收入，这是一笔相当不菲的支出。可是，随着街头生意发展出了一套更加复杂的内部等级制度，许多零售商甘愿承担这笔必要的投资。

从 19 世纪中叶开始，在最体面的街边商贩那里，手推车已经成为必不可少的工具，它将一位真正的货郎，与那些偶尔拿起篮子、托着盘子沿街闲逛的临时小贩区别开来。全职经营买卖，对于许多小贩来说是遥不可及的。一位来自科文特花园的消息人士告诉记者詹姆斯·格林伍德，小贩们常常在初夏时节，也就是草莓、樱桃开始上市的时候购置一辆手推车，然后等到 9 月末，水果、蔬菜生意开始萧条时再把它变卖掉。[42]除了直接购买手推车，还有一些替代方案。有一些慈善机构，例如由可敬的奥尔斯曼牧师管理的货郎传教所，为了帮助小贩和他们的家庭，设立了“手推车俱乐部”（barrow clubs）。后者的性质类似于房屋互助协会（building society），参与组织的街头小贩只要定期存入资金，就能由此获得资金投资的分红，这样他们就能存下足够的钱，最终买到一辆属于自己的手推车。[43]不过，摆在多数小贩面前的只有一个无从避免的选择，那便是从克勒肯威尔的劳埃德街（Lloyd's Row）之类的手推车市场租赁车子。[44]到了冬季，租赁费用约为每天 3 便士、每周 1 先令，而在利润更高的夏季，费用则会增加到每天 4 便士、每周 18 便士。小贩辛辛苦苦了一辈子，若是细究起自己租赁手推车的总费用，可能已经足够他们买好几辆手推车了。有许多投机钻营的放贷人，自己本来也出身于街头小贩的行列，却吞噬了同行们的很大一部分收入。[45]

货郎的好伙伴

最富裕的街头小贩往往拥有一头驴子。从实用的角度出发，有了驴子，摊贩就有办法使用体积最大的那些手推车了，它们大约长达 1.5 米、宽达 1 米，可以装载最沉重的蔬菜和水果。[46]街头小贩家里的那辆靠驴子拖动的手推车，是伦敦数以千计的商店主、老板名下的马拉货车的廉价版本，然而多亏了它，零售商们才得以奔走于这座新兴大都市的四面八方，去扩大自己的客户群。英国首都的街道、马厩拴满了用于商业和工业目的的各色马匹，随着城市扩张的步伐加快，马匹的数量显著上升。但即使是那些体形较小的拉货马匹，其售价也让多数街头小贩可望而不可即。[47]不过，也有零星的史料表明，至少有一部分小贩在使用所谓的“板车”（cart），虽然拖动他们口中这种板车的只是些小马驹，但终归让运送牛奶以及蔬菜、萝卜之类的根茎类食物的工作，变得方便多了。[48]

与马匹比起来，驴子是一种相对便宜的选择。和手推车一样，在街头小贩将它们派上用场之前，驴子的使用并不是全然闻所未闻的。而它们到了晚近时代开始受人青睐的原因也与手推车是一样的，都是由于伦敦的城市扩建使得长距离运输变得更加必要。与驴相伴的街头小贩的形象，最早出现在马塞勒斯·拉隆创作的系列版画《伦敦金融城的叫卖声》中。在版画里，艺术家笔下的卖醋小贩行走在自家的牲口旁边，那是一头瘦骨嶙峋却目光炯炯的驴子，驴背上绑着装了桶和杯子的鞍囊。[49]我们现在已经知道，大约到了这个时期，那些为了贩卖货物穿梭于城镇之间、往来于乡村各地的行商，都已经用上了驮畜。[50]不过，关于街头小贩使用驴子的最早的文献记录，却要等到18世纪60年代才会出现。在此之后，许多小贩被描述成了像安德鲁·韦尔奇那样的人物形象，他“赶着一头驴子，四处兜售蔬菜和土豆”。[51]就在几年前，桑德比还画过另一个在驴子旁边步行的小伙子，那头驴子驮着一个几乎遮住了它整个侧身的大箩筐（图15）。在最早用驴来做买卖的街头小贩中，有很多人好似桑德比画中的那位少年，是自食其力的年轻人。早早当家的约翰·麦克纳马拉和约翰·费舍尔分别只有14岁和15岁。[52]赶驴的人仍以青壮年男性居多，但很快就出现了一批自称是果蔬商、货郎的老年街头小贩，他们有时会把篮子装到驴背上，有时会给自己的牲口套上手推车或者货车。[53]

只有生意最红火的小贩，才能承担得起购买和饲养驴子的费用。19世纪初，小贩们拥有的那种“毛驴”（asses）的价格在每头1—2英镑，到了19世纪晚期，品种较好的“大叫驴”（moke）的价格更是可能翻了一倍。[54]亨利·梅休描述过每周五下午在史密斯菲尔德举办的街头驴市的场景，在那里，一头头驴子驮着骑手，在一条25米长的“赛驴场”上跑来跑去，两旁挤满了跃跃欲试的买家，在繁忙的日子里，一天会有多达200头驴被转手倒卖。与此同时，驴子的新主人也可

图15　一个年轻人行走在一头驮着好几个篮子的瘦驴旁边，张着嘴巴，也许是在叫卖。

以在市场上就地买到挽具、鞭子等所需的装备。[55] 把驴子买回来之后，等待主人的还有日常使用的开销。驴子需要喂养，最幸运的驴子可能会得到掺了谷糠、燕麦、豆子、干草的混合饲料，每天的花费加起来可能有好几个便士。[56] 驴子还需要住进厩棚。回溯伦敦的历史，早些时候，要在城里找到一片可以任由牲口吃草的空地，会相对容易些。迟至 1819 年，威廉·戴维还能把他的驴子留在威斯敏斯特米尔班克街附近的果园里过夜。[57] 可是，随着市内的住房越来越密集，小贩们不得不另寻他法。一张 20 世纪初拍摄的照片显示，诺丁山的一条后街上建有一座厩棚，驴子在那儿得到了容留和照料。[58] 空间的压力甚至导致了这样一幅场景的出现，有一批调查人员前去了解工人阶级家庭的窘迫状况，却异常震惊地看到，一些驴子在小贩家的前厅安了家，另一些则被安置在整条街共用的厕所里。

小贩对待驴子和其他动物的方式，常常被人用来证明他们的野蛮本性。19 世纪初，少数街头小贩可能尝试过用狗来拖动手推车和货车，这一做法后来被议会立法禁止。[59] 虐待动物，是在伦敦警察法庭上被指控的货郎们面临的常见的指控之一。在我本人识别出来的 868 起历史案件中，有 49 起案件与街头小贩涉嫌伤害驴子、小马驹、成年驮马的情节有关。许多案件要么是由防止虐待动物协会的官员们提起诉讼，要么依赖于他们提供的证词。1833 年 10 月，在南华克工会大厅（Union Hall）的警察法庭上，一名防止虐待动物协会的官员描述了他们目睹的情景，当时，乔治·罗尔斯“正用鞭子的根部痛打他的驴子”。那头驴被带到了法庭门口，法官检查了它的伤势。尽管罗尔斯声称自己是不得已才动了手，因为那只动物表现得无比“狂躁”，他还是被处以 3 先令的罚款，而且必须承担诉讼费用。[60] 一些案件表明，确实存在蓄意虐待动物的行为。当年的目击证人用活灵活现的语言再现了回忆，他们看见，有的小贩拿刀去捅驴子，有人端起一截车轮的碎片击打小马驹，竟打断了它的背部和骨盆，还有人飞起一脚，去踹一头“忠心耿耿”的大叫驴的肋骨。[61] 第一部内容全面的动物保护法是在 1822 年获得通过的，两年后，防止虐待动物协会宣告成立（而后在 1840 年获得了“皇家”的头衔前缀），但上文中的起诉事件，并不仅是伦敦人对待动物同伴同情心泛滥的表现。那些指控——连同经过挑选后被写入报纸报道的法庭案例——受到了都市文化的某种深层趋势的影响。它们表明，这座城市的迅猛发展及其改变人类与自然世界关系的方式，已经令它的居民感到不安，而伦敦劳动环境的无序和粗鲁，更是让人们忧心忡忡。[62]

但另外，我们也发现了很多证据，证明街头小贩对他们的驴子充满感情。1837年，温布尔登的一位货郎向市长求助，因为有一群喜好搞恶作剧的好事之徒，把他的驴子送去了收留流浪动物的待领场。这位街头小贩已经和他的驴子兄弟相依相伴了7年，他立誓道，自己“在这么长的时间里，不仅从来没有打过它一下，就连半句不友善的话都没有对它说过”。[63] 在体验街头小贩生活的那段日子里，奥利芙·马尔弗里买过一头驴作为同伴，事后，她悟出了一个道理：“货郎的驴子就是他们的朋友，那些驴子极少受到货郎的虐待。”[64] 考虑到最初的购买成本和后来的日常开销，这帮生意人对自己的财物爱护有加，也就不足为奇了。与篮子、手推车、土豆罐、牛轭、水桶一样，驴子在它们的主人眼里具有举足轻重的价值。它们是小贩们经营街头生意时不可或缺的重要投资。

驴子还变成了小贩工作的象征。19世纪下半叶，一些小贩开始展示他们的牲口。1864年8月，第一届骡驴展览会（Mule and Donkey Show）在伊斯灵顿的农业大厅（Agricultural Hall）——也就是如今的商业设计中心（Business Design Centre）——盛大开幕。100多头驴子参加了多个级别的展示，与小贩们的土驴一同展出的是埃及品种的洋驴，后者是埃及帕夏赠送给威尔士亲王的礼物。大厅的中央被板子隔开，供赛驴比赛使用，货郎骑师们驾驭着自家的坐骑，绕着赛道比试了五圈。《晨邮报》(*Morning Post*)的一名记者写道，他相信，这场展览将会纠正人们以为街头小贩虐待驴子的“流传甚广的误解”，他还引用了小贩们给驴子取的爱称作为例证。“汤姆”(Tom)和“汤米”(Tommy)是最受欢迎的公驴的名字，而母驴的典型名字则是“珍妮”(Jenny)、“简”(Jane)和“波尔”(Poll)。[65]翌年，展览会再度举办，往后又在水晶宫(Crystal Palace)、贝斯纳尔格林的人民宫(People's Palace)、兰贝斯宫(Lambeth Palace)的花园内依次举办了几届，其中，在兰贝斯宫举办的那届展览会专门向泰晤士河南岸的小贩们敞开了大门。[66]提高驴子的福利待遇，是所有这些展览会公开声明的目标之一。前文提到的安吉拉·伯德特-库茨夫人，作为模范住宅运动、哥伦比亚市场等文明建设项目的赞助人出席了盛会，她与动物保护运动人士一道，为善待驴子的那些小贩颁奖。不过，曾经抵制哥伦比亚市场的小贩们还是踊跃参加了展览会，向外界展示了他们的独特传统。

因为街头小贩直至很晚才确立职业身份，他们工作的方式和使用的工具就格外意义非凡了。篮子、手推车、驴子，也许看起来只是些过时的、奇特的玩意儿，可它们却是四处穿梭、叫卖食物的小贩们时刻不能远离的必需品。只有到了20世纪初，当位置固定的街头市场成为主流时，这些工具的重要性才开始遭到削弱。[67]即使是在维多利亚时代，也就是伦敦的现代化进程达到顶峰之际，虽然彼时火车轰鸣、车流不息，西区的拱廊和百货商店流光溢彩、熠熠生辉，这种古老的技术依然在帮助成千上万风雨无阻的零售商应对街道上的百般艰难。

第七章　交通

街头小贩似乎总是穿着一身适合在脏乱环境中劳作的破旧衣裳。在马塞勒斯·拉隆绘制于17世纪80年代的一幅关于鲭鱼贩子的版画中，一位眨巴眼儿的老妇人，可谓体现了鱼婆的典型形象（图2），这位小贩的衬裙、长袍都是用粗糙而厚重的布料制成的。她的披肩凌乱地系在肩膀和头上，袖口也随意地折了起来。请注意那些饱经岁月侵蚀的痕迹：纽扣的丢失、衣边的磨损、针脚的缝缝补补，还有被顶在头上、装满了鱼的篮子压皱了的宽大帽子。她的着装不是为了时尚，而全然是为了实用，是为了保暖，是为了遮挡猝不及防的雨水和街上飞溅而来的尘土。为了站稳脚跟，她还用上了棍子和结实的靴子。处于职业生涯早期的拉隆特别擅长绘制衣物，观察此类细节时别具只眼，他的巧思有助于我们窥见小贩们的可怜之处。[1] 很有可能，他们也和伦敦其他的劳苦大众一样，穿在身上的既有破烂的衣衫，偶尔也有时髦的华服，有的是拿一点钱换来的廉价货，有的是不知从哪儿淘来的二手估衣。[2]两个世纪以后，他们的服装依然与先前相似。根据亨利·梅休的说法，男性货郎的穿着“既具有仓库男工制服的耐用性，又带着小马倌儿打扮的奇异感”。这意味着，他们会身穿灯芯绒的马甲，把被称为“王上的人”（king's man）的那种色彩斑斓的领巾松松垮垮地系在脖子上。女性货郎把领巾当作披肩佩戴，衬裙的下摆只垂到脚踝的位置，据说这是为了展示她们脚上“被人好一顿夸的靴子”。[3]一种不那么浪漫的解释是，这种提高了的下摆设计实则是出于功能性的考虑，是为了防止她们的衬裙被拖进泥巴里。

大部分行人其实都怀有同样朴实的担忧。每一天，中产阶级和劳工阶层都要出于现实中的各种理由走上街头，赶去上班，跑腿办事，采购东西。然而，关于伦敦行人最为人熟知的那些描述却往往带有偏见。从奈德·沃德依托城市地形展开情节的小说《伦敦间谍》，到约翰·盖伊完成于1716年，旨在赞美步行主义（bipedalism）的颂诗《琐事集》，再到19世纪初，皮尔斯·伊根（Pierce Egan）、托马斯·德·昆西（Thomas De Quincey）、查尔斯·兰姆（Charles Lamb）带给世人的作品，有关都市漫步的文学永远在记录上层阶级男士的步履轨迹。这些作者不约而同地表达了一种萌动的心愿，希求远离拥挤的人潮，从肮脏的街头巷口抽身而出。在他们的叙述中，街衢恍若一座剧院，身处其间的观众在安全距离之外旁观，目睹了纷至沓来的角色与场景。梅休和后来的许多调查者，对露天工作的伦敦劳作者面临的残酷境况表现出了敏锐的洞察力。但无论如何，他们的分析依旧受限于上流社会人士的视野，他们将这座城市的街头文化视为研究的对象，而不是自身必须直面的现实。[4] 他们也几乎没有向我们传递行走在城市里的身体体验。从他们身上，恰恰能够读出人类学家蒂姆·英戈尔德（Tim Ingold）所说的“居住在现代都市的根本特征——无根性（groundlessness）”。[5] 似乎一旦铺设了路面、改善了照明，这些作者和他们笔下的精英叙述者就能不费吹灰之力地穿梭于城市的大街小巷。可事实上，伦敦的芸芸众生大多没有这样的特权。

想一想小贩们身处的环境，我们会对英国首都过去的城市生活有更鲜活的认识。不同于文学作品中的都市漫步者，那些在街边售卖食物的男男女女，从始至终都能体会到物质环境的真实感触，以及行走、搬运给他们的身体造成的负担。与其他普通行人一样，在途经城市的主干道、马路、小巷子时，街头小贩要时刻警惕外界的瞬息变化，从迎面冲来的汹涌车流，到陌生人的恶意骚扰，他们要为可能遭遇的任何风险做好准备。小贩们最能直接地感受到伦敦街道的改善和进步，但也因此明白，前方还有很长的路要走。

破烂的人行道

在户外劳碌的街头小贩，要忍受最恶劣的天气条件。他们中的许多人在夏去冬来的时候会改做别的工作，但还是有一些小贩决定顶着骤降的气温坚持出街摆摊。一位卖虾的小贩告诉梅休，一直站在摊位前，冻到失去知觉，比走街串巷还要糟糕。“我的两只脚感觉就像冰坨一样。”她描述道。[6]当时，雨水的到来完全不可预测，一场倾盆大雨不仅会把小贩们的衣物、工具、商品淋得精湿，还会赶走本来愿意停下脚步买点东西回去的顾客。一位卖鱼的摊贩表示，潮湿的天气使他少挣了一半以上，雨点的滴答声令他“产生了溺水般的恐惧感”。[7]海鲜之类的易腐食品保存不了几天，而街边的不少生意人就指着周末的短暂时光，挣到一周的吃穿用度，因此一连几个阴雨连绵的周末，就足以迫使他们变卖手推车和驴子。这是一个老生常谈的问题，但是到了19世纪下半叶，随着只在特定日子迎来旺季的街头市场变得越来越流行，这个问题也变得越来越严重。如同一位爱德华七世时代的记者所说，“一个湿漉漉的周六，就会给货郎带来灭顶之灾”。[8]大多数小贩能做的，无非是穿上合身的衣服，戴上宽边的帽子，假如他们有摊位，就躲到遮阳篷下面去。1824年，简·伍德正在沃平的码头上摆摊，无奈的她只能用雨伞来遮挡水果上的雨水。[9]

雨水飞溅到街道上，尘土随之化成了泥泞，又与附近房屋丢弃的垃圾搅和在一起。这种令人不快的场景，在18世纪的诸多文学作品中反复浮现，一次又一次地将乌七八糟的城市与风和日丽的乡村进行着无声的对比。在乔纳森·斯威夫特（Jonathan Swift）完成于1710年的诗作《城市阵雨记》（*A Description of a City Shower*）中，伦敦的繁忙、喧嚣因为恶劣的天气戛然而止。雨水带来了平等，驱使"三六九等的人们，追随五光十色的命运的引领"，在他们能找到的任何遮蔽物下挤成一团。在全诗的最后几行，脏水开始从喝饱了的排水沟里外溢："那是肉摊上扔掉的垃圾，粪便、内脏和血；那是淹死的小狗、发臭的鲱鱼，它们浸泡在泥浆中；还有死猫和萝卜头儿，一切全都随着洪水倾泻而下。"[10]眼前丑陋的一幕有街头小贩的功劳，而他们也已经品尝到了自己行为的恶果。在托拜厄斯·斯摩莱特（Tobias Smollett）写于1771年的小说《亨弗里·克林克的远征》（*The Expedition of Humphrey Clinker*）中，主人公马修·布兰布尔是一个性情暴躁的乡下汉子，他参观了首都，却几乎看什么都不顺眼，而让他抱怨连连的地方之一，便是食品小贩的存在。布兰布尔在一封信中写道，本就已经水汪汪的伦敦牛奶，竟然是"用敞口的桶穿过大街小巷送过来的，一路上，从家家户户的门窗里倾倒出散发恶臭的冲洗物，行人啐唾沫、擤鼻涕，吐出嘴巴里嚼剩下的烟草残渣，板车的货箱溢出一股股泥浆，车辆的轮子溅起一阵阵泥点，调皮捣蛋的孩子们为了取乐，往牛奶桶里投掷尘土和垃圾”。[11] 这种夸张的文学叙事自有其现实依据，那就是持续到 19 世纪的种种城市顽疾。当时的首都街道简直没有一处地方不惹人生厌：从未铺砌的路面上扬起的泥土，为了防滑而恣意倾倒的沙子、碎石，行人和居民随手丢弃的烟灰、垃圾，用来铺路却早早松动、开裂的大小石块，还有躲不完的恼人的动物粪便。据估计，在 1875 年，人们每天必须从伦敦的街道上清除大约 1000 吨的马粪。即使这样，还是有一部分马粪无法即刻得到清除，只得被姑且扫到一起，堆在路边。[12]

这样一来，小贩们把自己裹得如此严实也就不足为奇了。毕竟，他们穿在身上的任何东西都有可能被弄脏。在《伦敦的劳工与伦敦的贫民》一书中，有一部分关于首都交通干道的内容，较少得到后世学者的研究。在这里，作者梅休下了一番苦功夫，详细计算了劳动人民走街串巷讨生活后，清洗衣物上污垢的花销。他得出的数字是，每人每周要为此支付 2 便士，这涵盖了烧水所需的煤炭和苏打、肥皂、浆料、蓝色漂白剂的费用，包含了人力劳动的成本，但仍然没有把替换磨损衣物的开支统计在内。[13] 一些街头小贩穿上了特制的鞋子，以避免沾上泥巴。自 12 世纪以来就在伦敦派上用场的

“套鞋”（pattens），是一种加高了的罩靴，它用木头或皮革制成，鞋子下面装有一个厚实的、金属制作的鞋跟或圆环。[14] 套鞋与女性小贩产生了强烈的关联——在诗人盖伊的《琐事集》中，它被称为“妇女用品”——可能是因为它导致了行走方式上的性别差异。与不得不踩在这种小号踏脚板上费力挪步的女性小贩相比，穿着正常靴子的男性小贩走起路来自然更加灵活自如。[15] 套鞋确实出现在若干描绘小贩的早期绘画中，但我们无法由此得知它们的实际普及程度。[16] 穿上套鞋，只是街头小贩的应对方式之一，除此以外，为了适应脏乱的工作环境，他们还想出了花样百出的办法，有人把裙摆拉高到脚踝以上，还有人在篮子里铺上一块保护食物的布料。

他们脚下的地面正在慢慢得到改善。17 世纪早期，伦敦城内的街道大多是用泥土压制的，有时候，人们会往路面下嵌入石块，由此铺出简陋的人行道。1661 年，保王派作家约翰·伊夫林（John Evelyn）抱怨伦敦的交通干道“狭窄难行”，早先铺设的所谓路面“糟糕透顶，行走起来颠簸不适”，道路排水也存在很大问题，以至于暴风雨平息后，一眼望去，城里依然像是在被“持续不断的阴湿天气”笼罩。身为保王派人士，伊夫林相信，自己从伦敦近些年来的年久失修中，看出了内战和空位时期政治动荡的隐喻。[17] 1666 年的大火，通常被视为伦敦建筑环境更新的转折点。一般认为，在超过2平方千米的土地被烧为焦土，数以万计的伦敦人失去家园之后，这座城市在随后的几年中用石头进行了全面重建。但事实却是，更新工作早在火灾发生前就开始了。[18] 早在四年前，一项雄心勃勃的议会法案就获得了通过，它着眼于伦敦金融城、威斯敏斯特和两地郊区的街道，授权专员督导更新工作，以确保这些街道的路面得到“充分的铺设”和“充分的维修”。[19] 火灾的影响消散后，金融城试图从废墟中重新崛起，英国议会、伦敦金融城公司都试图利用此次良机，推动金融城的改造工作。一系列法案、细则相继出台，允许地方官员为其管辖范围内的街道制定精确的施工方案，规划铺路材料和坡度，并继续推进先前已经启动的主要道路的直化、拓宽工程。从那时起，这座城市再也没有一条街道的宽度小于4米。[20] 后来，1762年出台的《威斯敏斯特铺路法案》（Westminster Paving Act）又正式将这一更新过程推广到了整个伦敦。人们行经这座大都市的各条街道时，总能看到铺路队在移除鹅卵石，用平整的石块取而代之。此前，城中心的排水沟如同斯威夫特的诗歌中描述的那样，堵塞着死猫、萝卜头儿之类的垃圾，如今也被覆盖成了暗渠，新建的道路建成了拱形路面，以方便向两侧的沟渠排水。[21] 这些日增月益的变化，最终合力促成了伦敦街道管理的巨变。起初，住户被要求承担自己门前的道路改造工作，从铺路、清洁到照明，可谓各人自扫门前雪。随着时间的推移，这些工作越来越多地被交付给公家，以集体的方式来处理，一开始是由地方法官、教区、选区负责，然后是由指定的官员专职执行，当局会从税收中分拨一定比例的款额，资助他们开展工作。最后，这套做法，距离现代的城市空间管理模式已然不远了。[22]

不过，小贩们心里非常清楚，这些改善措施的推进程度是缓慢且步调不一的。金融城总体上比其他地区领先一步。1762 年的《威斯敏斯特铺路法案》出台之前，一部分主张改革的作者便指出，当前还有很多遗留工作尚待完成，尤其是在威斯敏斯特和伦敦金融城公司管辖范围以外的米德尔塞克斯教区。在一部小册子作品中，约翰·斯普兰格（John Spranger）发出了谴责的声音，因为“粗糙、颠簸、破损不堪的人行道”仍然在造成“致命的危害”和“悲惨的事故”。另一位作者乔纳斯·汉威（Jonas Hanway）声称，没有一个教区的路面得到了“真正有效的”铺设、清洁和照明。在解释郊区何以发展滞后时，约瑟夫·马西（Joseph Massie）将原因归咎于“更加松散的管理”，认为当地缺乏类似大都市区的那种统一的市政当局。[23] 即使是在新法的规范下，各地路面的铺设材料也大相径庭。在威斯敏斯特，一部分街道铺设了坚硬的、蓝色的玄武岩石板，另一部分街道铺设了普贝克出产的石灰岩方砖，可是依旧有许多街道在继续使用鹅卵石。官员还必须应对伦敦不断向新建区域扩张的新形势，在那里，一旦原先的居民搬离，改善街道环境的建筑工程就要立即启动。[24] 而那些城市的边缘地区，又恰恰是极度依赖小贩的地方。

从行人的角度来看，到了 19 世纪，步行也未必变得更加便利。此时，有两种新的铺路技术在伦敦得到了普及：一种是用压路机将小块花岗岩碾出平滑的表面，它由约翰·劳登·麦克亚当（John Loudon McAdam）发明，并以发明者的名字被命名为“麦克亚当碎石路面”（macadam）；另一种是在压载基底上铺设一排排八九厘米厚的花岗岩石块，由托马斯·特尔福德（Thomas Telford）发明。随后的几十年间，人们又在运用这两种铺路技术的同时，引入了木材和柏油，后者用沥青、集料混合而成，是我们今天广泛使用的常见材料。[25] 每种材料都有相应的缺点。特尔福德的石块易于清洁，但是车轮碾过时会发出很大的噪声，而且干燥的时候容易导致路面打滑；与之相反，柏油、木材一旦潮湿，也会降低车轮的抓地力；木材还存在一个意料之外的隐患，那就是，它会因为吸收马尿之类的液体而变得膨胀，并散发出难闻的气味；碎石路面提供了更好的立足点，但又需要持续不断地维护，否则石块就会经常脱落出来，与滚滚泥泞中的水、灰尘、粪便搅和在一起。[26] 到了 19 世纪 80 年代，金融城的全部道路都已铺设完毕（主要采用了花岗岩石块和柏油），威斯敏斯特的交通干道也都完成了这一工程（大多被铺成了碎石路面），但是在伦敦的其他地区，只有不到一半的街道得到铺设，而且用的只是些燧石和沙砾。[27] 路面的不一致与路面材料的不一致一样，也是一个老大难的问题，这迫使行人、板车、马车不得不频繁地适应不同的路面。对此，评论者们将批评的矛头指向了首都政府的痼疾——管辖权的碎片化。1875 年，艺术学会（Society of Arts）委员会绘制了伦敦东西方向的七条主要路线图，所有路线的总长度约为 123 千米。调查发现，这些路线由 68 个不同的地方当局分别管辖。有些街道的管理权被硬生生分成了两半，以至于“某条街道的一半路段在某个时间铺设，另一半路段则在另一个时间铺设，有时候，两者竟然采用了不同的铺设方法”。[28] 缺乏协调的负面影响，也波及了城市环卫等其他公共服务。19 世纪晚期，教区和区议会雇用了由维修工、清扫工、勤杂人员组成的团队，每周多次清扫路面、沿街洒水。然而，一如铺路的质量起伏不定，环顾大都市区的各个区域，环卫水平也同样参差不齐。[29]

1600 年以后的三个世纪，在那些路面铺设完备、街道得到良好维护的地方，户外徒步变成了一种更为顺畅的出行体验。可是，倘若我们把伦敦视作一个整体，将时人对城市改善措施的种种局限的议论纳入考虑，就会意识到，大多数行人的出行从来都不是毫无困难的。小贩也是普通行人中的一分子，正因如此，他们总能察觉到街道状况的不断变化。

从早到晚不打烊

街道的状况甚至会在一天之内发生变化。小贩们挑选不同的时间走上街头，他们瞄准特定的顾客，向其出售适合在特定时段享用的食物，还要见缝插针地兼顾家务活儿和别的工作。关于 19 世纪晚期的工作时间，有丰富的史料保存至今，方便我们据此还原早些年间街头小贩的营业时间。截至 1825 年，在我发现的描述小贩叫卖食物的史料中，有 175 份提及了事件发生的时间。利用这些证据，我们可以了解一日之中，晨、晡、昏、宵之际，街头商贩究竟提供了哪些令人惊羡的美食。[30]

有的小贩倾向于白天出门工作。乳品小贩的生意与农业生产的节奏密切相关，故而，他们常常在清晨和下午走上街头。一年中的多数时间里，赶在日出之前，做这一行的男男女女就要步行去挤牛奶的地方取货，等到伦敦其他地区的人们醒来时，他们已经返回市中心了。有时候，将将凌晨 4 点，乳品小贩就上街讨生活了。整个 19 世纪，他们一直保持着这种早起的习惯。[31] 街头小贩是“劳工大军的先锋”，布兰查德·杰罗尔德生动地描述了他们的生活，“在深沉、晦暗的夜幕下，他们是那些黑色的影子，从小巷滑向主干道”，开始了黎明前的跋涉，前往码头、工厂、建筑工地，抵达他们赖以谋生的每一处角落。[32] 到了一天中稍晚一些的时候，卖易腐食品的小贩会加入同行的队列，他们带来了比牛奶更便宜的鱼、水果、蔬菜，准备奔向伦敦各地的市场。值得注意的是，杰罗尔德摹画的那一幕中，还出现了一位卖烤土豆的小贩和一个咖啡摊，其在需要热量补给的劳动人民的眼里，是“最受欢迎的朋友”（most welcome friends）。小贩们全天都在出售提前准备好的主食和小吃：描述伦敦早晨和下午的史料里，提到了卖水果、牡蛎、虾、坚果、姜饼、蛋糕、热饮的各类生意人。20 世纪，梅休采访过一位出售热青豆的小贩，手脚不停的他“从早到晚”从不打烊。这位卖家一大早先去比灵门市场，等候进货的其他同行，中午时分又去餐厅，等候上门用午餐的食客，入夜之后再去酒馆，等候来喝上几杯的酒徒。[33] 一天中的任何时间，总有伦敦人饥肠辘辘，幸好有小贩们随时准备满足他们的需求。

工作日的白天结束了，街头美食的晚间舞台才刚刚拉开帷幕。根据 1825 年之前的史料，我们了解到，傍晚和入夜后还有小贩在四处活跃，售卖烤羊头、馅饼、香肠和布丁。尤其是在科文特花园附近的啤酒屋、客栈、剧院周围，到了后半夜，依然有不少小贩忙活个不停。[34] 晚间的街头美食，时而被记者诉诸笔端，在他们心中，摊位上琳琅满目的小吃，是伦敦的夜晚洋溢着奇异活力的味觉证据。有一篇撰写于 20 世纪初的文章，名为《午夜伦敦》(*Midnight London*)，记者贝克尔斯·威尔逊在文中绘声绘色地报道了白教堂大街的夜市上，如何摆满了卖烤土豆、峨螺、牡蛎的手推车。酒馆关门后，咖啡摊主们便会张罗他们的棚子和摊位，而后忙前忙后，“直至晨光初现”。他们的顾客“是一个身份参差不齐、地位杂乱无序的庞大群体”，同时囊括了出租车司机、水手、码头工人、流浪汉和警察。[35] 每逢周六晚上，街头市场会迎来最热闹的时光。街边摊位营业时间的延长，意味着贫穷的工人在商店、官方市场关张之后，还能买到新鲜的吃食。多亏了小贩，一天的劳碌结束后，劳动者恰好迎来了购买基本生活用品的好时机。从我们掌握的史料来看，在刚过去不久的几个世纪里，夜幕降临之际，尚且有好多小贩正在街头运送牛奶，而牛奶本来是一种最典型不过的白天消费的食品。[36]

街头小贩被卷入了伦敦时间观念变迁的时代浪潮。在中世纪的英国首都，入夜后会敲响宵禁的钟声，金融城的大门随之紧闭。1600 年左右，行人们若想外出，仍旧需要提供理由，守夜人会去街上巡逻，搜寻不法分子，只有推车运送垃圾之类的必要工作，获准在晚间继续进行。[37] 到了 17 世纪上半叶，还有一些小贩因为在入夜后做生意而受到起诉，但也就是从那时起，因为工作到很晚而被逮捕的情况变得越发少见了。[38] 天黑之后接着做买卖成为常态。历史学家克雷格·科斯洛夫斯基（Craig Koslofsky）将这一转变过程称为“夜间化”，意指欧洲各地的城市居民开始习惯外出，并待到更晚的时间，而且他们找到了这么做的正当理由。夜晚来临，越来越多的伦敦人还在做工、旅行，去觥筹交错的酒馆里社交，到沃克斯豪尔的娱乐花园（Pleasure Gardens）等新兴场所享受时光。待在户外的他们，可以从街头摊位和流动小贩那里购买小吃和点心。[39] 进入 19 世纪，社会风气的变迁已经如此根深蒂固，以至于引发了舆论情绪的反弹。19 世纪 40 年代，有人牵头成立了“早点打烊协会”（Early Closing Association），将伦敦“令人担忧”的晚归现象归咎于煤气、路灯等新发明。[40]

在这几个世纪里，街道照明的质量、范围均取得了长足的进步，这些方面的发展轨迹与路面的铺设相似，都是从个人负责转变为集体组织。1599 年出台的一条细则规定，在没有月亮的夜晚，金融城的所有居民都必须在自家大门外面悬挂一盏灯笼——在当时，这指的是一个装有蜡烛的透光盒子——从下午 5 点或 6 点挂到晚上 9 点，一年中有五个月要这么做。随后，伦敦金融城公司和英国议会分别出台法令，进一步延长了强制提供照明的时间，将提供照明的区域扩展到了威斯敏斯特，并且允许承包商安装了大量灯笼——后来又换成了油灯。这种思路最终在1736年的议会法案中达到了顶峰，该法案允许金融城向其居民征收特别税，以覆盖公共照明的费用，还将提供照明的季节延长至全年。很快，金融城内的各个选区就安装了4800盏油灯，在较为繁忙的街道上，理想情况下，油灯与油灯的间隔距离不超过22米，其他路段的间隔距离则为32米。[41] 后续出台的附加法律，又将相同的权力赋予了威斯敏斯特、马里波恩等正在扩建的新教区。[42] 直至最后，专业的照明公司用煤气灯（gas burner）取代了原始的灯笼和油灯，这项技术问世于19世纪的第一个10年，当时，人们在伦敦的帕尔马尔街（Pall Mall）完成了煤气灯的第一次应用试验，煤气灯能产生的亮度达到了灯笼、油灯的10—12倍。1823年，将近4万盏煤气灯在这座大都市内长达345千米的道路网中交相辉映。到19世纪末，伦敦的煤气灯数量又增加了一倍多，而且增设了新发明的电灯，这些照明设施不仅点亮了街道，还服务于工厂、酒店、火车站和商店。[43] 与伊丽莎白时代晚期的伦敦相比，如今的英国首都可谓灯火通明。小贩等夜晚出行的人群，可以更清楚地找到自己的路了。

不过，届时他们也将了解到，伦敦这座大都市从来不曾被完全照亮。照明设施覆盖市内某些区域的速度，远比其他区域缓慢得多。1736年出台的法案对金融城产生了翻天覆地的正面影响，但威斯敏斯特却再一次落在了后头。约翰·斯潘格抱怨道，这里的居民“晚上穿过我们自己的街道时，经常遭到侮辱、攻击和抢劫”。[44] 整个18世纪，伦敦北部、东部郊区的大片地区入夜之后，依旧只能依靠月光为行人和马车司机指引方向。[45] 工作期间，小贩们需要将食物送往照明设施不足的城区，此时他们就会发现，自己闯入了全伦敦最昏暗的地界。1737年的新年当天，夜里7点左右，小贩托马斯·格维林打算仅靠“星光”的指引前往斯蒂普尼，途中不幸遭遇抢劫，被劫匪剥光了衣服。事后，他赤身裸体、踉踉跄跄地逃离了现场，把路过的一位卖牡蛎的同行吓了一大跳。[46]

小贩们不得不自己携带灯具。保罗·桑德比绘制的一幅关于水果摊的夜景图，很好地展示了他富有质感、纤毫毕现的画风和游戏人间的幽默感（图16）。画中有好几位顾客登场，围拢在一位街头小贩的手推车周围，人群中头顶篮子的那位可能就是小贩本人。这个用手推车打造的移动摊位上装着一盏明灯，灯光照亮了所有人物的面庞。桑德比的画作既展示了其所处时代街头劳作的现实场景，也因循了“伦敦的叫卖声”这一极度守旧的题材下常见的矫饰、虚构的艺术风

图16　一位小贩的水果摊，摊位上悬挂着一盏灯，用于晚间照明。

格。而如若没有那一盏灯，整幅场景将无从得见。[47]我们从零散的史料中得知，当年的街头小贩确实使用过类似的灯具。1787 年 4 月末的一个晚上，一位经营瓷器和玻璃生意的商人，正从德鲁里巷返回新门大街的家中。半路上，就在守夜人喊出十点钟号子的那一刻，他看到一群小贩“正在布莱克摩尔街的尽头卖鱼，搁在他们篮子里的灯照亮了众人”。[48]

回望 19 世纪，摇曳的点点灯光宛如街头市场的标志。乔治·奥古斯都·萨拉在穿过白教堂的一排商贩时如此描述道，每位摊主都以自己“独特的方式”实现了照明，有的使用煤气灯，有的使用原始装置，像是“要么杵在泥块中，要么插进切成两半的萝卜里的灯芯草蜡烛”。[49]石脑油灯，一种火焰明亮、声音轻柔的便携式灯具，在当时最为流行。作为液体燃料的石脑油，是人们燃烧煤炭，供应金融城、伦敦西区的煤气灯时得到的副产品，它的存在构成了一种物质证据，印证了街头市场与那个体面的伦敦截然相反的阶级属性。[50]石脑油灯的使用也揭示了公共照明的局限性，这告诉我们，黑暗依然笼罩着首都的大部分地区。为了在天黑之后继续服务市民顾客，小贩们不得不在手忙脚乱的交易过程中，在一碰就着火的木材、布料周围，使用这种容易挥发的燃料。1873 年，金融城的验尸官调查了一起令人痛心的火灾事故，一位卖牡蛎的小贩不慎将灯油加得过满，外溢的灯油顿时燃起了熊熊大火，猛烈的火势迫使他把灯具扔进了水沟。然而，散落的火苗已经烧着了附近站着的三名男孩的衣服，他们都被送进了圣巴托洛缪医院（St Bart's Hospital）。其中一人，一个刚刚 10 岁的孩子，因为伤势过重离开了这个世界。[51] 在小贩们工作的地方，危险随时可能降临。

过马路

迎面而来的行人、马车和板车，让小贩们时时刻刻置身于危险之中。许多提及街头小贩活动轨迹的史料，都描述了他们遭遇不幸前的那一刻。不幸发生时，那些可怜的男女小贩或者正提着满满当当的篮子，或者正推着摇摇晃晃的手推车，紧接着，有人被犯了重罪着急逃跑的亡命之徒一下推倒，有人被喝得不省人事的醉汉猛地撞翻。[52] 事故往往涉及飞快行驶的车辆。1855 年，一辆"发了疯一般狂奔的"马拉板车，在哈克尼路上撞到了一位水果摊贩和他的摊位。[53] 有些时候，这种碰撞是致命的。1722 年的某一天，乳品小贩琼·科尔尼什正在肖迪奇附近过马路。可能是因为肩上的担子和牛奶桶拖慢了她的步伐，科尔尼什被一辆马车撞倒，奔跑的马匹践踏了她，车子的前轮碾过了她。几天后，她去世了。[54] 在伦敦历史上，走上街头从来都是一件充满危险的事。虽然在 17

世纪和18世纪，儿童、老年人是最常见的致命事故的受害者，但是街头的穷苦百姓，比如乞丐和劳作的小贩，其实也面临着巨大的风险。[55]1869年至1874年，平均每年有206人因为街道突发状况和交通事故而丧生，受伤和致残的人数更是超过了这个数字的10倍。到了19世纪晚期，这一比例甚至变得更高了。[56]

描写这座城市的文学作品，也强调了无处不在的危险。在盖伊的诗作《琐事集》中，小贩本身就被描述成了行人面临的风险之一。诗中的叙述者警告行人，不要被台阶、地下室的门框绊倒，“打翻了怒气冲冲的小贩的摊位”，否则这位街头小贩“不仅不会为你哀叹，还会要求你赔偿那些散落的坚果和梨子”。[57]被统而论之的小贩，沦为一个供人开涮取乐的群体。不过，当年的作者们也普遍承认，街头小贩既是伦敦诸多交通问题的始作俑者，也是那些问题的可怕后果的承受者。食品史学家萨拉·彭奈尔试图解释维多利亚时代晚期，伦敦道路“可憎、可怕、可耻的状况”的由来，并坚持认为，货郎们的存在（“他们的手推车比以前长了不少，他们的买卖对交通的阻碍也随之大了不少”）是一个肇因。[58]很多时候，仅是从某条街道的一侧横穿到另一侧，就已经被认为是一项挑战了，而城市里的另一些地方比这些地方还要让人神经紧绷。奈德·沃德的小说《伦敦间谍》中的叙述者就警告自己的同伴，穿过舰队街时要小心再小心，这让他的同伴“非常害怕自己会被撞断骨头”，而我们现在知道，这条街当年很受小贩们的欢迎。[59]1866年，查尔斯·狄更斯完成了一篇名为《街头的危险》（*The Dangers of the Streets*）的散文，文章一开头也提到，要通过用作城市主干道的舰队街，需要“无穷的勇气”。来到城市的中心区，狄更斯描述了在路边等待通过下一个繁忙路口时的沮丧心情。“眼巴巴地望着公共巴士顶替了出租马车，”他如此描述道，“屠夫的板车顶替了公共巴士，大北方铁路公司（Great Northern）的货车顶替了屠夫的板车，第二辆公共巴士顶替了大北方铁路公司的货车，一辆私人马车顶替了第二辆公共巴士，一辆双轮双座马车顶替了第二辆私人马车，第三辆公共巴士顶替了那辆双轮双座马车，第四辆公共巴士又顶替了第三辆公共巴士，好吧，你只能绝望地止步不前。”[60]

伦敦的交通日渐繁忙起来，但小贩们却无法抽身离开。从19世纪中叶开始，道路堵塞的问题引发了尖锐的批评，舆论的声音从早期不定期的抱怨，终于上升为持续不断的哀鸣。仅从统计数字便能看出，伦敦城内的出行总量在急剧上升。1867年，伦敦人平均每人每年乘坐马车和其他交通工具出行超过22.7次；到了1896年，统计数字已经是1867年的五倍有余。[61]要知道，这还没有将不计其数的徒步外出，以及运输食品、材料、制成品的板车、运货马车、驮畜的来往通行统计在内。英国议会试图通过立法手段来缓解交通堵塞，结果却收效甚微。最终，一个皇家委员会得到了任命。1905年，这个委员会首次递交调查报告，就伦敦交通的混乱状况提供了卷帙浩繁的证据，收录了数百页证词、海量的统计数据，以及数十张图表、地图。[62]

新式的街道交通工具加入了这场混战。到了19世纪50年代，英国首都的街道上已经有1000多辆公共马车投入运营，对于负担得起车费的人们来说，这是他们最青睐的通勤方式。1856年，伦敦通用公共马车公司（London General Omnibus Company）宣告成立，不久，它们服务的年乘客量就达到了4000万人次。20年后，有轨电车也作为竞争对手出现了，它们在街道中央铺设好的轨道线路上往来行驶，起初由马匹拉动，后来改用电力驱动。[63]至于这些技术对其他街道行人的影响，我们最好从本地的视角来加以观察。1906年2月，哈默史密斯区议会（Hammersmith Borough Council）撰写了一篇关于国王街上的小贩与地方当局之间长期冲突的简史。酿成冲突的部分原因，是两座公共马车的马厩和一条有轨电车的轨道线路的修建（“道路过于狭窄，无法容纳双向轨道”）。据报道，30年来，国王街的交通量已飙升至原先的两倍到三倍。根据议会的测算，在国王街的南侧，有轨电车的轨道和紧贴路缘、装满货物的一辆辆手推车之间，竟然已经没有了足够的空间，让一辆普通的 2 米宽的马车安全通过。[64]

在这之前，小贩们就曾经为了争夺街道空间，与竞争对手展开过较量。回到 17 世纪，数量更多的出租马车已引起了金融城和英国议会的关注，当局出台了一系列法律，限制出租马车的数量，要求司机们取得执照，还对车费及上客地点进行了规范。正如后来出现的公共马车和有轨电车一样，出租马车承诺了更快的出行速度，促进了新的社会、文化习俗的孕育，但同时也加剧了交通拥堵。[65] 维多利亚时代晚期的伦敦小贩们遭遇的许多事故，像是手推车、摊位被百富货运公司（Pickfords）的货车、汉瑟姆马车（Hansom cabs）撞翻等，在前几个世纪里早就发生过多次。[66]1894 年，一位名叫菲尔德的街头小贩将伦敦通用汽车公司告上了法庭，成功地索要了赔偿。此前一年，他被一辆属于该公司的公共马车撞倒，不得不接受腿部截肢手术。高等法院听取了菲尔德的陈述，事发时，他刚在科文特花园的市场进完货，正带着一批早季草莓向西前往皮卡迪利。需要横穿马路的他等到了一次交通间隙，便推起手推车向前迈步，结果却被马车突然撞倒。[67] 过去的至少 300 年间，发生在他身上的悲剧，每天还要在街头的其他小贩身上重演无数次。

这引导我们来到了一个关于连续性的重要话题。从 16 世纪末至20世纪初，这段时间的绝大多数伦敦人出行时，仍然要依靠步行或者由马匹拉动的交通工具。这并不是要贬低维多利亚时代的种种变革。19世纪60年代，大都市铁路（Metropolitan Railway）和南伦敦线（South London line）开始将乘客运送到更广阔的周边地区。第一条地铁线路，连接大都会铁路的地下部分的区域线（District line），已经在高楼林立的市中心地带的下方穿行。铁路将出行的人们从一处地方迅速带去另一处地方，随之颠覆了人们对于时间和空间的观念。[68] 虽则如此，这毕竟不是一段短暂的历史岁月，火车在伦敦的出现时间也相对较晚。况且，它们出现后不仅没有取代旧有的交通工具，反而增加了人们对这些服务设施的需求。在城市建设期间，需要用马匹来拖拽重物，载客马车、马拉板车、运货马车、有篷马车仍然是货物和人员的主要出行工具，尤其是在不便使用铁路的短途旅行中。19世纪下半叶，伦敦城内的马匹总数可能反而上升到了原先的四倍。[69] 在整个这段时期，小贩对城市的食品供应至关重要，而马匹、驴子、板车、四轮大马车、手推车和篮子，更不用说靴子和鞋子，才是伦敦街道上真正关键的应用技术。一种将会更深刻地改变街道生活的新事物，直到维多利亚时代步入黄昏时刻，才在伦敦登场。19世纪90年代，机动车辆第一次出现在首都的道路上，紧接着便迅速普及。1904年，大都市区还只有31

辆由蒸汽、汽油或电力驱动的公共汽车，两年过去，这一数字就超过了700辆。在第一次世界大战前夕，伦敦这座曾经属于马匹、小贩的城市已然做好了准备，即将迎来速度上的飞跃。[70]

街头小贩要提防的可不仅是机动车辆。伦敦的街道上永远挤满了人，其中的一些不法之徒正急于对独自营业的小贩下手。有数不胜数的流动摊贩曾经被见机行事的小偷顺走过货物，无疑，这一风险在夜幕降临后变得最为严峻。1671年秋天的一个晚上，8点到9点之间，伊丽莎白·迪克森正在格雷律师学院巷（Gray's Inn Lane）“叫卖馅饼”。当迪克森停下来接待一位顾客时，一名男子从她的篮子里偷走了一个馅饼，逼得这位年仅20岁的小贩撒开脚步，沿街追了他一路，要求他买单付账。[71]街头小贩缺乏固定店铺提供的安全保障，即便是那些拥有不少设备的小贩，也时不时沦为小偷小摸的牺牲品。有人被窃贼从摊位上盗走了一整条鳕鱼，有人丢了好些磅腌制好了的鲑鱼，还有人不见了几加仑梅子，而另一些小贩一不留神，就发现摆放在手推车上的无花果、热土豆已经不翼而飞。[72]他们手里的仨瓜俩枣，虽然只会招来艺术和文学作品的嘲笑，却是各路窃贼眼中值得一偷的宝贝。乳品小贩经常沦为窃贼的目标，这也许是因为他们用到的桶和罐子是用更值钱的金属制作而成的。[73]

还有很多小贩在做生意期间受到了骚扰，而由此引发的愤怒的话语，乃至侮辱的言行，往往会酿成暴力事件。19世纪，在警察法庭负责审理的起诉货郎的案件中，有相当一部分涉及街头小贩、店主、顾客、执法人员之间的冲突和殴斗。[74] 最令人震惊的袭击事件，发生在女性身上。1899年7月，克拉肯威尔区的警察法庭审理了一起案件，主人公是伊斯灵顿区教堂街的水果摊摊主索菲亚·威尔舍尔，她遭到了三名男子的袭击。事情发生在一个周二的下午，三名男子忽然开始辱骂这位摊主，其中一人猛地沉下腰，用肩膀撞翻了威尔舍尔的摊位，葡萄、樱桃、青梅顿时滚落一地，散落到了马路上。在接下来的扭打过程中，三人踢了威尔舍尔的肚子，还“重重地往她胸部打了一拳”。[75]

在维多利亚时代的伦敦，女性步行者还有可能遭遇骚扰和暴力威胁，尽管城市的照明设施、交通状况、警务工作均有所改进，但这些风险并没有得到明显的抑制。书籍、报纸将独自一人出行的女性描绘成了两种形象，要么是可能被部分男性暴徒施暴的潜在对象，要么是向过路的男性主动投怀送抱的放浪妖女。她们的行为被置于观察和约束之下。诸如百货商店之类的新型消费场所在刚刚出现之际，曾经激起了各界人士的普遍焦虑，人们担心，那里的繁华热闹在鼓励中产阶级女性花钱购物、追求享乐的同时，会诱导女性偏离社会认为她们应当具备的、可敬的理想形象。[76] 可是，就算有如此这般的谬论横行，中产阶级和工人阶级的女性出于各方面的必要，也依然要继续走上街头。不这样的话，她们还能怎样出行呢？此间的对立并不是一件才有的新鲜事。至少从16世纪开始，女性就已经为了工作、娱乐而频繁现身于街头，并因此引发了周遭世界的不安和攻击。[77] 关于粗俗的鱼婆——平心而论，她们本是一些独立的劳动女性——的刻板印象，就是这种社会心态借机表达的一则例证。

这种焦虑的社会心态，给努力工作的小贩们造成了困扰。1671年6月的一天早上，大约10点，一位被称为普雷斯科特夫人的街头小贩正在卖樱桃，她的摊位摆在查令十字街和蓓尔美尔街之间的一家蜡烛店外。家住隔壁的威廉·巴奇当时正要回家，他向普雷斯科特正在招待的顾客低语道："留心她的秤，她马上就要……坑你了。"作为对这一没来由的欺诈指控的反驳，普雷斯科特兴许骂了巴奇几句"老流氓"。[78] 巴奇随即回应了一连串的谩骂，指着这位街头小贩歇斯底里地大吼。事后，两名证人解释道，这些诽谤言论彻底毁了普雷斯科特的名节，她的丈夫为此弃她而去。[79] 我们之所以对这些细枝末节了如指掌，是因为普雷斯科特来到伦敦的一座教会法庭，对巴奇提起了诉讼。当时，这类法庭对各种道德问题拥有审判权。结果，受到批评的竟然是普雷斯科特，因为她被认为使用了指控对方性行为异常的复杂术语。[80] 就这样，在被指控欺骗顾客后，这位小贩作为零售商的诚信，与她作为贤妻的身份一道毁于一旦。一直到 18 世纪，多数类似的争执都发生在户外，发生在邻居、路人的众目睽睽之下，这让街道成为评判双方身份、道德的角斗场。[81] 女性街头小贩要在公众的目光中工作，时刻接受灼烫的审视，她们的名誉很容易遭受没来由的质疑。

针对她们的骚扰不仅停留在言语上。1735 年 1 月的一个夜晚，格蕾丝·朗正坐在坦普尔栅门附近售卖牡蛎，这时，一个名叫伊万·爱德华兹的男子从附近的魔鬼酒馆（Devil Tavern）走出来，招呼她过去。接着，爱德华兹问她，能否一起度过这个夜晚。在遭到她的拒绝后，爱德华兹把她的牡蛎扔到了街对面。最后，朗回到了自己位于圣吉尔斯的地下室，没想到到了第二天早上，爱德华兹一口咬定，这位牡蛎小贩窃取了他的银表和金戒指。日后的审判报告并没有给出整件事情的全部经过，但报告的言外之意显然是在暗示，这位天黑以后仍然在这片因贫贱、犯罪而为人熟知的地区游荡的小贩，实际上是在做不正当交易。[82] 不论朗是不是真的这么做了，在街上徘徊的女性总是会像这样被视为可疑的对象。就算她们把食物带进室内，也未必会让自己的处境变得更加安全。曾有另一位牡蛎小贩受邀来到新门大街的一家酒馆，服务里面的顾客。孰料，她被带进了一个有三名男子的房间，三人关上房门后威胁她，如果叫喊就杀了她。随后，她被这三个暴徒强奸了。[83]

上述骇人听闻的案例，是街头小贩可能遭遇的最糟糕的情形。尽管这似乎并没有让他们望而却步，但很明显，他们中的那些沿街叫卖食物的妇女、女孩，一直暴露在极大的风险之中。街头小贩还陷入了所有街边摊贩面临的困境，他们在公路上的立足之地从来都不是完全稳定的。虽然他们获准在特定的地点售卖食物，这种行为的背后却并没有任何法律依据，而只是依赖于居民、街头小贩、管理机构之间的自发协调。有些时候，小贩们甚至会为了争夺一小块地盘而争执不下。1609 年，圣克莱门特丹麦人教堂（St Clement Danes）所在教区的两位蔬菜商贩，威廉·道森和琼·格兰杰，因为其中一人招待了对方的顾客而产生了口角。当道森让格兰杰“看好自己的教区”时，格兰杰当场反驳说，这条街道“对于她和道森是一样开放的”。[84] 到了 18 世纪，凯瑟琳·拉塞尔在金融城的一位市政官面前，指控弗朗西斯·邓普西袭击了自己。这两名女性都在齐普赛街经营水果摊，后来大打出手。[85]1887 年的平安夜，菲利普·科恩试图在砖巷停放他的手推车，为此遭到了一顿殴打。原来，另一些小贩为了占一个好位置，整宿整宿地待在那里，可是早上 5 点才过来的科恩强行挤进了队伍。他们争了起来，引来了一名警察的介入，科恩则被人掐住了喉咙。随后在法庭上，科恩得到了一个“擅自闯入者”的标签。[86]

三个世纪以来绵延不断的冲突一再提醒我们，多数情况下，小贩们对街道的占用是基于习惯的，是临时性的。他们不仅要忍受恶劣的天气、颠簸的路面、川流不息的车辆，还要竭力捍卫自己在路边稍作停留、暂时售卖食物的权利，而他们的这点权利随时都可能受到质疑。小贩们也许会动用与所有权、传统相关的宏大字眼，来包装自己的主张，可是，一旦他们的存在受到竞争对手、不满的邻居，甚至是执法人员的挑战，他们就再也没有什么别的东西可以依靠了。

第八章　麻烦事儿

时不时地，街头小贩会被带上伦敦治安法官的法庭受审。根据不同的时代背景，这样的法庭，可能设在令人生畏的布莱德维尔宫的监狱，那座都铎王朝的宫殿日后被改造成了感化院；可能设在金融城市政厅（City's Guildhall）和伦敦市长官邸（Mansion House）的专用会议室，此地位于乔治王朝时期的伦敦市中心，市政官们和市长就是坐镇这里对轻罪案件作出裁决的；可能设在遍布大都市区的警察法庭中的某一座，这些法庭从18世纪晚期开始，成为伦敦的第一级司法机构。[1]在这个层级的司法系统中，治安法官无须等待陪审团的冗长审判，就可以独立完成裁定，故而，当年的记录普遍不够完整，而且常常失之简略。每当小贩陷入麻烦，我们往往缺少他们这一方的说法。不过，就留下了报道的不少案例——如玛格丽特·萨德勒被指控在夜间卖苹果，简·穆尔塔形迹可疑地去桥上卖牡蛎，约翰·克劳瑟到国王十字车站附近卖坚果，用手推车堵住了路口——来看，我们能感觉到，长官大人们并不急于给出结论。[2]他们似乎掂量过手中的证据，在执行金融城和国家的法律的同时，也兼顾了社会各界对公共秩序和公平原则的理解。萨德勒、穆尔塔、克劳瑟以及他们之前和之后的众多街头小贩，在承诺永不再犯后，仅受到了警告，接着便被释放了。

他们本来要面临更严厉的处罚，可能导致这一点的原因有很多。街头小贩的确违背了市场的传统交易原则，这些原则在英国首都早期的经济活动中占据核心地位。他们停驻在本该保持畅通的交通道路上。他们还与无家可归的流浪汉、游手好闲的放浪之徒纠缠不清，而这些人会让市政官、法官绷紧神经。作为伦敦现代化进程中的一部分，我们也许会预期，城市的管理者会对他们这些越轨者采取更为强硬的姿态。16 世纪末至 17 世纪初的历史学家，就曾描述过当局对非法零售商的严厉打击。[3]然而，后来的学者们探讨的是，政府对小贩及其交易市场的反应如何暧昧不明，在最好的情况下，政府给予了他们自由，在最坏的情况下，政府也只是放任他们游走于法律监管的真空地带，对其不管不问。[4]有关监管的问题之所以重要，是因为从根本上讲，它们关乎国家的政治和权力。它们揭示了街头小贩与当局的关系，反映了街头小贩在伦敦社会中的地位。在当今世界，这些问题仍然至关重要，纽约、德里、曼谷彼此之间截然不同，但相同的是，街边摊贩在当地的处境全都岌岌可危，他们依旧会遭到骚扰、驱逐和逮捕。

把目光拉长，重新回看这些问题，会让我们在审视伦敦对街头售卖的监管时，获得新的视角。诚然，在三个世纪的漫长时间里，小贩们曾经被治安官殴打，从聚集地被赶走，被迫缴纳罚款，甚至被监禁数天或数周。可是，伦敦的管理者从来没有完全禁止街头食品售卖。相反，他们只是试图监管街头小贩的交易方式。这样的监管力度较轻，除非邻居投诉，或者小贩在城市特定区域的交易造成了具体问题，否则他们并不会采取激烈的干预措施。街头小贩遵守的规则，大多没有成文的法律依据，而依赖于市政官、治安法官、警察的酌情处理。这是一种精巧的平衡术，它伴随伦敦的扩张而持续存在，直到 20 世纪临近，才发生了决定性的转变。

货郎的宪章

街头售卖历经了长达 300 年的鼎盛时期，它的开始与结束，以两次具有里程碑意义的法令颁布为标志：一是 1612 年，金融城的市政议会（City's Common Council）颁布了一项法案；二是 1867 年，英国议会一连通过了两项法案。前者被视为伊丽莎白时代晚期至斯图亚特王朝早期，伦敦尝试限制小贩的司法措施的顶点，而后者引发的轩然大波则表明，小贩在维多利亚时代的街道上举步维艰。在把两则插曲归并起来，将其置于街头售卖的漫长历史背景之下后，我们便可以从另一种角度展开思考了。综合来看，这两起事件表明，只要食品小贩被认为行为得体，英国首都的管理者就乐于对他们放任自流。

1612 年之前的几十年间，伦敦处于一段紧张时期。反复暴发的瘟疫，连同被公认日益猖獗的流浪、犯罪现象，共同营造了一种伦敦濒临崩溃的普遍感受，虽然事实上，这座城市从未真正失控。连绵不断的恶劣天气和糟糕的收成，导致食品价格飙升，加剧了市场的焦虑氛围。[5] 为了满足日益增长的城市人口的食物需求，为了保持民众的幸福感，金融城的市政官试图加强旧有的市场体系，这套体系旨在将买卖活动限制在固定的时间和地点。相关的法案细则批评“贩子、小贩、讨价还价者、游荡者”在“街道上走来走去”，赋予了市政官们拆除为街头交易而搭建的摊位、桌子、凳子的权力，并且规定，对被抓现行者处以巨额罚款。[6] 小贩们成了现成的“替罪羊”。接下来，伦敦避免了席卷英国大多数地区的多次粮食骚乱，但是发生在城内最著名的一次暴乱，却将矛头指向了街头小贩。1595 年 6 月的一天，数十名学徒来到比灵门鱼市，打算为他们的主人买鱼，却发现大部分鱼已经被一些女小贩买走了。学徒们随即煽动人群，一路追赶那些女小贩，直至追到河对岸的萨瑟克区，最后强迫她们把买走的鱼交了出来。[7]

市政官们尝试了多种方案来控制女小贩的活动，包括限制她们在全市的人数。[8]1612 年 3 月，这方面的努力达到了高潮。当时，在伦敦鱼贩们的施压下，金融城的市政议会通过了一部截至当时最具实质意义的法案。法案的开篇是一段措辞激烈的序言，对“为数众多且各式各样的滥用与扰乱行径”予以声讨，这些行径是由“队伍庞大、人数过多的男子、妇女、寡妇、少女所犯下的，一直以来，他们被容忍和允许在街头携带和运送牡蛎、鱼、水果、根茎类食物和其他食品”。法案的 19 则子条款详细规定了严格的规章制度。每个选区的市政官都要甄选出辖区内值得信赖的街头卖家，这些小贩必须年满 30 岁，而且是金融城自由民（从属于某个行会或同业公会，享有选举权的伦敦市民）的妻子或寡妇。被选中者的名单由布莱德维尔宫的司库负责保管，其会向这些妇女发放锡质徽章，每个人要为自己的徽章支付 6 便士。交易的时候，小贩们必须“以醒目的方式”佩戴徽章，同时遵守其他额外规定，包括不得在比灵门市场的周边街道上售卖，只能提供质量上乘且经过准确称重、测量的食品。违规者会面临没收货物、吊销徽章和 24 小时监禁的风险。未获执照贩卖食品的行为将被一律禁止。[9]

由于证据不足，我们很难了解新法案的执行力度到底有多大。布莱德维尔法庭在法案刚出台那段日子的庭审记录没能保存下来，但是等到庭审记录再次出现时，我们并没有看到涉及小贩的案件数量出现激增。[10]我们已经知道，市政官们确曾尝试过让这套司法体系运转起来。不久后，他们就指示皇家铸币厂（Royal Mint）的首席雕刻师制作徽章，还命令治安官、巡夜人参照“新近制定”的法案，逮捕未到年龄因而违反规章的街头小贩。[11]半个世纪以后，这部法案仍然提供了重要的参考依据。在17世纪60年代发生的那场围绕比灵门市场使用权的争论中，市政官们又一次下令重新印刷该法案，制作新的徽章，每枚徽章一面印有零售商的名字，另一面印有金融城的城市纹章。[12]发放执照的权力此时转移到了伦敦的太平绅士（justices of the peace）手中，在随后的几十年里，他们收到了很多份来自女性的请愿书，要求认可她们的工作。[13]但整件事情最重要的遗产是法案确立的原则：食品小贩只要遵守市政官的指示，就可以继续上街售卖。

发放执照，并不会给所有街头小贩带来好处。1612年的法案，将有资格佩戴徽章的人与没有资格佩戴徽章的人区别开来。当今研究街头售卖现象的社会科学家们业已证明，获得执照或加入工会的商贩，可能会像过去的行会一样，去排挤那些没有注册的人。一旦获得机会，多数小贩最终都会选择付钱购买执照，但也总会有相当数量的人，出于自愿或被迫，仍然选择待在隐蔽的角落，哪怕面临被起诉的风险。[14]到了 17 世纪，伦敦金融城公司还为搬运工、板车夫、出租马车夫引入了执照。[15]要把执照分发给小贩，可不是一桩容易办到的事。与其他行业不同，街头售卖这一行没有固定的形式，也没有成立自治机构来监督小贩的生意，这可能是因为他们中的多数人是女性。到 17 世纪末，发放执照的想法终于还是被放弃了。1696 年至 1697 年，英国议会又通过了一项法案，要求全国范围内的流动零售商支付 4 英镑的费用，如果他们使用马匹或其他动物，还需要额外支付 4 英镑。新出台的法案明确规定，其要求不适用于销售鱼、水果或任何其他食品的人。[16]从那一刻起，伦敦的街头小贩，无论他们是谁，都获得了可以交易的默许。

这种情况持续到了 19 世纪中叶，直到 1867 年发生了一起令人震惊的事件。在那一年的年初，当英国议会准备采取行动，应对似乎每年都在恶化的交通拥堵问题时，食品小贩的议题还并不是讨论的中心。在向上议院的一个委员会就一项可能通过的法案提供证据时，伦敦大都市区警察局（Metropolitan Police）的局长和他的金融城同僚们，都没有把街头售卖当成一个要紧的问题。[17]到了这一年的暮夏时节，虽然《大都市街道法案》获得通过，但其中的条款也还是没有在任何地方明确提及街头小贩。不过，这项法案的第六条条款规定，不得将任何货物放置在街道上，给过路的行人造成不便，如果必须这么做，时间上不得超过装卸货物所需的正常标准。《大都市街道法案》于当年的 11 月 1 日正式生效，之后违规者将面临最高 40 先令的罚款。[18] 街头小贩可能并不在这项法案设想的打击目标之列，但假如法案的宽泛措辞得到了严格执行，他们的生计自然会受到威胁。

至于新法案中与叫卖相关的条款，与早些时候处理阻碍行为的规章制度并无太大不同。而且，逮捕的人数也并未随着新法案的出台而陡然激增。在新法案生效的前一周，警察向帕丁顿附近的街头小贩发出了通知，但七天过后，这些零售商依旧在当地和伦敦其他地区，推着他们的手推车照常扎堆儿出街。[19] 然而，社会各界却普遍担心，该法案会危及伦敦街头售卖活动的未来。整个 11 月，在本地商人、牧师的支持下，小贩们四处呼吁召开会议，应对危机，他们挤满了斯特普尼、白教堂的学校教室，以及皮革巷的马头（Nag's Head）酒馆等饮酒场所。[20] 一个来自伦敦东区的街头小贩代表团，还造访了内政大臣加托恩·哈迪（Gathorne Hardy），警告他说，成千上万名小贩及其家庭正面临穷困潦倒的风险。哈迪告诉请愿者，他无权暂停这项法案的实施，并表示，关于法案第六条条款的有害影响的意见，本应在议会审查期间及时提出。他仅承诺，会要求警方在执法时表现出宽容的姿态。[21] 同时，这项法案也遭到了各个政治派别的报纸社论的抨击。《标准报》对其所谓的“拙劣条款”表达了极为严厉的不满，谴责这部分条款旨在置街头小贩于死地，该报将街头小贩称为“公众的服务者”（servants of the public），认为他们对于养活劳动阶层而言，“此时此刻不可或缺”。激进派的报纸《雷诺兹新闻》（*Reynold's Newspaper*）更是抛出了《穷人的大饥荒》（*The Wholesale Starvation of the Poor*）这么一个耸人听闻的标题，预言了一个寒冷且不景气的冬天的到来。[22]

政府被迫做出了回应，一方面，要对当年早些时候在海德公园发生的大规模抗议活动保持警惕；另一方面，还要竭力避免在当下激怒那些刚刚被 1867 年的《改革法案》赋予选举权的城市居民。11 月 21 日，内政大臣哈迪提交了一项新法案，而到了 12 月初，距离第一项《大都市街道法案》正式生效仅过去了一个月，议会便通过了该法案的修正案。修正案内容简短，开宗明义地指出，第一项法案的第六条条款“不适用于货郎、街头小贩或流动商贩，只要他们按照警察局局长不定期制定的章程来经营业务”。[23] 两年后，这些章程正式面向社会公布。

然而，修正案并未得到所有人的认可。一些教区委员会和城区工作委员会敦促警方和内政部，在监管街头小贩方面采取更加果断的行动，或者至少允许它们出面，亲自清理小贩。19 世纪 90 年代，有两起案件涉及被指控阻塞街道的非正规零售商，它们先是由霍尔本和圣玛丽·纽因顿（St Mary Newington）教区的地方当局提起诉讼，而后在上级法院完成了裁决。法院判定，修正后的《大都市街道法案》取代了之前颁布的涉及小贩的相关法律。这意味着，城区级别的管理机构无权驱赶他们，除非他们违反了警方的规定。在一份备忘录中，大都市警察局将 1867 年底出台的第二项法案称为“货郎的宪章”（costermongers' charter），并引用了法院的裁决。[24] 这是历史上，伦敦第一次在法律层面，将神圣不可侵犯的经营权赋予了食品小贩。

无论是维多利亚时代的法制建设，还是金融城向街头小贩颁发执照的早期尝试，都表明在多数情况下，叫卖食品的行为被允许继续存在下去。从这种更为积极的视角去解读这两则插曲，有助于我们理解那段看似矛盾的历史。在过去的几个世纪，英国首都的任何一座法庭都极少因为单纯的食品销售行为而起诉街头小贩。且让我们以 17 世纪前 10 年这个世事纷乱的时期为例，来说明这一点。在那段时间，只有 31 位被认定为食品小贩的男性从业者和女性从业者，曾经出现在布莱德维尔宫感化院的院长法庭上。超过一半的案件，仅一笔带过地提及被告在销售食品，通常而言卖的是鱼，其他案件则主要是在指控被告性行为不端、酗酒和流浪。[25] 即使考虑到法庭记录只显示了被捕者中的一小部分，这个人数仍然非常有限。再后来，每 10 年间出庭受审的小贩人数更是进一步减少到了寥寥数人。[26]

市政厅方面的情况也与之相似，从 17 世纪晚期开始，大多数工作日，市长都要坐定在那儿，花上好几个钟头审理案件。[27] 市长每年要审理的案件多达数百起，可是每年出庭的小贩却不足 10 人，而且其中的大多数案件还涉及其他罪行。[28] 这种情况一直持续到了 18 世纪中叶，市长的法庭发展成了两座审判室，分别位于市长下榻的官邸和办公的市政厅，市长在官邸主持审判，市政厅那边则由市政官们轮流出任治安法官。[29] 一些水果小贩、推车小贩偶尔会被传唤，但指控他们的罪行，往往是在人行道上推车、阻塞通道、违反了安息日的歇业规定——而不是因为他们向广大市民提供了吃食。[30] 在整个这一时期，伦敦的各个选区、教区也有权处理小麻烦的制造者，勒令他们在住户年会上缴纳罚款，乃至指示官员驱逐他们。但从留存至今的史料来看，只有当小贩在特定的地段，像是皇家交易所外的康希尔地区、舰队街毗邻伦敦西区圣邓斯坦教堂的一段要道，进行非法交易活动，并且酿成了严重的后果时，这些地方机构才会真正采取行动。只要不太出格，一般的食品叫卖行为不会引起他们的注意。

伦敦街道活动的监管，受到了管辖权分散、重叠等问题的困扰，这些问题同样影响到了铺路、照明等公共事务。随着时间的推移，伦敦的警务工作变得更加严密。1700 年之前，大部分警务工作都属于兼职性质的临时差事，治安官、处理轻微违法行为的教区差役、晚间巡逻的守夜人，都由附近社区的普通居民轮流担任。金融城率先推行了更为广泛、有序的警务系统，但是在伦敦金融城公司的管辖范围之外，一些威斯敏斯特的教区也展现出了这方面的主动性，其中圣詹姆斯·皮卡迪利教堂（St James Piccadilly）和圣乔治·汉诺威广场教堂（St George Hanover Square）所在的教区委员会，还在 1735 年率先得到了议会法案的许可，获准征收税款，以支付晚间长期工作的巡逻人员的薪俸。[31] 鉴于反天主教的戈登暴乱（Gordon Riots）在人们的脑海里记忆犹新，社会各界对犯罪的恐惧仍然在不断发酵，最终，议会在 1792 年通过了《米德尔塞克斯太平绅士法案》（Middlesex Justices Act）。依据该法案，七个全新的公共事务办公室得以创建，每个办公室配备了三名领取薪俸的治安法官和六名治安官。这些治安官不再成群结队地巡街，而是负责调查犯罪，并将嫌疑人带至治安法官面前受审。[32]1829 年伦敦大都市警察局的成立，标志着集中化管理的又一次巨大飞跃。新组建的警务力量由两名局长负责领导，下设多个部门和小队，全职警察分为警长、督察、警士、治安员等多个级别。如今，警察昼夜不停地开展巡逻，在维护街道的安宁与秩序方面拥有了更广泛的职权。[33] 不仅如此，伦敦的治安法官制度也在发生转变，过去的业余法官队伍开始被专业的律师团队替代。1792 年组建的若干个公共办公室，变成了“警察办公室”，再后来又改换名头，变成了“警察法庭”。到了 19 世纪 50 年代，整个伦敦大都市区已经拥有了 13 座警察法庭，这也预示着，今天我们还能看到的治安法庭正在浮出水面。[34]

即使是在司法、警务机关职权扩张的情况下，街头小贩的买卖在很大程度上依旧没有受到干涉。为了系统地研究警察法庭，我查阅了几家报纸的数字档案，这些档案报道了当年警察法庭的审理过程，在 1816 年至 1900 年这一时间区间，我总共找到了 868 起案件，案件详情既涉及男性从业者，也涉及女性从业者，他们都被描述为“货郎”，而且被列为被告。鉴于每座警察法庭每天最多只有几起案件被报道，而所有警察法庭每年审理的案件累计多达 10 万余起，我们很难确定这里选取的样本究竟具有多大的代表性。[35] 但它已然确定无疑地揭示了一则事实，那个时代的食品小贩卷入了我们能够设想的伦敦穷人可能受到指控的全部罪行，从危险驾驶、醉酒，到盗窃、袭击和谋杀。他们被指控在街头制造混乱，有人在周日叫卖食品，有人引诱顾客参与赌博，还有人用货摊、手推车堵塞了道路交通。但是，当中没有一个人是因为单纯售卖食品而受到传唤的。[36]

认为治安官、警长与街头小贩处处作对的观点，很大程度上来源于亨利·梅休的描述，他讲述过发生在街头小贩与警察之间的“持久战”。[37]此外，这种存在于人们的刻板印象中的紧张关系，也体现在某些报纸的报道中，我们在报端看到了小贩袭击警察的案例，也看到了失控的治安官用警棍暴力殴打街头小贩，掀翻他们的手推车，把萝卜等好端端的食物扔到泥地里的恶劣情节。[38]虽则如此，还是有更多的证据持相反的立场。总体而言，警察在监管街头小贩时，通常不愿意做得太过分。1839 年出台的《大都市区警察法案》（Metropolitan Police Act）赋予了警务人员广泛的权力，允许他们采取措施，打压饮酒、赌博等工人阶级文化中的阴暗面。可是，在街头交易等问题上，警方的态度却尤为谨慎，这可能是因为任何时候，在街上巡逻的警察人数都少之又少（到 19 世纪中叶尚且不足 1000 人）。[39]

负责监管街道的警务人员，在处理食品小贩时拥有很大的自由裁量权。在被移交法庭之前，街头小贩可能会遇到来自金融城、选区、教区或者大都市警察局的警察，这些警察可以责令他们离开，也可以没收他们的货物和工具，甚至还可以把他们推来搡去，决定是否实施逮捕。诸如此类的街头层面的监管工作，在历史记录中几乎没有留下痕迹。[40]17 世纪至 18 世纪，越来越多的违法行为被交由独自坐堂的治安法官粗枝大叶地处置，他们有时候端坐在布莱德维尔宫、市政厅等正式场所秉公执法，有时候委身于酒馆之类的市井之地赏善罚恶，不经审判便动用刑罚，抑或撤销指控。[41] 与叫卖有关的违法行为，如妨碍交通和在周日偷偷交易，多半都是以上述方式走完了审理流程。

而在实践中，这也意味着治安法官能够酌情考虑案件的背景，在实施惩罚时保持灵活性。收到传唤、被要求回应多项指控的食品小贩，即使不具备正规经营资质，也常常被无罪释放。1732 年 10 月，托马斯·拉塞尔被带到了市长面前，他被一名治安官指控，罪名是“在街上作为小贩售卖兔子和其他家禽”。拉塞尔承诺不再犯案，接着便获得了释放。[42] 即使到了 19 世纪，在审判制度逐步告别粗陋，开始向着标准化程度更高的阶段演进之际，治安法官仍然可以独立完成裁决，调解诉讼双方的不满，就案情的是非曲直发表高见。而现实中的他们经常会站在街头小贩一边。1867 年 12 月，在处理一起针对阻碍交通的小贩的诉讼时，威斯敏斯特警察法庭的治安法官选择把议会近来的动荡局面当作话头，由此开启了他的高谈雄辩。“立法者的初衷绝不是要阻止小贩到街上做生意，”他指出，“站在街上，推着手推车，但并未造成交通堵塞，这在法律上并不构成犯罪。”[43]

坏了名声的可怜人

这并不意味着街头小贩能够免受猜疑。假如治安法官、地方官员和警察感觉到，眼前的街头小贩心怀不轨，他们就可以选择介入。尽管街头小贩作为零售商，确实对社会的运转多有裨益，但他们也被普遍认为，与都市社会中最声名狼藉的坏分子混迹在一起。17 世纪，唐纳德·卢普顿、奈德·沃德等作家笔下的鱼婆，被刻画成了喝大酒、爱骂人、动辄数落男性的形象，这显然偏离了时人对于女性的期望。1797 年，帕特里克·科尔克洪（Patrick Colquhoun）在他那本论述伦敦警务工作的专著中指出，数以百计的男女从业者假装自己是“水果小贩”“驴车夫”，是捣鼓兔子、鱼、水果的卖家，可实际上，他们是小偷和造伪币的地下贩子。[44]在介绍其《伦敦的劳工与伦敦的贫民》一书已出版的部分卷册时，梅休解释道，他试图揭露“城市和郊区的流浪者”这一阶层，街头小贩正是这一阶层的组成部分，在他们的身旁，还有扒手、乞丐、出租马车夫和街头艺人。[45]

早些时候，有的女性街头小贩会被指控从事性交易。在1603年1月布莱德维尔法庭的书面记录中，艾格尼丝·宾克斯被标记为“卖鱼妇”，但针对她的指控是一名追求欢娱的男子“了解和使用了她的身体”。[46]另一位鱼婆伊丽莎白·菲利普斯被描述为“夜游者”，回到17世纪初的历史语境下，这是指代在晚间做出堕落行为的暗语。[47]布莱德维尔感化院的院长们除了负责向街头小贩发放执照，还是金融城监管性交易的排头兵。[48]到了19世纪末，街头售卖与性交易之间的关联似乎有所松动，但仍有一批处于类似境况的女性，要依靠这种艰难的方式来养活自己。[49]

另一些观念更加难以改变。对于市场中、商店里、街面上出售的商品的质量，伦敦的管理者一向忧心忡忡。依照1612年颁布的《执照法案》规定，小贩必须遵守的一项规则，便是承诺只出售“对人体有益”的食品。我们在这方面看到的最古老的指控之一，就是声称牛奶小贩往他们的奶桶里掺了水。1798年，约翰·米德尔顿在对米德尔塞克斯郡的农业生产的调查中，详细描述了这一造假的过程。他声称，大多数谷仓都装有一个特殊的泵，因其漆成了黑色而被称为“有名的黑奶牛”（famous black cow），小贩们“不是偷偷摸摸地，而是堂而皇之地”从这个泵里往牛奶中掺水，只要他们乐意，想掺多少都行。没有泵可用的人，干脆直接用他们的奶桶从牲口的饮水槽里舀水，又或者是在放牧奶牛的时候，围绕一旁注满了粪水的溪流琢磨歪点子。[50]到了19世纪，随着乳品行业的体系架构日趋繁杂，在掺水现象仍然广泛存在的同时，其他掺假行为也相继滋生，比如倒入面粉增稠、添加石灰增白、使用人工色素把牛奶从淡色变成奶油般的金黄色等。[51]乳品行业已经渐渐发展为一个错综复杂的庞大行业，有大批以街头小贩为代表的中间商涉足行业运转的各个环节，这为欺诈行为的乘隙而入提供了大量机会。

出售质量不合格的食品，是街头小贩被带上警察法庭的常见原因之一。一些存在问题的商品，如“腐烂到通体变得绿油油”的鱼（小贩们苍白无力的辩解是，油炸鱼店里卖的鱼也好不到哪里去），光是听上去便已委实叫人感到恶心。[52]可是，把劣等的鱼、水果、蔬菜卖出去，恰恰是街头小贩的拿手好戏。1897年，伊斯灵顿的卫生检查员指控埃塞克斯路上的小贩约翰·赫利出售劣质的梨子和鹅莓，他亲眼看到，几个不懂事的孩子走近赫利，提出要买一些“花一点钱就能买得到的带斑点的水果”。听到这话，赫利从他的摊位下方推出了一个箱子，里面装的是些已经外表受损，但也说不准能不能食用的水果。因为卖给了顾客他们想要的东西，这位小贩被罚款5英镑。[53]

人们普遍相信，街头小贩会用蒙骗的手段掩盖商品的瑕疵。梅休既为自己的发现感到高兴，又惊讶得目瞪口呆，他滔滔不绝地列举了货郎们擅用的种种诡计：把橙子煮一煮使其膨胀起来，掺杂不同品质的樱桃，还有往容器的底部填充卷心菜叶等废弃物。[54] 从警察法庭的记录中我们得知，上述手段中的一些确实被使用过，其中最常见的，就是在商品的重量和尺寸上动手脚。一位在卡姆登镇卖葡萄的小贩把他的秤倾斜放置，使得每磅水果的实际重量比他声称的重量少了 1.5 盎司。[55]1842 年，金融城的一名警察在市政厅出庭做证时回忆道，他曾调查过一位樱桃小贩的秤，发现那台秤上有被挖空的洞，洞内偷偷填塞了软木塞，并且涂上了漆。[56] 不过，这个问题不局限于街头。围绕市面上商品的重量和尺寸，当年曾举办过一些性质特别的听证会，在会上，小贩们被点名羞辱，但他们并不孤单，陪伴他们的，还有那些被认为理应更加正直可敬的商店主和市场上的生意人，二者也和小贩们一道沦为批判的对象。

另一项针对街头小贩的更为具体的指控，是组织赌博。从 17 世纪晚期开始，米德尔塞克斯郡的太平绅士多次下令，指示治安官逮捕那些推着装有牡蛎、橙子、苹果、坚果的独轮车沿街叫卖的小贩。这些小贩会携带骰子，引诱顾客用他们购买的商品来下注赌博。[57] 独轮车底部平坦，两侧凸起，简直是完美的便携式赌桌。1693 年 2 月，被描述为“独轮车夫”的约翰·哈姆斯因为“携带骰子和弹珠”，被带到市长大人面前受审。[58]这正是伦敦的各种市民团体为了压制他们心中的不道德行为——如谩骂、赌博——而频繁采取激进行动的时期。出于强烈的宗教信仰和对大都市社会陷入混乱的恐惧心理，一连串自称致力于“移风易俗”（reformation of manners）的改革运动爆发了，运动参与者们对数以万计的、大多贫困潦倒的本城同胞提出了指控。[59]然而，街头小贩并没有因此就放弃对其设备、存货的创造性利用。进入19世纪，街头小贩还是会用椰子壳来摇骰子。[60]另外一种玩法简单且长期流行的游戏，是抛硬币赢馅饼。顾客会付1便士给街头小贩，让他抛硬币。如果玩家猜对了正反面，就能得到一个馅饼；如果猜错了，小贩就可以把钱揣进自己的兜里。[61]

道德领域的改革者们也对周日发生的交易活动感到忧虑。市集的举办日期、营业时间等方面的规定都限制不了小贩，因此他们很容易成为被起诉的对象。早在很久之前，街头小贩就因为在周日叫卖牛奶、水果、小麦，被传唤至布莱德维尔宫的法庭接受审判了。[62]尽管在伊丽莎白时代，还有随后的斯图亚特王朝早期，这座城市已经确立了相应的规章制度，限制安息日的工作和喧闹，但以17世纪晚期为分水岭，此后，有关周日营业的指控似乎还是与有关赌博的指控一样，出现了数量的持续攀升。[63]每当教区委员会指示他们的官员清场，驱散教堂庭院里贩售橙子和其他东西的小贩时，骚乱便可能随之发生，这常常是在周日做礼拜的时间前后。[64]

到了19世纪，周日的食品销售变得更具有争议性了。1850年，在英国议会的一次委员会会议上，被召集来的委员就是否需要制定新的法律展开了商讨，一位理发师在会上描述了周日早上11点的白十字街的场景。他声称，有超过130家店铺、摊位照常营业，将整条街道变成了“人头攒动，从烤肉到标价半便士的馅饼，到处叫喊着买买买”的热闹景象。前往不远处的圣路加教堂做礼拜的人们，不得不绕道而行。[65]看着眼前的这一幕，伦敦大都会警察局却并不愿意介入，警察局的高层官员刻意淡化了周日街市的混乱程度，还警告说，没收小贩的商品，可能会引发激烈的反抗。由于大量伦敦工人是在周六晚上领取工资，他们的家人不得不在周日购物。[66]委员会谨慎行事的做法是正确的。1855年的初夏，一项旨在禁止除了极少数豁免情况外的所有周日交易的议案被提交给了英国议会。接下来的几个周末，抗议者们挤满了海德公园，争相表达他们的愤怒，最后与警方发生了冲突。议案最终被撤回了。[67]直到维多利亚时代行将结束之际，食品小贩仍然会因为查理二世时期颁布的《周日交易法案》（Sunday Trading Act），时不时地遭到起诉，那部17世纪的旧法案，早已与城市生活的实际情况格格不入。在哈默史密斯区的警察法庭，一位因周日交易而被起诉的未具名的松饼小贩，为自己的所作所为辩护道：“我们现在生活的时代，不是亚当和夏娃的时代，而是文明的时代。”然而，治安法官并不同意他的观点，坚持对他处以罚款。[68]

关于周日交易的投诉，典型地反映了彼时的首都当局处理大多数街头贩卖问题的方式。伦敦的市政官员和警方从未出台过全面压制小贩活动的政策，而只是就事论事地对来自个人和社区的具体指控做出反应。在应对的过程中，首都当局采取了折中的做法，既要解决投诉者的担忧，又要维护街道的秩序，同时还要让贫困的伦敦人得以维持生计。

如今位于老维克（Old Vic）剧院与南华克车站之间的新街，是其中一处被认为周日交易过于喧闹的街头市场。1871年12月的一个早晨，兰贝斯的教区委员会派遣了一支身着统一制服的监察员队伍，负责处理扰民的问题，监察员们由20多名警察提供保护，要求街头小贩撤走他们的摊位。表示拒绝的小贩被记下了名字，接下来将面临传唤和指控。[69]在南华克警察法庭的一名治安法官，将针对这48位街头小贩的诉讼程序延期后，教区委员会在当年1月召开的第一次会议上，就收到了三封关于此事的请愿书。其中的两封，来自赞成强制设置休息日的店员和商人；第三封由250位小贩和2000多名伦敦居民联名签署，表示支持街头小贩。教区委员会经过投票后决定妥协，承诺假如摊主们能在每周日 10 点半以前离开新街，就撤销指控。[70] 这或许是一个信号，透露了双方的“停战”无法长久，次月，治安法官便在一起具有代表性的判例案件中处置了两位货郎，对两人处以罚款。[71] 兰贝斯的街头生意人随即展现出了他们的组织能力和法律意识，他们向英国高等法院的王座法庭（Court of Queen's Bench）提交了申请，要求法院做出裁决，迫使地方当局拿出确凿的证据，证明他们这些人是所谓的新街问题的祸因。王座法庭的庭长（Lord Chief Justice）拒绝了这一请求，称无论周几，小贩们都在造成阻碍。[72] 回到南华克的冲突一事上，余下的被告也都一一被处以罚款。治安法官坚持认为，教区委员会的表态体现了“极大的仁慈”，10 点半以前离开的协议是“合乎情理的”。[73] 随后，一家报纸报道了 7 月底，该报记者在某一座周日的街头市场看到的场景：到了交易截止的时间，现场“充斥着漫天的不满和牢骚”，但大多数小贩还是不得已搬去了附近的其他地方。当天下午，一群人聚集在某位呼吁安息日关店的商人的店铺外，对他的“虚伪”行为“报以嘘声和抱怨声”，直到店主拉下了卷帘门。[74]

兰贝斯事件契合了一种模式。一开头，当地有名望的居民会施压于地方官员，呼吁对行为不端的商贩采取行动，这些商贩被指控从事赌博、欺诈等违法活动，抑或破坏了周日的宁静。警官和治安法官对此犹豫不决，不肯介入。最终，迫于压力，当局不得不做出决定，但通常而言，小贩们只需要遵守若干限制条件，就可以获得准许继续营业。这种情况将一直持续下去，直到他们再一次遭到指控。而一旦官方出现过激的反应，又会引发街头小贩和伦敦城内那些依赖他们的工人阶级、中产阶级的强烈抗议。

妨碍自由通行

对小贩最简单的指控，就是声称他们堵塞了道路。17 世纪初，金融城内出台了不少针对流动商贩的管理条例，其中，针对他们的摊位阻挡了市民门户的条例，与针对他们不恰当的售卖行为的条例相比，数量上几乎旗鼓相当。等官方市场在伦敦的街道上投入运营后，交易层面的管理便和城市空间层面的管理紧密地交织在了一起。[75] 在被唤作“方里小地”的金融城之外，直到 19 世纪中叶，还没有出现统一的大都市管理机构，因此像堵塞道路这样的问题，大多被交由地方当局自行处理。教区、选区和其他管辖区域的记录，只有部分留存至今，但存世的有限记录业已表明，伦敦居民积极地管理着居住地周边的街道。[76]

在整个伦敦大都市区的辖区范围内，这些权力最后通过议会法案的形式得到了正式的确立。1817年颁布的法案——俗称《迈克尔·安杰洛·泰勒法案》(Michael Angelo Taylor's Act)——罗列了一长列妨害道路交通的行为和障碍物，在人行道和马路上放置篮子、手推车、木板等，都在法案中有明文提及。倘若违法者在被要求离开后不照做，他们将被传唤至治安法官面前，处以最高5英镑的罚款，他们的工具、牲畜会被扣押，带去街上出售的易腐食品则会被分发给当地的穷人。[77]1839年出台的《大都市区警察法案》，先是列举了大量其他可处以高达40先令罚款的街头违法行为，接着又在第五十四则条款中，将矛头指向了使用手推车、板车、手拉车的人。按照这项法案的规定，他们的驻留时间不得比装卸货物所需要的时间更长，此外，他们也“不得故意阻挡任何公共通道，或是故意在任何道路造成堵塞”。[78]上述法律条文共同构成了一张天罗地网，足以轻而易举地捕获以身试法的小贩们。

虽则如此，是否执法却是另一回事，大多数情况下，这个过程仍然时断时续。17世纪至18世纪，随着伦敦的市区范围逐步扩大，当地的官员、警察下过一番力气，试图就各地区频频上演的堵塞道路、阻挡通行的乱象予以整治。在每年由房屋业主参加的住户年会上，在市长等治安法官的面前，食品小贩因为摆设摊位和篮子，“给国王公路上的行人造成了困扰”，或者“妨碍了陛下臣民的自由通行”，而每每受到指责。[79] 这些千篇一律的说辞，在不同的历史记录中反复出现，只是内容稍有出入。由于大多数事件最终只是以勒令小贩离开而告终，因此要估算他们妨碍通行的确切程度，即使是在 19 世纪也相当困难。根据伦敦统计学会（London Statistical Society）的统计，1837 年，有 334 位携带商品出售的“提篮小贩”（basket people）被带到治安法官面前受审。[80] 但每年必定还有成千上万起更轻微的违规行为发生，其行为人甚至根本没有被带到法庭上。

预防道路堵塞的工作，主要围绕一系列具体问题展开。其中之一便是手推车的使用。自从小贩开始用上了手推车，试图禁用这种设备的努力就从未停止，从教区委员会到各个郡的太平绅士，大都市政府的各级人员全都卷入了这一工作。[81] 除了被用于赌博活动，手推车还在道路上引发了一系列问题。在金融城内，街头小贩被指控在行人的“步道”上推手推车，这同时展现出了街道状况的改善，以及当局试图将车辆行驶区和行人步行区分隔开来的努力。[82]19 世纪的伦敦警察会没收手推车，把车子要么送去被称为“绿园”（green yard）的遗失车辆待领场，要么送去扣押车辆认领处。早期的处罚措施，是允许小贩保留手推车，但前提是必须“卸下轮子”。[83] 街头小贩有时候会反其道而行之，故意戏弄没收手推车的警察。当治安官去附近呼叫增援时，小贩会迅速卸下手推车的一个轮子，让赶过来的长官难以将车子带走。[84]

最让伦敦各管理部门感到棘手的问题，是如何监管那些因为小贩固定出没而交通拥堵的地段。这也从侧面解释了我们何以知晓，数百年来，街头小贩大量聚集在舰队街、伦敦的若干桥梁、皇家交易所的各个门口，还有许多教堂的内外。教区委员会、房屋业主和官员们不断抱怨，他们所在街区的特定区域出现了小贩，这些抱怨为我们提供了逆向解读史料的线索，使我们得以了解街头售卖活动的实际情况。即便到了 19 世纪，管理部门依然对那些道路不畅的重灾区给予重点关注。1863 年，在伦敦市长和市政官们的推动下，一项附属法规通过，此后，任何人均不得在上午 9 点至晚上 6 点之间，在包括伦敦桥和黑衣修士桥、康希尔和舰队街在内的城市主干道上，用手推车、板车售卖商品。[85] 依靠报纸的报道，我们可以得知，在那些街道上，仍然有部分小贩因为继续做生意而受到谴责，但其他人还是采取了应对措施，将生意转移到了利物浦街、法灵顿路等伦敦金融城公司管辖区域的边缘地带。[86] 在更加广阔的伦敦大都市区范围内，街头市场同样吸引了当局最多的关注。1905 年，在提交给伦敦交通皇家委员会（Royal Commission on London Traffic）的一份备忘录中，大都会警察局局长亚历山大·布鲁斯（Alexander Bruce）

指出，7500 名街头小贩一共占用了 142 条不同的街道，不过，其中只有少数几条街道发生了堵塞。[87]

当对小贩的抱怨升级为司法诉讼时，这通常是由于他们的行为造成了滋扰。从法律上讲，“滋扰”（nuisance）一词，是指任何对社区或其中的个人造成损害、冒犯的行为。19 世纪以前，滋扰行为并没有在法律条文中得到明确的定义，因而需要通过法院裁决、地方性法规以及身处现场的执法官员的主观决断来综合判定。[88] 令人头疼的麻烦事大多交给选区、教区去处理，治安法官则负责裁决个人之间的纠纷。假如有哪位在附近居住、工作的老兄想要制造麻烦，无论是在路边摆上了区区一篮子苹果，还是停放了一辆装满土豆的手推车，还是用木板、箱子搭建了一个出售贝类海鲜的摊位，他的行为都有可能被界定为滋扰。交通拥堵远非唯一的问题。1875 年 6 月，八名小贩被传唤至泰晤士警察法庭，原因是他们来到波普拉区卖鱼。指控他们的罪名是堵塞街道，但此案还向我们揭示了另一个问题，当时有许多邻居抱怨，小贩售卖的鱼散发出了“格外刺鼻”的气味，得益于初夏的炎热和手推车的扎堆儿，那种气味更是变得可怕至极。[89] 而在气味之外，我们将会看到，小贩的叫卖声构成了又一个麻烦的来源。

19 世纪的法律，如 1839 年颁布的《大都市区警察法案》，对哪些滋扰行为构成了社会问题，警察又可以采取哪些措施，有着更为严格的规定。不过，警方除非接到具体的投诉，否则轻易不会行使手中的权力。梅休描述道，如若街头小贩“习惯了”在某个地方一直摆摊，那么不成文的潜规则就是，只要附近的店主、居民不报警，他们就不会受到警察的打扰。[90]1882 年，伦敦大都会区警察局接到了上级命令，要求该局的警员遇到“偶然”发生的教堂堵塞情况时，直接予以处理，但如若出现“习惯性”“永久性”“频繁发生”的堵塞，则应当将情况上报给地方当局。[91] 一些地方当局仍然对此感到沮丧，于是采取了主动行动。1885 年，圣玛丽·纽因顿的教区委员会向内政部投诉，称警方将清理沃尔沃斯路上小贩的手推车、摊位这一“异常令人不快的任务”，甩给了辖区毗邻的他们。沃尔沃斯路是一条繁忙的交通要道，不久前，这里新建了一条电车轨道。由于内政部迟迟没有回应，教区委员会命令手下的街道管理员，在某天早上沿着这条路巡逻，把所有他发现的正在营业的摊位全部拆除干净。[92] 第一次世界大战爆发前的那几年，这些机构仍在积极呼吁政府采取更果断的行动。而伦敦大都会区警察局对一组提案的回应却是反对轻率行事：“务必牢记，地方当局提出的提案主要代表了大商人的观点，而不是那些在很大程度上依赖街头小贩供应生活必需品的普罗大众的观点。”[93]

19 世纪 50 年代，当局曾派出多组警察，关闭了萨默斯镇的街头市场，一并逮捕了数十位零售商，但这种在光天化日之下实施的暴力镇压，属于历史上罕有的特例。[94] 教区委员会和城区基层部门一再要求严格执法，但多数时候，警方均否认发生了严重的滋扰事件。在内政部和伦敦大都市警察局的档案文献中，保存有地方警察局呈递的报告，这类报告用潦草的笔迹写在蓝色的纸张上，内容常常是在解释，大多数街头小贩都遵章守纪、安安分分。[95] 小贩们也察觉到了警方管理尺度的宽松。1888 年，在来到皇家市场委员会面前陈述证词时，挨家挨户售卖水果、蔬菜的小贩乔治·谢夫表示，他"从来没有受到过干扰"，哪怕他每次到一户人家家里提供服务，要停留长达半个钟头，也没有遇到过任何麻烦。[96] 对此，在伊斯灵顿的教堂街摆摊的约翰·登顿也表示同意，他谈道："只要我们保持环境整洁，不吵不闹，就没有人来管我们。"他还补充说，警察对待附近的店主也一视同仁。[97] 有些小贩承认，偶尔会被警察打扰，但所有人都清楚警察的具体规定是什么，甚至能精准地把握他们允许的摊位位置和手推车尺寸。[98]

到了我们讨论的这个时期的尾声阶段，执法人员的裁量空间开始缩小了。关于何为正确行为、何为错误行为的规章制度变得愈加详细，法律条文也日益板起了面孔。这一切的开始，是 1867 年议会改革法案通过后起草的针对街头小贩的管理办法。前三则条文规定，手推车、板车、摊位的大小均不得超过 3 米长、1 米宽，街道的一侧只允许一排商贩营业，每位卖家必须与相邻的卖家保持不低于 1.2 米的距离。余下的三则条文规定，当有居民需要在自家门口装卸车辆时，小贩应当挪动位置，腾出空间，小贩不得站在十字路口，如果他们到阻碍交通或骚扰邻近居民的地方摆摊，可能会面临被强行移除设备的下场。[99]

不过，在某些方面，上述管理办法又表现出了颇为引人注目的克制姿态。它完全没有触及历史上小贩经常牵连其中的那些不道德问题。一项禁止周日叫卖的规定，一度出现在了早先的草案中，但最终公布的版本却将之摒除在外。[100] 尽管如此，这部管理办法还是打破了以往处理交通堵塞问题的某些惯例。此前，地方当局、治安法官、警方在决定小贩可以如何占用街道空间时，拥有较为灵活的自由裁量权。而现在，男女小贩做生意的方式已经被预先设定好，以严格的法律条文确立了下来。这种相对僵化的制度框架，让人不禁联想起了早些时候伦敦的一项立法。1612 年，金融城颁布了一项授权女性街头小贩营业的市政法规，它细致地规定了这些零售商应如何开展业务（例如，不能在早上 6 点之前备货，只能收取商定的市场价格，不得雇用他人帮忙销售），以及治安官、教区差役、市场管理人员应如何执行法规条款。但这种缺乏弹性的做法很快就被当局放弃了，取而代之的是一种务实的态度。这种实用主义的处理方式往后得到了沿用，直至交通的拥堵、无序的街头行为所带来的困扰，让人们忍无可忍。

20世纪初，对于沿街叫卖食品的小贩的管理变得更为严苛了，这标志着自由裁量时代的终结。地方当局尝试了各种不同的管理模式。格林尼治区禁止在教区内的任何地方沿街叫卖，只有中央市场除外，在中央市场内，街头小贩要做生意，只需支付相当于普通店主一半的费用。[101] 肖迪奇区议会专门在尼罗街设立了配有电灯的固定摊位，但小贩们却不愿意为此支付微薄的租金。[102] 金融城重新启用了三个世纪以前就已经尝试过的执照制度。自1911年起，伦敦金融城公司管辖范围内的所有食品小贩都必须完成注册。10年后，英国下议院组建的一个委员会还探讨了在整个伦敦大都市区推行类似制度的可能性。[103] 尽管他们反复呈递的提案从未得到采纳，颁发执照还是逐渐成为主流的制度方案。1927年，又一项法案在英国议会获得通过，今后，各个城区的区议会可以自行决定小贩的注册和经营方式。[104]

就这样，街头小贩过上了一种截然不同的生活。从此以后，关于街头小贩该如何占道经营的规定变得越发明确了，他们赖以经营的基础也已不同于往日。当局越来越严格地限制妨碍交通的行为，与之相伴的是，执照制度开始在伦敦全市范围内推广开来，贫穷的男女再也不能随便凑点钱，买个篮子，装上些鱼或水果，就走上街头做起买卖了。他们必须花些力气，申请到售卖食品的许可。借用社会科学家的术语来说，食品小贩至此被“正规化”（formalized）了。在这个过程中，那些能够负担得起执照费用的小贩，与拥有固定营业地址，需要缴纳税费、租金的店主和市场商贩，有了更多的共同之处。[105] 这可能并没有损害作为个体的街头小贩的职业前景。但这一行业本身却因之发生了永久性的变化。以往，沿街叫卖食品是一个对新来者开放、监管力度宽松的行业，这一行的从业者自行组织起来，为日益增长的城市人口提供食物，极少受到伦敦官方的监督。但随着伦敦步履坚定地迈向现代化，小贩的劳动生活也从上至下地被官方的力量结构化了。

第九章　吆喝声声

在郊区用力推着小车艰难前行的水果小贩，背着当天的捕捞成果挨家挨户运送上门的鱼贩，守着路边摊叫卖热气腾腾的烤土豆的熟食小贩——他们都要利用自己的声音来推销货物。在喧嚣的街道上，他们高声叫卖着“新捕捞的沃尔弗利特牡蛎”“6便士4条的马鲛鱼”“快来买我这水芹吧”，此起彼伏的声音并不只是宣告着购买食材的机会。“每天清早，就像太阳一定会升起一样，刚到6点，我就被送奶工那令人沮丧的叫喊声吵醒了。”1876年，一名生活在西布罗姆普顿的居民，在写给《蓓尔美尔街报》（*Pall Mall Gazette*）的读者来信中如此抱怨道，“送奶工往他例行吆喝的最后一个音节中注入的痛苦，简直叫人难以形容，‘牛奶’这个词，被他用锐利的嗓音一出溜儿地喊了出来，但‘哟’这个词，却又被他硬生生拖得老长，它既不是嘶吼，也不是呻吟，更不是尖叫，而是三者的混合体。这一声吆喝，笃定是那位老兄经年累月刻苦磨炼的成果。”[1]来信的作者，也加入了众多抱怨小贩叫卖声的伦敦市民的行列，但这恰恰说明了他们在用心倾听。无论喜欢与否，乳品小贩的吆喝，已经成为这位读者日常生活的伴奏曲。不仅如此，他们还听出了那一声声吆喝的独特韵律，理解了小贩为了让人听见而在背后付出的努力，明白了通过呼喊吸引来注意是一门需要经验的专门技艺。

小贩在伦敦的历史上至关重要，而导致这一结果的复杂缘由，都可以从他们的声音中寻找到答案。市民们对小贩叫卖声的反应，与他们如何看待这座日新月异的大都市息息相关。吆喝，是小贩的工作技能包中的一样重要武器，对于食品小贩而言更是如此。几个世纪以来，叫卖声一直构成了城市声音背景的中心，它为普通人提供了对时间、地点的感知，也让街头小贩牢牢根植于城市的文化与传说之中。其他商贩，如民谣歌手、报童，也会利用声音招徕顾客，但叫卖声是小贩独有的标志。[2] 毕竟，以街头小贩的生意为主题的视觉艺术、音乐和诗歌作品，被统称为“叫卖艺术”（the Cries）。直至 20 世纪，当街头售卖走向衰退，小贩的叫卖声最终被新时代的潮水淹没之时，“叫卖艺术”依然广受欢迎，它让人们依稀听见了从往昔的首都传来的回声。

耳朵的折磨

正如那位心怀不悦的西布罗姆普顿的读者一样，自街头小贩开始叫卖以来，伦敦人就一直在抱怨这喧闹的声响。早在 1609 年，本・琼森（Ben Jonson）就在他的戏剧《爱比克泰德》（*Epicœne*）中塑造了一个名叫莫罗斯的角色，这名绅士极度厌恶噪声，以至于他与伦敦的“鱼婆和柑橘女贩”达成了协议，好让她们闭嘴。[3]100 年后，《旁观者》杂志上刊载的一篇讽刺文章指出，“这里的叫卖声的覆盖范围要大得多，而且委实充满了不协调的、野蛮的元素，以至于在外国人士看来，我们这座城市俨然陷入了混乱，他们无法理解，那些震耳欲聋的吆喝声中蕴含的意义”。[4] 大约在同一时期，乔纳森・斯威夫特寓居在圣保罗大教堂以南不远处，他将自己早上难以起床的原因归咎于“那只不停吠叫的狗，总是在叫卖卷心菜和西葫芦，搅黄了他的一枕美梦”。这位诗人写道：“我盼望着，他被自己那颗最大的卷心菜卡住喉咙。”[5] 斯威夫特的“敌人”托拜厄斯・斯莫利特（Tobias Smollett），在其完成于 1771 年的小说《汉弗莱・克林克》（*Humphrey Clinker*）中，也创作了一个对应的角色。小说里，来自乡下的马修・布兰布尔暂居伦敦，连他都被“窗外那些大声吆喝着新鲜豌豆的粗鲁的家伙”从床上吵醒了。[6]

在所有这些抱怨中，小贩的叫卖声被一律斥为“噪声”，换言之，是令听众困惑、厌烦、避之唯恐不及的声音。彼得·贝利（Peter Bailey）借鉴了人类学家玛丽·道格拉斯（Mary Douglas）对于污垢的经典描述，提出噪声可以被定义为“不得其所的声音”。噪声缺乏正经音乐的精准音调，并且超出了某个社群认为可接受、有用处的声音范围。发出噪声的人，会被视为粗俗、堕落的家伙。[7] 对声音感兴趣的历史学家强调，人们对噪声的感受，与其他方面的官能知觉一样，是一种特定的文化构建。[8] 当伦敦人将叫卖声贴上“噪声”的标签时，他们不仅表达了对流动零售商的看法，还透露了他们对自身所处的社会及其声音环境的忧虑。

早期的批评，与世人对街头小贩的刻板印象有关。17 世纪中叶流传过一首民谣——《伦敦城的日常叫卖声》（*The Common Cries of London Town*），描述了鱼婆“需要给舌头抹点儿油，因为她会噼里啪啦说个不停”。[9] 另一首歌的歌词则调侃道，女人们卖海鲜时“彼此之间叽叽喳喳”，那声音足以吓跑魔鬼。[10] 叽叽喳喳，噼里啪啦，嗓门又大，调门又高，这就是鱼婆的叫卖声，是她不受拘束的漫画形象的一个重要特征，像她这样的零售商的活动，在当年斯图亚特王朝的京城受到了严密的监视。[11] 当时，人们认为尘世的声音具有宇宙的共鸣：高雅、和谐的音乐，是社会运转井然有序的象征，而街头的小曲儿和粗劣的演奏，则是国事蜩螗的标志。市场上的动荡令金融城的市政官们忧心忡忡，这似乎与现实中的噪声相互对应。[12]

18 世纪，这座大都市的中产阶级曾经通过反对俚俗音乐，来巩固他们新兴的身份认同。城市精英们享受着一种由专业表演者呈现的优雅的音乐文化，这与街头的喧闹声格格不入。[13]1711 年，《旁观者》杂志上出现了一位虚构的投诉者拉尔夫·克罗切特，他自封为“伦敦叫卖声大总管”，矢志将耳旁不和谐的声音调和成和谐的乐章。[14] 几十年过去，一位名叫乔尔·科利尔（Joel Collier）的音乐家，向《圣詹姆斯纪事报》（*St James Chronicle*）投去了一封口吻诙谐的信函，批评自克罗切特提出警告以来，情况改善甚微。科利尔在信中一本正经地讨论了一系列街头叫卖声，然后参照学院派音乐的专业标准，一一指出它们存在的学术缺陷。菠菜、松饼用了相同的调子吟唱，鲱鱼、鲭鱼竟以荒谬的节奏吆喝，而新鲜鲑鱼的叫卖声则是对“大名鼎鼎的水上音乐”（很可能是指亨德尔的那部名作）的“严重扭曲”（mangled）的荒唐演绎，还掺入了“一个不悦耳的十六分音符”。科利尔挥动如椽之笔写道：“这是一个属于音乐的时代，我们很有必要就眼下野蛮的叫卖方式做一番改革。”这位音乐家并不希望禁止街头小贩叫卖，而是期冀他们按照有教养阶级欣赏的音乐范式去叫卖，如有可能，甚至为每一种待售的商品创作出“恰如其分的曲调”。[15] 文章讽刺的对象究竟是谁，尚没有明确的答案。但是恰如在威廉·霍加斯的绘画《勃然大怒的音乐家》（*The Enraged Musician*）中，一位头戴假发的小提琴手被窗外传来的噪声打断了练习一样，科利尔的来信也刺痛了伦敦上流社会的敏感和虚伪。[16]

后来的评论家们更是盼望彻底平息这些叫卖声。用时人熟悉的话来说，1856 年，《泰晤士报》抨击了“从粗俗的喉咙里发出的、无休止的、最高调门儿的叫卖声”，认为这些声音“完全没有必要存在，而且更严重的是，它们违背了英国社会生活的基本原则”。该报断言，文学界、政界和各个专业领域的人士，均为此无法保持工作所需的专注力。[17] 不久之后，《审查者报》（*Examiner*）在《耳朵的折磨》（*The Tortures of the Ear*）这一标题下，呼吁当局推动立法，制止这一扰民行为，因为它不仅刺激神经，打断睡眠，而且简直是“远比我们所熟知的糟糕的排水系统、弥漫的烟雾还要可怕得多的健康杀手”。[18] 在读者来信版面，报纸编辑部收到了许多支持性回应，而且在接下来的半个世纪里，类似的回应还在源源不断地涌来。特别是，来信者一再哀叹，喧闹的叫卖声破坏了绿树成荫的伦敦郊区的宁静和周日早晨的安详。[19] 他们的愤怒再次提醒我们，当小贩的经营活动被描述为一种滋扰行为时，通常指的是某种具体问题，而并非对一般性问题的泛泛之谈。

这类抱怨与出自莫罗斯、克罗切特之口的虚构的抱怨，在内容方面多有重复，但它同时也暗示了一种不同于早先时候的声音观念。在此之前，音乐、言语被视为声音呈现的理想形式，而叫卖声等噪声则被归类为理想形式的反面，但也仅此而已。到了 19 世纪上半叶，随着声学、生理学、耳科学等相关领域的研究取得进展，人们越来越倾向于将声音理解为一种波形，将听觉理解为一种机械功能，即耳膜的振动。[20]进入维多利亚时代，人们更加专注于聆听，并且将单一的声音从众声之中分离出来，区别对待，这加剧了社会对产生噪声的城市滋扰行为的抵触情绪。[21]这些新颖的聆听方式，还与新旧社会对立的紧张局势交织在了一起。《泰晤士报》和《审查者报》上刊载的社论，展现了早期反对街头音乐运动的前哨战，这最终促成了 1864 年议会法案的通过。主张采取行动，反对街头的意大利手摇风琴手和其他乐器演奏者的人士，包括作家、艺术家和思想家，其中最著名的代表是查尔斯·狄更斯、托马斯·卡莱尔和数学家查尔斯·巴贝奇。他们的论点，可以被视为对当时日渐兴盛的居家工作模式的捍卫，这类工作多由知识分子、专业人士从事，他们需要安静的环境以便思考。由于对声音的物理特性有了更深入的理解，他们相信，从宅邸外面传来的噪声直接影响到了他们的身体。为了保护自己，卡莱尔不惜斥资170英镑打造了一间隔音书房。躺在病床上，为《潘趣》杂志供稿的漫画家约翰·里奇（John Leech）宣称，正是街头音乐家的吵闹加速了他的死亡。[22]对于这些敏感的聆听者来说，小贩的存在，不再只是偶尔的烦恼，而是成为伦敦致命喧嚣的一部分。

正如一部分颇有见地的学者指出的那样，我们不能随波逐流地认为，随着时间的流逝，街头叫卖声真的变得越发令人厌烦了，这种说法过于片面，失之偏颇。[23]发生改变的，其实是伦敦人声称某个声音令人厌烦时的言下之意。不过，我们确实知道，街头小贩的数量在大幅上升，他们为了在嘈杂的周边环境中脱颖而出，可能不得不抬高嗓门，越发响亮地放声吆喝起来。在1600年前后，伦敦已然是一座众声喧哗的城市了，身处其中，只听得马蹄嘚嘚，犬吠狺狺，鳞次栉比的建筑之间人声鼎沸，四方的钟声有规律地敲响，荡漾开来。虽则如此，当年伦敦城的环境噪声可能还没有超过70分贝，比一部现代社会的吸尘器发出的声响还要轻柔一些。[24]随着城市中越来越多的道路被改造成铺装路面，越来越多的建筑被重建为石质结构（而非吸音性能较好的木材、石膏、泥土），交通的噪声也激起了越发强劲的回响。而同时，交通流量又在日复一日地增长。[25]19世纪，随着公共马车、电车以及最吵闹不过的铁路等新型交通工具逐一登上历史舞台，噪声污染在城市的放大效应下进一步恶化，各式交通工具在这座大都市的内部纵横驰骋、恣意穿梭，爆发出聒耳的轰鸣。[26]与长期难以化解的交通拥堵问题相似，街头小贩既助长了噪声污染，也深受其害。但抬高嗓门，并非时代留给他们的唯一选择。为了穿透喧哗，街头小贩磨炼出了新的技艺，好让自己的吆喝更加悦耳动听，更能吸引听者的注意。

叫卖的艺术

除了要来往伦敦各地搬运沉重的货物，小贩们还必须大声叫卖，以确保自己的声音能被顾客听见，有时一天得喊上好几个小时。想想像这样费力叫卖的辛苦吧。亨利·梅休描述过一位因为叫卖苹果而嗓音沙哑的年轻女子，而其他接受梅休采访的街头小贩，也都不同程度地出现了声嘶力竭、气喘吁吁的症状。梅休写道，声音嘶哑，是“小贩这个群体独有的特征之一”。一些人转而采用了省力的替代方法，比如使用鼓，又或是雇用一个男孩来替自己吆喝。最令人难忘的是一位出售松饼的小贩，他一边走路，一边摇响手里的一枚铃铛。[27]2004 年，墨西哥城的一位废旧金属收集者发现，自己的嗓子因为不断叫卖而受了伤，于是他录下了自己 10 岁女儿的吆喝:“我们收购床垫、鼓、冰箱……还有你要卖掉的任何旧金属咯!”在透过扬声器反复播放，并且被人无数次地复制之后，如今，这段录音在墨西哥乃至世界各地，已经成为同类商贩标志性的叫卖声。[28]

叫卖可不是漫无目的地胡乱吆喝。别出心裁的叫卖方式是一门技艺，是小贩们借以零售食品的独门绝技之一。我们无法听见当年的声音，但是，我们可以仔细利用前几个世纪创作的歌曲、音乐来达成这一目的，毕竟，它们往往自称捕捉到了当年街头小贩的吆喝声。诚然，这些作品不能让我们直接听到原原本本的叫卖声，但它们的歌词、旋律暗示了小贩们在城市中穿行时沿街叫卖的真实情境。

以 18 世纪的民谣《伦敦的叫卖声》为例，除了紧凑的前奏，它的每一节的每一行都专门摹画了一位小贩的吆喝声。根据不同的计数方式，整首民谣中可能包含了 100 多种不同的叫卖声，它们都很简短，转瞬之间便从一种叫卖声切换到了另一种。听起来，演奏的效果既富有张力，又令人困惑，听者仿佛正在一条满是商贩的街道上漫步，从四面八方传来了此起彼伏的叫卖声。可是，在听觉的猛烈冲击中，各家的叫卖声也体现了一定的规律。它们要么以“快来买”“这里有”“你要买吗”“你需要吗”开头，然后列出某种商品，要么直接给出商品的价格、数量，类似“嚯，两便士一捆的新鲜胡萝卜”。其中的一些叫卖声会夸耀商品的质量：梨子“美味可口”，樱桃“圆润饱满、非常新鲜”，赛洛普酒“热气腾腾、味道绝佳”。其他的叫卖声，诸如“纽卡斯尔的纯正鲑鱼”“约克郡的地道松饼”“温莎的正宗菜豆”，则捎带传达了商品的品类或地理来源。[29]

民谣往往机智诙谐，充满了值得细细玩味的反转和双关语，《伦敦的叫卖声》也不例外。[30] 这首歌确实让我们听出了，小贩们是如何将必要的信息一股脑儿压缩进寥寥数语和一声吆喝的。就像在市场上评判货物的成色、展示诱人的库存一样，叫卖是一种零售的实用手段，是那些缺少固定营业场所的生意人离不开的广告形式。[31] 从这个角度来看，叫卖声进一步证明了小贩作为零售商的身份。这种广告语言可能会随着时光的推移，发生相应的变化。19 世纪的历史学家安德鲁·图尔（Andrew Tuer）就在其研究叫卖历史的著作中指出，吆喝时，把商品的价格放在数量之前（“一便士，带走十颗好核桃咯”），要么是“相当晚近的一项新发明”，要么是对古代做法的重现。[32] 早期鱼贩的叫卖声，会有意地说明鱼的新鲜程度，比如“新鲜的鲭鱼”，但后来，这种吆喝方式便被“嚯，活蹦乱跳的鲭鱼，活蹦乱跳”取而代之了，这种解释，让人不经意间回忆起了著名的爱尔兰民歌——《莫莉·马龙》（*Molly Malone*）。[33]

在研究叫卖声的其他呈现形式时，我们可以越出文字，去探究街头小贩对于节奏、音调的利用。在这里，民谣带来的帮助不大，因为它们的韵脚通常是配合广为人知的曲调来演唱的，曲调的名字常见于歌曲标题的下方。作为替代，我们可以考察其他被认为再现了街头叫卖声的作品，包括17世纪为声乐、维奥尔琴表演专门创作的系列作品，以及为合唱团体编写的多声部轮唱曲。

在尝试聆听这些声音的过程中，我们加入了一项民族志领域的传统研究，这项研究最兴盛的时期，是第一次世界大战结束后不久的那段岁月。当时，民间歌曲学会（Folk Song Society）的成员们试图将现实当中依然残存的叫卖声记录下来，再将其与早先时代的曲调进行比较。一些研究参与者，如露西·布罗德伍德（Lucy Broadwood），民间歌曲学会的创始人之一，认为叫卖声是真正的音乐。[34]1919年出版的民间歌曲学会的一期会刊，列出了小贩出售的繁缕、猫肉、羽毛扫帚、金鱼、花卉、盆栽植物、草莓、刀具、瓶子、破布、木材、废铁、骨头、小块煤、木柴、生菜、虾仁、豌豆、玩具羊羔等商品，以及修椅匠揽活儿时的吆喝声。上述声音大多是在切尔西、威斯敏斯特两地抄录下来的，它们被记在五线谱上，注明了日期，其中一些还附录了叫卖者在街头接受采访时的地理位置和口述内容。[35]这些研究听起来引人入胜，但我们还是应当对它们得出的结论持谨慎态度。就像探究巴黎叫卖声的评论家们，总是将 19 世纪街头的声音与中世纪教堂的素歌（plainchant）等音乐形式联系起来一样，布罗德伍德和她的合作者们也一直在寻找适用于不同音乐的试金石，并雄心勃勃地在它们之间着手建立宏大的历史联系。歌曲收集者安妮·吉德克·吉尔克里斯特（Anne Geddes Gilchrist）就注意到："与我们现在听到的叫卖声相比，早期的叫卖声在旋律层面似乎更富有进取心，在情绪层面也没有那么低沉。"[36] 有的听众或许的确从街头小贩的叫卖声中听出了音乐，但小贩们叫卖的首要目的，当然还是吸引顾客、招徕生意。

为了达成这个目的，小贩们可能会在叫卖时采用与众不同的措辞，这一点可以从 1600 年前后，理查德·德林（Richard Dering）、奥兰多·吉本斯（Orlando Gibbons）、托马斯·威尔克斯（Thomas Weelkes）等人创作的声乐和弦乐作品中得到印证。[37] 与歌谣《伦敦的叫卖声》类似，这些作品各自融入了数十种不同的街头叫卖声，营造出了人声喧嚷的街道氛围，只不过，所有叫卖声都遵循着规律的表现形式。通常，作品中的乐句的音高会持续下降（如德林的《鲜美鲭鱼，鲭鱼鲜美》），抑或先下降，再回到初始音符，音高的下降既可以是渐进的方式（如威尔克斯的《热布丁派，热乎乎的》)，也可以是锐利的V字形的方式（如吉本斯的《热鳕鱼片，热气腾腾》)。[38]还有一种表现形式，出现在了全部三首曲子中，即重复同一个音符，偶尔伴有跳跃式的音高变化（如德林的《鲽鱼，鲽鱼，鲽鱼，新鲜的大鲽鱼》)。虽然在现实生活中，街头小贩使用的曲调更加丰富多彩，但这些作品还是为我们指明了街头小贩可能遵循的若干原则。大多数吆喝都采用了富有节奏的表演风格，将长音符和短音符彼此结合，其中德林的“刚捕捞的西鲱，西鲱，西鲱，两便士一配克，两便士一配克，两便士一配克，米尔福德码头见”，正是一个特色鲜明的例子。重复也十分重要，每当乐句重复时，就意味着也许会出现细微的变化。大多数叫卖声内容简短、旋律简单，便于在人们的脑海中扎根。今天，围绕伦敦小贩的叫卖声展开的少数研究发现，这座大都市的街头零售商使用的仍然是与过去相似的吆喝技巧。[39]

小贩们或许还创作出了更多令人难忘的曲调。18世纪下半叶，歌手、合唱指挥、作曲家威廉·萨维奇（William Savage）创作了一系列轮唱曲、对唱曲、重唱曲，这些作品的灵感均来自街头的叫卖声，由多人合唱完成。[40]在由萨维奇的一位学生抄录的手稿乐谱中，每首曲调旁边都注明了它的来源。在四声部轮唱曲《快来买我的水芹》(*Come buy my watercresses*）的开头，旁边的注释写着：“伦敦的一种叫卖声。第一行。”[41] 这是一段轻快、活泼的旋律，每个乐句都先上升，再下降，可能在时人的脑海中留下了萦绕不去的印象，成为这类小贩的标志。1832 年，威廉·加德纳（William Gardiner）出版了《自然中的音乐》（*Music in Nature*）一书，在其中一章里，他也探讨了街头的声声吆喝，并收录了另一种出售水芹的叫卖声，这个版本与萨维奇的有所出入，但还是让人不由得回忆起了萨维奇版本的明快之感。[42] 书中，加德纳还收录了另一段小贩叫卖的曲调，每一年，吆喝这段曲调的“应季时间”很短暂，但它已然在英国文化中深深植根。研究叫卖声的历史学家查尔斯·辛德利（Charles Hindley）坚信，唱着“这种一个一便士，那种两个一便士，热十字面包咯！”（One a penny, Two a penny, Hot cross buns!）这段曲调，已经周而复始地回响了“一个又一个受难周”，乃至“一个又一个世纪”。[43] 我们不知道它到底有多古老，但是到加德纳动笔写书的时候，这段叫卖的曲调早已变成了广为人知的儿歌，而且从那时候开始，被一代代人哼唱至今。①

小贩自己更关心的，可能是如何用声音传递信息，而不是曲调是否悦耳。加德纳解释说，某些叫卖者会选择一个单

① 以这段曲调为基础，人们创作了著名的儿歌《热十字面包》（*Hot Cross Buns*）。儿歌中提及的十字面包是受难周（Passion week）的最后一天，也即复活节那天的节日食品，所以前文说它“应季时间”短暂。

词，借以加重语气，“在这个单词上，他可以倾尽全力地喊出来”，或者加上“常见的语气词，嚯”。有的音节很难大声喊出来，像是“萝卜”（turnips）的后半部分，于是，有些人就会喊“萝贝”（turnopes）来代替。[44] 另一个技巧是突然升高音调，以此来强调某个单词、音节或无意义的声音，这方面的一个例子，就是卖牛奶的小贩吆喝时的即兴重复——“米—欧”（Mi-eau）。[45]

五线谱上潦草写下的那些东西，仅向后人揭示了伦敦及其他地方的小贩们吸引城市居民注意的部分方式。20 世纪 30 年代，丹麦作曲家瓦格纳·霍尔姆博（Vagn Holmboe）对哥本哈根街头的小贩着迷不已，为他收集的 366 种叫卖声中的不同寻常的嗓音操控方式，专门发明了记谱法。[46] 在伦敦，小贩们会变换他们的语气和声调起伏，就像牧师依靠语言巧妙地调动教堂会众的情感那样。[47] 他们可能将叫卖声与手势结合起来，同时运用面部表情和手臂动作，还在吆喝过程中穿插闲聊和笑话。[48] 他们会根据沿途经过的街区、潮起潮落的车流、高耸巍峨的建筑物，甚至是变化万端的天气，灵活地调整自己的叫卖声。对于伦敦的听众来说，叫卖声是由街道的环境决定的。传入他们耳中的小贩的声声吆喝，不是某种自成一体、以完美卓越的音高再现的雅乐片段，而是一种在城市中穿街过巷、一遍又一遍回响不停的声音，随着小贩的路过传播开来。正如1864年，一位贝尔格拉维亚区的居民写信给《泰晤士报》，谴责一位叫卖水芹的小贩时所说的那样，“她沿着人行道走得很慢很慢，每一次开嗓表演都不少于七八分钟”。[49]

宣告四季

小贩的吆喝不仅被视为扰人的噪声，更是被认为难以理解。这种关于叫卖声无法听清的陈词滥调，贯穿了整部街头售卖的历史，与之相系的是一种成见，即那些商贩既不体面，也不文明，无论是17世纪鱼婆的喋喋不休，还是晚些时候历史学家安德鲁·图尔尝试用文字加以描绘的“四处游荡的伦敦东区小贩”的口音，都反映了历史上的这一刻板印象。[50]有的时候，记录者所谓的“无法听清”，只是出于对方的“恶作剧”。露西·布罗德伍德曾听到一位年迈的小贩在威斯敏斯特卖扫帚，她设法记下了这位老先生叫卖的旋律，但很难听清楚具体内容。之后，她与老先生交谈，得出了结论，小贩自始至终在用同一种节奏吟唱，但是“吟唱的时候，他会把当时脑海中浮现的任何词语都即兴地填进去”。[51]还有一些时候，记录者之所以感到难以理解，恰恰是因为小贩们为了让自己的叫卖声与众不同而采用了独门绝技。在1839年出版的一部关于伦敦街头人物的书中，约翰·托马斯·史密斯（John Thomas Smith）回忆起了一位同样上了年纪的奶酪蛋糕小贩，他的音调“如此哀怨、拖沓，以至于大多数人都误以为他在说‘我每一颗牙齿都疼’”。[52]

在出现上述误听的同时，伦敦人也从叫卖声中领悟出了些许道理。自20世纪60年代以来，默里·谢弗（Murray Schafer）和巴里·特劳克斯（Barry Truax）等声音理论家提出了各种方法，用以欣赏我们在特定环境中可能听到的各种声音的重要意义。按照他们的阐释，小贩们的叫卖声是一些“声音信号”。这些“声学警报装置”从背景噪声中脱颖而出，传递了有意义的信息，就像今天的教堂钟声、警察哨声、汽车喇叭声一样。声音信号还将听众带入了相应的“声学社区”（acoustic community），社区的居民们通过听到的声音以及他们赋予声音的意义，团结在了一起。局外人则可能会忽略某些声音，或者将它们误认为是噪声，因而置之不理。[53]应用这套理论，历史学家们探讨了过去几个世纪中，伦敦等城市涵括多个声学社区的方式，这些无形的声学社区跨越了现实中的各个教区、选区、郡县的政治边界。[54]

在这些声学社区中，小贩们的叫卖声乍一听来前言不搭后语，其实却意有所指。叫卖声是一种介于不同声音之间的声音：它们使用词汇，但缺乏清晰的言语表达；它们富有韵律，却又打破了学术上的乐理规则；它们是原始的呼喊——呼喊（cry）一词，本身就暗示着一种动物般的嚎叫——可是，比起自然界的萧萧万籁，它们又遵循着更为清晰的排列组合规律。[55] 当然，很多听众都明白街头小贩在喊些什么。但叫卖声的模式，其实与它的内容一样重要。叫卖声会不断重复，工作时的商贩一遍又一遍地吟唱简短的旋律，一模一样的吆喝声会在几天、几周甚至几个月后再次传入耳中。长期居住在此地的居民们，或许不会留意到某一种单独的叫卖声，而是会把所有这些声音整合为他们所处社区的感官体验的一部分，一并加以聆听。[56] 对于日复一日听闻吆喝声的居民而言，来来去去的叫卖声，在他们柴米油盐的市井生活中具有无与伦比的意义。

身在城市，时间的流转由许多种声音共同勾勒，叫卖声便是其中之一。教堂的钟声悠悠响起，屋舍、商铺内的谈笑声时高时低，满载货物的车辆辘辘地驶向市集，天气的变换预示着季节的循环不息，节日的欢腾则宣告了岁月的周而复始——随之，商贩的叫卖声，也在这城市的交响乐章中忽隐忽现。[57] 如前所述，随着日升月落、寒来暑往，不同的街头卖家穿梭于巷陌之间，而早期街头美食的一大特色，正是其鲜明的季节性。这些街头贩卖的景象，在声音的世界里得到了生动的展现。

在约翰·盖伊的诗作《琐事集》中，叙述者声称：“老练的城市居民，无须日历指引，便能从街头的食物、娱乐与各色仆役的忙忙碌碌中，辨识出日子的更迭。”接下来的一节诗文尤其令人身临其境，叙述者如是沉吟：

声声吆喝，每每昭示季节的更迭，
它们标记了日往月来，时序流转。
听那街巷，如三重奏般音韵绕梁，
售卖的乃是春之丰饶，热闹非凡！
馨香的花骨朵儿，接骨木的芽苞，
清血净体的荨麻，枝叶鲜嫩初绽。
六月的雷雨凉了暑天，却不曾冷却火热的人间，
连古来神圣的安息日，也因叫卖鲭鱼告别安恬。

随着时光在一年中的推进，这位诗中的向导叮嘱他的读者，入秋之后，要留意核桃、李子、梨子的叫卖声，而一旦听见有人来卖迷迭香和月桂，就意味着圣诞节已近在眼前。[58] 与之相似，1804 年，威廉·马歇尔·克雷格（William Marshall Craig）出版了一本刻画街头人物的著作，图文并茂地展现了被人们戏称为“绿色的催促”（Green Hastens）的叫卖声，如何从 6 月末回荡到豌豆收获的季节。一位做热面包

生意的小贩，整个夏天都会在上午和下午分别叫卖几个钟头，但是到了冬天，他会暂停营业，转而晃起了手摇铃铛，去改卖松饼。[59]19 世纪，伦敦的路人、居民仍然在聚精会神地聆听过往小贩的叫卖声，这甚至能在那些抱怨喧嚣的信件中找到证据。一名作者抱怨道，他的周日早晨被送奶工从早上 6 点到 8 点的大喊大叫给毁掉了，这还没完，接下来的一个小时，卖水芹和鱼的小贩也加入了吆喝的行列。加上一个下午都有人在叫卖橙子和其他商品，直到晚上，街道才终于安静了下来。[60] 作者们提供这些细节，可能是想让自己的怨言更具分量，证明他们的抱怨绝非空穴来风。但在这样做的同时，他们也无意中证明了自己注意到了叫卖声的变化。

后世作者对此类恍如日历一般规律的叫卖声的描述，可能大都借鉴了《琐事集》等前人的作品，或者至少流露出了一丝可以辨识的怀旧情绪。盖伊的诗作，是对古罗马诗哲维吉尔的《农事诗》（*Georgics*）的某种轻松的再诠释，它将乡村生活的日常点滴，搬到了 18 世纪的英国首都。[61] 温习叫卖声的四季轮回，则是对逝去的伦敦的一场哀悼。根据《一年四季》（*All the Year Round*）杂志于 1874 年刊载的一篇文章所述，在“这座大城已不如往昔那般富有诗意”的时代，小贩的叫卖声“让我们再一次遥想春花秋月、夏日冬雪，它们恰如布谷鸟的啼叫，还有四月飞燕的啁啾似的，令人愉快地追忆起了往昔”。[62] 诸如此类的文字大都浸染了惆怅，但是在京城的大舞台上，叫卖声的变迁，确乎是声音景观塑造市民生活的诸多方式之一。因为小贩们占据了街巷这一公共空间，与供应商、顾客面对面地讨价还价，一边卖力吆喝，一边东奔西跑，他们自然而然地将自己工作的节奏深深地镌刻在了伦敦人的心头。在这座维多利亚时代晚期的大都市中，声音景观依然被富有意涵的吆喝声紧紧萦绕。

叫卖声的远去？

街头小贩的叫卖，也标志着时间的悠长和流逝。19 世纪的作者们在探讨这些声音时，对它们的远去感到忧心忡忡。通常，他们会将 15 世纪以来诗歌、图像、音乐作品中记载的声声吆喝，与自身所处时代的伦敦街头的声音进行比较。在 1841 年发表的一篇关于街头噪声的文章中，查尔斯·奈特（Charles Knight）描述道，“樱桃熟了”（Cherry ripe）和“鲜美橙子”（Fair oranges）这两种叫卖声业已不复存在，但“水果贩子”（costardmonger）的叫卖声却喧阗依旧，至于卖牛奶的小贩，只是将她的叫卖声从“这儿有牛奶吗？”（Any milk here?）改为了“牛奶在楼下了”（Milk below），而后又改为了一句简单利落的“米欧”（Mio）。[63] 学者安德鲁·图尔在他的研究中暗示，叫卖的传统犹自存在，他写道："许多古老的叫卖声在其他地方渐次消歇，可是回到二流、三流社区的背街小巷，它们仍然可能在居民中耳熟能详。"[64] 在围绕"货郎过时的叫卖声"展开的一节中，梅休用了一段冗长的题外话——旨在"让我的年轻读者了解相关情况"——解释了赛洛普酒摊的历史，因为那种叫卖声已经消失不见。[65] 随着一部分叫卖声的逝去，新的叫卖声也随即传来，并且预示着新口味的出现，比如意大利小贩卖冰激凌时的"Hokey Pokey"，以及卖烤土豆的熟食小贩的"热气腾腾的土豆"（Taters all'ot），那些土豆正被他们搁在可以加热的手推车里保温。[66]

对食品小贩的描绘，总是蕴含着若隐若现的失落感。尽管有人认为，直到 19 世纪，怀旧情绪才成为"巴黎的叫卖声"一类作品的主题，但是在伦敦，类似的情绪从一开始就已显露眉目。[67] 这一英式题材，出现于 1600 年前后动荡不安的数十年间。大约在小贩们从金融城的市政议会获得执照的同时，他们的形象也在"伦敦的叫卖声"的早期作品中，被具有象征意味地归置了起来。就像第一批印刷图像的网格状结构显示的那样，小贩们被固定在各自的位置上，排列成行，这与现实中他们以自由之身游荡街头的状态大相径庭。每类小贩的图像下方都写有他们的叫卖声，只不过在印刷媒介中，他们只得噤口不言。[68] 然而同一时间，理查德·德林、奥兰多·吉本斯都为自己的五声部作品创作了音乐版本的叫卖声，这些作品充满活力，在音符之间营造出了热闹非凡的氛围。与此同时，这些作品结构精巧，从未陷入无序。吉本斯的作品以一天的时间流逝为框架，当每一节来到结尾时，各个声部刚好达到和谐的统一。再联系以中世纪的巴黎为创作对象的类似作品，音乐学家艾玛·狄龙（Emma Dillon）认为，上述安排让听众"在严密控制的复调框架内，再一次听见了市场壮丽背后的混乱与喧嚣"。[69] 通过将彼此竞争的叫卖声置于同一个音乐、视觉的架构之下，"伦敦的叫卖声"这一题材将现实中的无序重新诠释为某种值得庆祝的事物。那些印刷品和歌曲赞美了另一个伦敦，一个远离了动荡现实，商业欣欣向荣，贫富人群各得其所的伦敦。三个世纪以后，民间歌曲学会对于保存最后几种传世叫卖声所表现出的兴趣，同样传达出了一种不同于早先的怀旧情绪。而到了第一次世界大战期间，被困在伦敦的露西·布罗德伍德和朱丽叶·威廉姆斯，开始着手收集这座城市的民间音乐，在他们看来，这些音乐作品是不会叫人心生恐惧的过往岁月的美好遗存。[70]

那时候，叫卖声也许已经不再常见。19 世纪中叶，迈克尔·巴斯（Michael Bass）——一名反对街头音乐的英国议会议员——发表了一封信，含糊其词地解释了"几年前"，针对伦敦叫卖声的新法律如何"使我们的街道安静了下来"。[71]

作者可能指的是1839年出台的《大都市区警察法案》，乔治·奥古斯都·萨拉也称这部法案为“我们的叫卖声最无情的敌人”。[72]然而，尽管《大都市区警察法案》就使用喇叭和其他乐器进行广告宣传的人给出了处罚的标准，但它并没有特别针对叫卖声做出具体规定。由巴斯领导的这场运动的终点——1864年出台的《街头音乐（大都市区）法案》[Street Music (Metropolis) Act]——旨在加快起诉不受欢迎的街头表演者的步伐，但它依旧没有将矛头专门指向叫卖声。[73]到维多利亚时代中期，小贩们的叫卖声兀自让人生厌，但别的恼人声音已取而代之，占据了主导地位。

如果说，叫卖声在街头的运用呈现下降趋势，那可能是更深层次的声音变迁的表现。自16世纪伦敦走上扩张之路以来，小贩们的叫卖声，向来是城市听众重视的众多声音之一。当中，有一部分声音出现后又消失，另一部分声音则经历了意义层面的微妙变化。可是，木材、石头仍是最主要的城市建筑材料，步行、乘坐马车仍是最主要的交通方式，而能够传到远处的叫卖声仍是传递信息的常规手段之一。[74]19世纪中叶以后，随着交通的提速和蒸汽动力、电力等新技术的普及，长时段的发展累积改变了伦敦人日常听到的声音。传入城市居民耳中的声波，变得更加嘈杂了。[75]这并不是说，声音变得不那么重要了：听觉对于在现代大都市生活的人们来说至关重要，即使是像穿过一条危险的公路这么简单的任务，也离不开听觉。[76] 但是，走在日益繁忙、嘈杂的伦敦街道上，叫卖声的确变得越来越难以听到了。

小贩们的叫卖声并未就此消失。正如我们所看到的，当年的报纸上还在刊登针对其扰民行为的反对意见。来信的作者们往往寓居在富裕的城市社区和宁静的近郊，如肯宁顿、西布朗普顿、波特兰广场和斯托克纽因顿。[77] 在那些地区，兴许是由于背景噪声较低，叫卖声依旧响亮到足以引起居民的不满。19 世纪的最后 10 年，伦敦大都市区当局围绕要不要采取正式行动展开了商议。原野圣吉尔斯教堂（St Giles in the Fields）、圣乔治·汉诺威广场（St George Hanover Square）、肯辛顿的地方官员都曾向新成立的伦敦郡议会请愿，希望获得打击街头噪声的权力，但均未成功。[78] 经过几年的反复磋商，伦敦郡议会的“地方政府与税收委员会”（Local Government and Taxation Committee）最终提交了一项议案，试图颁布解决“街头呼喊”（Street Shouting）问题的地方性法规。虽然委员会强调，法规不适用于货郎和街头小贩，但还是有几名议员担心豁免条款表达得不够明确，他们警告说，法规可能会“将一件用于打压街头卖家的利器，交到警察的手中”。所幸，由于一多半议员没有到场参加表决，最后没有任何决议出台。[79] 在伦敦郡议会的后续会议中，这一问题被再次抛出，可是责任却被下放给了于1899年成立的大都市区自治市议会（metropolitan borough councils）。[80]就在监管街头小贩、制止其妨碍交通的权力被下放的同时，叫卖声带来的喧嚣，也变成了一个地方性的基层问题，而非整个伦敦的宏观问题。

纵观整个维多利亚时代乃至其后的20世纪，街头市场依然四处回响着叫卖声。翻阅彼时的新闻报道和文学作品，从市场传来的嘈杂声响，为之平添了狂欢节一般的奇妙氛围。梅休描述过新街的一个周六之夜，“成千上万殷勤的商贩喊出了五花八门的叫卖声，所有人同时铆足力气，抬高嗓门，四周顿时热闹起来”。他逐一复述了耳中的叫卖声：

> “又上旧货啦！”一个人放声吼道。
>
> “热栗子，一便士20个！”另一个人嚷嚷着。
>
> “黑鞋油，半便士一盒！”一个男孩尖声叫道。
>
> “买呀，买呀，买呀，买呀，买呀！”肉贩喋喋不休。
>
> “一便士就得半令纸！”接下来轮到了街头文具商。
>
> “好嘛，一磅洋葱，才半便士。”
>
> “两便士能买一磅葡萄咯。”
>
> “一便士带走三条雅茅斯熏鲱鱼。”
>
> “四便士一顶帽子，带一顶走不？”
>
> “来这儿挑便宜的嘞！半便士三对鞋带。”

“机不可失，失不再来！顶漂亮的峨螺，一便士一摞儿。”

“这里有货，将将半便士！”这是走来走去的糖果商。

“快来瞧瞧！看咱这烤面包架！”一个把雅茅斯熏鲱鱼插在烤叉上的卖家吆喝道。

“一便士一堆，上好的粗皮苹果哟！”卖苹果的女人也不甘落后。

如是这般，仿佛身在巴别塔上似的，各式腔调在耳畔此起彼落、喧嚣不已。[81]

这些声音，不仅叫人联想起了“伦敦的叫卖声”这一主题的早期音乐，而且按照梅休的说法，还承担了新的功能。与原来伴随穿街走巷的小贩在城市各处回荡的吆喝声不同，这些叫卖声如今被限定在某些特定的地方。叫卖声成为白十字街、皮革巷、麦尔恩德路等区域的听觉标志，这些地方是工人阶级前来用餐、购买生活用品和娱乐消遣的场所。

叫卖的概念也一直深深根植于伦敦的文化之中。刻画叫卖传统的印刷图像，尤其是弗朗西斯·惠特利在 18 世纪 90 年代创作的经典画作（图 12），日后广泛传播开来，还演化出了新的形式，由福克纳和普莱尔公司（Faulkner and Player）发行的一系列香烟卡片，便是其中的例证之一。[82] 从 19 世纪晚期开始，在音乐厅献艺的歌星们也开始演唱模仿叫卖声的歌曲了，就像几个世纪以前的莎士比亚时代，演员们登上舞台扮演街头小贩的角色一样。[83]1914年首演的萧伯纳的戏剧《皮格马利翁》（*Pygmalion*），后来被改编为音乐剧《窈窕淑女》（*My Fair Lady*），这部作品探讨了“伦敦的叫卖声”主题之下的三个具体的经典议题——阶级、性别和声音。故事的主人公是一名语音学教授，他试图改造一位科文特花园的小贩的语言面貌，好让这位粗鄙无礼、从未受过教育的卖花女假扮成公爵夫人。[84]

从那时起，街头小贩和他们那半被遗忘的声音，就成为某种伦敦神话（London myth）的载体。在1968年上映的音乐电影《雾都孤儿》（*Oliver!*）中，主人公奥利弗一天早晨在他恩人舒适的房子里醒来。[85]他被一位卖花女宛如海妖塞壬般的叫卖声吸引到了窗前，“谁来买我的甜红玫瑰，两朵只要一便士？”接着，另一种吆喝声从另一个方向传来，“今天要买点牛奶吗，太太？”只听见这位乳品小贩的叫卖声跟随音调的跳跃，穿花绕树似的上下翻飞。而后，一位水果贩子腰间挎着满满一篮子草莓，跟着吟唱道：“熟透的草莓，熟得透透的！”三人的叫卖声自此交织在一起，其他商贩也相继加入进来，大家齐声高唱：“谁要买？”在接下来的场景中，奥利弗的唱词被各类小贩的叫卖声频频打断，他们在宏伟的广场上云集，这一幕让他连连惊叹。显然，“伦敦的叫卖声”的主题影响到了电影的导演卡罗尔·里德（Carol Reed）和原版舞台音乐剧的作曲家莱昂内尔·巴特（Lionel Bart），启发了他们对此情此景的艺术构思。小贩们的装扮，与惠特利、保罗·桑德比、马塞勒斯·拉隆等艺术家笔下的街头小贩形象颇为类似。电影里的歌曲，则让人联想起了 17 世纪至 18 世纪作曲家们捕捉到的伦敦街头音乐。巴特出生于 1930 年，本是伦敦东区一个犹太裁缝的儿子，“二战”结束后，他的音乐剧因为采用了民间白话和地方口音，将工人阶级的日常故事搬上了舞台而独树一帜，一举脱颖而出。[86] 在改编查尔斯·狄更斯的小说时，巴特磨平了原作现实主义的尖锐棱角，突出了感伤情调，这或许解释了这部音乐剧经久不衰的部分原因。而在早期观众的心中，电影版可能捕捉到了他们对未受两次世界大战摧残的昔日伦敦的怀旧思绪。“谁要买？”代表了一种绵亘了数个世纪的古老传统：一代又一代伦敦人聆听着街头小贩的广告叫卖声，将他们对城市母体的万千情愫注入其中。

尾　声　街头美食的回归

小贩们并没有在一夜之间从伦敦的街头消失。不仅如此，20世纪上半叶，他们的生意似乎蒸蒸日上。20世纪30年代，来自伦敦政治经济学院的一批研究人员，发布了查尔斯·布思的大都市区调查报告的更新版本，他们得出的有关街头小贩的结论，与布思早年的发现有着惊人的相似之处。小贩们依然是一群形形色色的劳动者，有男有女，一些人每周大部分时间都在经营自家的路边小店，另一些人则为了从别家的货摊进几颗卷心菜而拼命挣扎，四处筹措上货的本钱。他们仍旧聚居在贫困城区的同一条街道上，为市中心的人口提供食物，为其带来闲聊、热闹等难以量化的生活乐趣。如今，大约还有3万名伦敦人靠做货郎、小贩、流动商贩、报纸贩子、咖啡摊主、身上挂广告牌的临时工为生。研究人员解释说，之所以有这么庞大的人数，既是由于"二战"结束后，大量退伍军人用抚恤金购买了摊位、手推车，也是由于社会失业率日渐上升，迫使许多丢掉工作的人转向了非正规工作。[1] 同一时期，作家玛丽·贝内代塔（Mary Benedetta）与摄影师拉兹洛·莫霍利－纳吉（László Moholy-Nagy）合作出版了《伦敦的街头市场》（*The Street Markets of London*）一书，书中的灵感部分来源于亨利·梅休的新闻报道，部分来源于“伦敦的叫卖声”主题作品中的那些传统的绘画场景。在书中，贝内代塔描述了每一座街头市场的个性，她笔下的波多贝罗路（Portobello Road）带给人“家庭主妇般的亲切感”，坐落在巴尔汉姆的希尔德雷斯街让人感觉到“宾至如归”，与此相反，新街则“令人不快”，贝内代塔还在字里行间刻画了许多奇特的人物角色。在东街（East Street）一座卖沙拉的摊位上，老迈的普里迪太太一边啃着芹菜梗，一边在咀嚼的间隙吆喝道：“生菜哟，两便士一颗，新鲜又美味。亲爱的，不来点生菜吗？”当被问及她吃芹菜有什么讲究时，普里迪太太“调皮地眨了眨眼”，信誓旦旦地告诉作者，她只吃芹菜顶上的嫩叶，或者顶多再吃一点中间的秆儿。而在她身侧，靠近山葵的地方，还放着一个斟了威士忌的玻璃杯。[2]

可是，在我们习以为常的喧嚣之下，食品小贩的生意已经悄悄发生了变化。贝内代塔书中的街头贸易看起来依旧欣欣向荣，不过，在表象之下，作者也偶尔流露出些许沉重的思绪。贝内代塔提到，皮革巷曾经是附近一带最热闹的街道，但因为霍尔本广场（Holborn Circus）上新开了一家百货公司，市场上的许多顾客被吸引走了。“饶是如此，它仍然保持着自己的尊严，”贝内代塔写道，“就像一位老妇人乘坐破旧的家族马车行经街道，她的嘉言懿行令旁边所有坐在汽车里的人显得粗俗、愚蠢。和那位老妇人一样，皮革巷的现状让你喉咙哽咽，这里面有一种异常感伤的东西在撩动你。”[3]贝内代塔落笔之际，最主要的变化在于街市的监管方式。1911年，金融城终于登记了所有在其辖区内营业的街头商贩。这项制度实施后的第一年，就有1712位小贩获得了徽章和证书。[4]而在金融城以外的其他地区，根据1927年通过的一项议会法案，向街头商贩颁发执照的权力被赋予了伦敦的各个自治市议会。为了预订摊位，每位小贩必须先支付5先令的年费，再根据市场情况的不同，每周支付6便士到3先令不等的费用。从此以后，金融城内不再增发新的徽章，在这一点之外，引入执照制度并没有限制食品小贩的规模。[5]但是，变化之处在于自上而下的管控力度。比起大都市区历史上的其他时期，管控变得更严格了，当局现在能够统计、追踪每一位小贩，并把他们各自固定在某个相应的位置上。例如，金融城开展的一项针对街头商贩的普查，就按照警察辖区、个人交易编号将他们逐一列出，并注明了每一位商贩的年龄和地址。其中最资深的老者是83岁的884号，来自伯蒙德西明托街的托马斯·埃克索尔，梅休采访那会儿，他可能还只是一个孩子。[6]与19世纪上演的购物狂欢相比，摊位的指定分配，使得今天的街头市场必须在本地议会的监督下运营，因此变得更加有序、可控。然而，在受到监管的市场外面，剩下的少数推手推车、提篮子的商贩却再也无法获得执照了，他们面临被起诉的风险，许多人不得不趁着夜色的庇护，在火车站、赛狗场附近悄悄徘徊。[7]由伦敦政治经济学院撰写的《新调查》（*New Survey*）一书警告道，从事街头贸易的资格业已沦为了一种“既得利益”，外来者“极难获得立足之地”。[8]

就伦敦文化的诸多方面而言，第二次世界大战称得上是一道分水岭。两次世界大战之间尚在眼前的条条街衢的繁华景象，在经历了战时闪电战的硝云弹雨、配给制下的节衣缩食、战后城市规划的全面改造之后，都已被一笔抹去。[9]诚然，战火停歇后，不少摊位逐渐回到了原先的街道，但是劫后余生的它们却面临着更为激烈的竞争。从20世纪50年代末开始，电影发行商兰克集团公司（Rank Organisation）制作了数百部十分钟的系列纪录片，取名为《阅尽人生》（*Look at Life*），它采用故事的形式，讲述了英国社会中或非凡或平凡的百态人生。其中有一集，由声音极具辨识度的西德·詹姆斯（Sid James）担纲解说，将伦敦最后留存的一些街头市场，与它们光鲜亮丽的新对手——超市——进行了对比。在纪录片绚烂的彩色画面中，我们可以看到衬裙巷、伯维克街、法灵顿路的街市上挤满了行人，摊位上摆满了实用的物件儿，个性鲜明的摊主们滔滔不绝，其中几位话说到一半的摊主的尊容，还被定格在了特写镜头中。纪录片播放至中途时，画面切换到了超市，一扇扇玻璃门，用色彩鲜艳的罐子和透明塑料精心包装起来的各色商品，以及闪闪发亮的售卖鱼类、肉类的柜台，顿时映入了观众的眼帘。“仿佛是戴上了高高的礼帽的街头市场。”解说员詹姆斯如此形容这个新来的竞争者，“它更时髦、更现代。这里的一切都整洁有序，下雨时，你的面包上头还有屋顶遮风挡雨。”[10] 纪录片并未偏袒任何一方，但是就新鲜食品的销量而言，超市还是在现实中迅速占据了上风。在 1983 年出版的一本摄影指南中，亚历克 · 福肖（Alec Forshaw）、西奥 · 伯格斯特龙（Theo Bergström）为肯 · 利文斯通和玛格丽特 · 撒切尔时代的伦敦读者，更新了贝内代塔和莫霍利 - 纳吉当年的观察。他们评论道，在“超市时代”，许多街头市场已经转向了专门经营手工艺品、古董、花卉、书籍、布料的赛道。只有少数几座市场，像是布里克斯顿、雷德利路、教堂街市场，仍旧保持着广泛的零售业务。[11] 直至今日，这几处地方依然在地方社区中扮演着充满活力的核心角色。来自各行各业的顾客，可以从长年经营的摊位、商店中购买到优质且价格合理的商品，这些摊位、商店目前多由老租户、创业者和移民经营，他们将食品销售视为养家糊口的良机。

超市的竞争，只是导致街头贸易衰落的其中一个因素。随着各个领域的社会发展进程在19世纪下半叶开始加速，伦敦的城市面貌、人口结构均再一次发生了变化。在第一次世界大战爆发前的几年间，市中心社区的居民人数首次出现了下降，而这些社区曾经是摊贩的重要活动区域。到了20世纪80年代，随着工人阶级也加入了向郊区迁移的浪潮，工业进一步向大伦敦及以外地区转移，虽然办公室和商业设施填补了空缺，中心区的居民数量还是近乎减少了一半。交通的进一步发展，使得城区的持续扩张成为可能。地铁的电气化，为铁路建设注入了巨大的动力，伦敦大都市区的居民因之获得了更加便宜、快捷的出行方式。依托于国际海运和冷藏技术的不断改进，火车上装载的食品从先前难以想象的远方被及时送往伦敦，让渔业、园圃、乳品等伦敦近郊密集型产业的优势荡然无存。早在两次世界大战之间的那段时期，汽车、公共汽车、卡车在这座城市的街道上已经不再罕见。在交通网络更完善、路面状况更理想的道路上，车辆以更快的速度运送着人员和货物，但也给行人带来了新的安全隐患。交通工具的机动化，无疑加速了街头文化的消亡。曾几何时，爱德华时代的伦敦人仍然会去户外聚集，不仅是为了做买卖，还可能是为了参加政治集会、法定假日集市和民间自发组织的庆祝活动，甚至是为了利用难得的周末时光谈情说爱，围观街头斗殴，即兴地玩玩游戏。然而，速度更快的公共和私人交通工具，两次世界大战造成的创伤，连同家庭生活日益以私宅为中心的时代趋势，合力将越来越多的城市活动转移到了室内，到了20世纪中叶，这种趋势已经根深蒂固。[12]在小贩被赶出主干道的同时，他们盼望停下脚步、慷慨解囊的伦敦市民，也永久地离开了街道。

说到这里，那个街头贸易生机勃勃的伦敦，曾经是什么样子的呢？那是一座不断扩展自我，总在打破边界，但人口、贸易的核心区域依旧充满活力的城市。那是一座经济形态独特，季节性突出，小规模的商业、服务业占据重要地位，背后有一支随时准备更换工作的临时劳动力大军作为支撑的城市。那是一座拥有动态、专业化且主要依赖本地产业链的食品供应体系的城市，在铁路时代到来之前，它就已然克服了易腐食品的挑战。那还是一座在缓慢调整其原有的中世纪市场体系，使之适应时代变化的城市，数不胜数的小商店、非正规零售商正作为城市经济的新鲜补充，变得日益不可或缺。在那里，街道不仅用于交通运输，还是上演商业、对话、冲突、社会运动的缤纷舞台，每一处街角都挤满了人和动物，随之引发了层出不穷的烦恼、愤怒和危险。在那里，治理者和警察能意识到自己权力的有限性，对街头贸易和阻滞交通的行为采取了宽松、务实的监管态度。在那里，人们可以通过声音解读他们的城市，在时间长河中为自己定位，满怀渴望地追忆想象中的城市的往昔岁月。从16世纪末到20世纪初，伦敦在许多方面变得越发现代化了。住房、道路、环卫等方面的基础设施无疑得到了改善。但笔者试图表明的是，在大多数伦敦人看来，回顾首都历史上的大部分时间，上述改善带来的好处要么遥不可及，要么微乎其微。与此同时，现代化的进程也是断断续续、自相矛盾且存在缺憾的。最激进的发明创新，比如铁路的架设和街道空间的严格管理，直到这段进程步入后期方才出现。那时，历史的车轮业已来到1900年以后，现代的降临早已是有目共睹的事实了。而在此之前，我们理解中的与现代化相关联的时代特征，像是小贩的扰民行为招致的不满、女性独自出行引发的忧虑，几个世纪以来，一直是这座城市的标签。是街头小贩帮助我们认识到，伦敦是如何踉踉跄跄而非大步流星地发展成了首屈一指的国际都市。

展示街头美食

过去10年左右的时间里，一种新型街头美食应运而生。2007年至2008年的金融危机使得外出就餐的风尚在伦敦变得更加随性，而自进入21世纪以来，这座城市的餐饮声誉一直在不断攀升。食客们四处寻找价格合理，并且能够额外提供无形“体验”的用餐场所。一些敢于冒险的厨师——他们可能是半路转行而来，也可能是原本在专业厨房工作的人士——开始走上街头，售卖食物。在带有可翻折侧板的货车和顶着遮阳篷的餐车旁边，这些卖家准备了味道浓郁的菜肴，用一次性纸板、塑料餐具盛装，供人们就地站着快速享用。街头美食市场一座接一座地在城市的各处角落发展壮大，占据了空置的停车场、步行街和等待开发的建筑物。附近的上班族只要从数十种琳琅满目的选项中，挑选出一份不落俗套的午餐，就能摆脱被预先包装的三明治统治已久的单调饮食了，那份午餐可以是烤肉串、藜麦沙拉，也可以是新鲜烹制的意大利面。周末和晚间到来的游客，可以在摊位之间徜徉，来这儿聚会的每一个人，都可以选择与自己味蕾合拍的食物，然后在临时搭建的酒馆里一边品尝美食，一边畅饮酒水。久而久之，一些走上品牌之路的公司打开了思路，把此类市场搬进了室内，它们利用彩灯、长椅和齐全的厨房设备来装饰仓库，抑或着手建造专门设计的美食大厅，以确保精致的餐饮与节日般的场所氛围相得益彰。街头美食，已成为一种烹饪类别。就连郑重其事的餐厅，也开始尝试模仿街头美食的趣味性和独特风味（对于英国人的口味来说）了：2017 年，行业杂志《餐饮人》（*Caterer*）预测，未来的流行风向标将指向龙虾卷、芝士吐司和任何用碗盛装的食物。制造商们为超市的货架考虑，推出了方便在家制作的街头美食系列产品，当中有香料混合物、街头饮品，也有日式咖喱肉排、加勒比烤肉的即食餐包。[13]

显然，21 世纪前 10 年掀起的街头美食热潮，与伦敦古老的街头叫卖历史几无关联。它全然专注于熟食，而不涉及鱼、水果、牛奶、绿叶蔬菜这些让街头小贩广为人知的招牌商品。同时，作为新兴行业，它的影响力还是全球性的。这种新型的街头美食汲取了来自世界各地的烹饪灵感：美国的精品汉堡和慢炖肉类；拉丁美洲的玉米饼、酸橘汁腌鱼和馅饼；中国的各式面条和饺子；热气腾腾的东南亚肉汤；还有打破了砖巷的咖喱菜肴模式的印度街头小吃。当林林总总的异国美食以敏感、细致的方式呈现在食客面前时，它们立刻受到了欢迎，进而丰富了这座城市的菜单，这也反映了移民的成功和伦敦对待外国文化的开放心态。通常而言，它们着实味道绝佳。

英国人饮食口味的全球化，得益于一个事实，即外国美食比以往任何时候都让人感觉触手可及。不同国家之间的长途旅行变得更便宜了，这让更多游客能够探索遥远的文化，亲身体验当地的食物。美食之旅，如今还可以躺在舒适的沙发上轻松实现，因为旅行纪录片和烹饪指南这两类电视节目已经巧妙融合。奈飞公司（Netflix）为其出品的系列纪录片

《主厨的餐桌》(*Chef's Table*) 制作了一个街头美食的版本，用推介世界著名厨师的精美拍摄手法，去刻画曼谷、新加坡、布宜诺斯艾利斯、利马等地的街头小贩。被塑造出来的人物肖像，凸显了个体摊贩的天赋才华和个人奋斗，但是这部纪录片并没有强调摊贩对所在城市日常运转的重要价值，以及这一群体正在面临的结构性问题。已故的厨师、作家兼主持人安东尼·波登（Anthony Bourdain），是最早将街头美食搬上小屏幕的人士之一，他在目不暇接的多个系列电视节目中登场，一路吃遍了全球。2016 年到访越南时，波登将他瘦削、颀长的身躯蜷缩在一张低矮的小板凳上，与时任美国总统的巴拉克·奥巴马一道吸食起了面条。这一幕触动了观众心底最柔软的地方，两人通过在一家破旧的市井餐馆享用区区 6 美元的晚餐，将人们渴望看到的生活的淳朴本真浪漫化地呈现在镜头前。晚些时候，奥巴马在悼念波登的文章中如是写道：“他教会了我们关于食物的知识——但更重要的是，他教会了我们，食物具有将我们团结在一起的力量。食物，让我们对未知的世界少了一丝恐惧。”[14]

单就街头美食的开放程度而言，今日的伦敦相比过去有所退步。较之英国，北美街头的美食卡车、小吃摊热潮拥有更加久远的历史，北美学术界对这一现象的研究，也远比他们的英国同人更加深入。[15] 帕兹·康查（Paz Concha）在其完成于2017年的博士论文中，对伦敦的“街头美食场景”（street food scene）开展了一场为期九个月的民族志研究，她深入一家运营正规街头市场的企业中工作，与商贩们肩并肩地接单、烹饪。康查探讨了常常用于时尚、音乐等行业的“策展”（curation）理念，借以描述其身处的市场是如何组织起来的。这里的组织者会去主动物色那些契合特定摊位、与市场秉持相同理念的商贩；他们力求提供多样化的烹饪风格，以吸引见多识广的“食尚达人”（foodies）；他们打造了富有魅力的餐饮场所，但又有意引入指示箭头、共享座位等妙招儿，鼓励食客以自己喜欢的个性方式利用空间。[16]这样一种形同策展的组织方式，让当今的街头美食在两个特定方面显得不同流俗。首先，它是经过事先策划的。要运营这些街头市场，组织者需要先与土地所有者达成协议，或者支付租金，继而在深思熟虑之后，对烹饪、销售、浏览、用餐的全部流程细节予以精准的控制。其次，这些街头市场有着特定的目标受众。正如康查指出的那样，虽然组织者谈论起他们运营的行业时，喜欢将之描述为“民主、开放和有机配置的”，但实际上，这一行是具有排他性的。被选中和加入名单的摊贩，连同他们的大多数顾客，往往与组织者来自同一群体：中产阶级，具备敏锐的文化感受力，总体偏于年轻化。这里的食物本身也许并不昂贵，但其售卖的方式却让人隐约感觉到，只有那些既有头脑又有闲钱的消费者才有办法享用。[17]

2020 年春天，新冠疫情的蔓延迫使英国进入了封锁状态，街头美食蓬勃发展的势头戛然而止。预计开业的项目遭到搁置，常规市场关门歇业。随着这一年的推移，一家在肖迪奇、加拿大湖（Canada Water）、金丝雀码头（Canary Wharf）、路易斯汉运营就餐场所的企业被强制清算。[18] 截至笔者撰写本文的 2021 年底，似乎很难说得清，这种在人流密集、陌生人摩肩接踵之地户外用餐的方式，今后是否还会保持同样的吸引力。直到后来，博罗市场（Borough Market）传来了好消息，它那只覆盖了一部分的传统建筑结构，反而使其在管制制度下获准迅速开放，重新营业，而该地熙来攘往的人潮表明了，人们对于在人行道上一边徜徉，一边享用美味、有趣的食物的热情依然如故。一家房地产咨询公司预测，按照当下街头美食市场的运营模式，英国有潜力新增 173 座美食大厅。[19] 看上去，时尚的街头美食及其引发的一系列棘手问题，诸如文化影响、策展实践乃至社会排他效应，短期内并不会消失。

过去与现在的商贩

新冠疫情对于世界各地的普通街头小贩来说，都可谓一场灾难。即使他们没有因为警察执行宵禁而被驱逐出公共场所，但由于城市空无一人，居民们留在家中，他们的生意也几乎在一夜之间消失于无形。像全球 20 亿非正式工人中的许多人一样，他们通常既没有注册身份，也没有固定工资，因此其中的大多数人都错过了当局的紧急财政援助。[20] 仅在印度 国，就活跃着至少 400 万名街头小贩，他们除了销售衣物、家居用品、熟食、饮料，还是向城市里的中产阶级、工人阶级提供新鲜水果、蔬菜的主要分销商。新冠疫情来袭，交通中断之际，他们加入了从城市徒步返回农村的大军。正如最近一部街头售卖研究文集的编辑们所总结的那样，这场危机揭示了一个事实，即小规模的商品贩卖“往往是穷人维持生计的重要方式，是全世界许多人获取食物的重要渠道”。[21]

社会学家、人类学家、政治科学家已经围绕街头小贩的经历进行了丰富的研究，特别是在非洲、亚洲和拉丁美洲。学者们的研究表明，在这些大陆的大城市中，食品小贩还在继续销售新鲜食品和预制菜肴，他们在固定摊点或便携式摊位旁边达成交易，高声吆喝吸引顾客，并与警察、政客保持着微妙的平衡关系。在阅读了这些研究成果后，我们发现，无论是约翰·克罗斯（John Cross）对墨西哥城的深入调研，罗西奥·罗萨莱斯（Rocío Rosales）对洛杉矶的细致查访，还是艾琳·廷克（Irene Tinker）、卡罗琳·斯金纳（Caroline

Skinner）携手完成的广泛分析，都清楚地表明，结合语境具体问题具体分析至关重要。[22] 从全球视角来看，街头小贩是来自各种背景的多样化人群，他们的工作深受所在城市紧张局势的影响，时而被当地的政治、社会运动牵连。直接将伦敦的小贩与其生活在另一个技术、物质世界中的同行展开比较，是没有意义的。但是，世界各地的许多街头小贩今天面临的困境，确实曾令他们远在英国首都的同行倍感苦恼。为什么像其他行当的临时工作一样，上街叫卖极少被视为一份合法的营生？走上街头工作面临的风险，是否应该由男女从业者平等承担？街头小贩的买卖，如何与公共空间的其他用途和谐共存？城市管理者能否灵活而公正地监管街头生意，在向赤贫的底层劳动者提供一线生机的同时，也让当地居民心满意足？街头工作是应该得到外界的价值认可，还是应该在外力扶持之下转型，最终告别历史的舞台？

当前学术前沿的一个研究热点，是将现代街头美食发展的宏大趋势，与小贩着眼于顾客需求的、卑微的日常劳作联系起来，并探讨双方之间的交织关系。例如，在意大利，比萨、油炸饭团等经典的街头食品，已经被年轻一代重新包装成了时尚的街头美食。这一趋势背后的动机之一，是亚平宁社会对传统失落的担忧，尽管事实上，这场运动也淘汰了那些不愿或不能适应现实的老派食品供应商。[23] 奈飞公司制作的美食纪录片《街边有食神》（*Street Food*）中的一位明星，是泰国曼谷的七旬街头厨师"痣姐"（Jay Fai），她戴着护目镜、无檐帽，在炽热的炒锅前亲自烹饪。2018年，痣姐拿手的蟹肉煎蛋卷、醉汉河粉、冬阴海鲜汤、黄咖喱，为她赢得了一颗闪耀的米其林星，吸引了来自各大洲的美食爱好者排队光顾她那家临街而开的餐馆。[24] 在不远处的新加坡，到了20世纪90年代中期，经过数十年的努力，当地政府将全城数万名持有执照的街头小贩全部迁入了有遮蔽、更卫生的永久性建筑，那里被称为小贩中心。[25] 新加坡小贩中心的坚固摊位、公共餐桌所呈现的美学风格，影响了在西方各国兴起的街头美食大厅。街头美食的形式在全球范围内千差万别，有的追求精致性、专属性、私密性，有的扎根于日常生活和普罗大众，暴露在自然环境和交通场所中，但无论如何，它们始终会保留某种街头的气息。社会学家克里希南杜·雷（Krishnendu Ray）认为，涵盖在这种广义理解之下的街头美食，可以维持他所说的城市的"活力"（liveliness）。雷表示，这种活力"产生于不同群体对公共空间的共享利用，虽然这个过程并不总是和谐的，但其间的冲突能够在一定程度上得到协调"。一座城市不仅活力充沛，坐拥易于获取、感官体验丰富的饮食体系，还具有强大的地方传统和对空间、市场的平衡监管，这符合大多数人的共同利益。[26]

依照上述标准，在过去的100年间，伦敦似乎失去了一部分活力。无论是将其理解为活力、欢乐，还是福祸与共的公共生活，我们都本能地察觉到，城市开放空间中共享的日常体验在减少。街头交易，正是遭到抛弃的市民活动之一。汽车将行人推上了与街道隔离的人行道，空置的公共土地受到国家机构和私人利益集团的严格控制，个性化的娱乐方式将城市居民吸引到了室内。在新鲜食品的零售行业中，超市无疑占据了主导地位。诚然，我们不必怀念过去的英国首都：总的来说，现在的伦敦人生活得更安全、更健康，伦敦的街道大多干净整洁、路面平整，超市以低廉的价格高效地为我们提供食物。我们不应过分美化依然存在的街头交易。那通常是些艰苦、低薪而且缺乏保障的工作，很少有人愿意去做。但我们也不得不承认，城市生活的某些方面已然消失不见。一方面，曾经满是小贩的伦敦既混乱，又危险，居民们多半都在忙着寻找一份收入尚可的稳定营生；但另一方面，彼时的伦敦也正生龙活虎、无畏秩序地野蛮生长着，是形形色色、不问出处的冒险家们同时碰撞出火花与生机的共同家园，他们中的大多数人都能意识到，是艰辛的尝试和劳动供养了他们的衣食生计。街头美食无法被成功展示，其活力也难以被全然捕捉的原因在于，今人需要同时接受它一体两面的好与坏。最终，食品小贩的故事还是指引我们来到了这里，与在大都市生活必然面临的一个核心矛盾直面相对。城市的飞速扩张带给芸芸众生的兴奋与狂想，实则基于它矛盾、尴尬、恼人、繁难的另一面。这些元素，既让诸如此类的城市成为魅惑众生的风水宝地，也让它们变成了生之维艰的虎穴龙潭。

附录：识别街头小贩（1600—1825）

为了更全面地呈现19世纪之前街头售卖的历史图景，笔者利用多种资料来源，构建了一个关于个体街头小贩以及街头售卖事件的数据集。在完成于2019年的博士毕业论文中，笔者首次提出了这种研究方法。当时，论文涵盖的时间范围是1600年至1750年，而在本书的研究中，时间范围向后扩展到了1825年。这种研究方法受到了多个正在进行的、以性别和工作为主题的研究项目的影响，尤其是英国埃克塞特大学的“劳动形式”（*Forms of Labour*）项目和类似“伦敦生活”（*London Lives*）这样的数字人文项目的影响。至于本书的研究目标，则是创建一个关于街头小贩的信息“档案库”（archive），在收集不同形式的史料后，将它们整合到适合进行定量和定性分析的框架之中。

由此而来的全部858位个体街头小贩和443起街头售卖事件的相关信息，均来自以下两类资料。第一类资料涵盖了伦敦教区宗教法庭上的证词，诸如老贝利法院审判记录中的证人陈述,《新门监狱遗事》中的涉事人物传记，以及米德尔塞克斯郡和伦敦金融城法庭的工作文件。第二类资料则是在大都市当局对街头小贩实施监管时附带产生的，包括布莱德维尔感化院的院长法庭的会议记录，伦敦市长和金融城市政官们主持诉讼时的庭审纪要，一本诞生于 17 世纪早期的罚款记录簿，还有城区、教区等各类地方机构的工作记录。对于每一个个体，我们至少掌握了他的姓名及其所售商品的详情。不仅如此，所有街头售卖事件都能与具体的年份对应起来。

受限于相关资料的性质，这个数据集不可避免地存在不均衡性。在个体街头小贩中，有 102 人（占总数的 11.9%）活跃在 1675 年及之前，有 240 人（占总数的 28.0%）活跃在 1676 年至 1750 年，有 516 人（占总数的 60.1%）活跃在 1751 年至 1825 年。而在街头售卖事件中，有 55 起事件（占总数的 12.4%）发生在样本时段的前三分之一，有 124 起事件（占总数的 28.0%）发生在样本时段的中间三分之一，有 264 起事件（占总数的 59.6%）发生在样本时段的后三分之一。老贝利法院的审判记录的时间分布，是导致数据来源前后不均的主要原因，迟至 17 世纪晚期，我们才能在存世的资料中发现老贝利法院的审判记录，以此为分水岭，它们的数量随后急剧上升。这就使得每个时段内，不同资料的来源权重显得有些畸轻畸重。具体来看，在样本时段的前三分之一，刚好有一半（51

人）的街头小贩是在布莱德维尔监狱被记录在案的。同样在这一阶段，来自各个教区、城区和教会法庭的记录的占比也十分突出。但紧接着，从老贝利法院的审判记录中识别出来的街头小贩的个体比例，便从样本时段中间三分之一的 39.6%（95人），陡然上升到了样本时段后三分之一的 94.6%（488 人）。

使用这种研究方法时，我们既需要懂得灵活变通，也需要意识到资料的局限性。资料来源的多样性既是一个优势，也让可靠的统计分析变得更加难以实现。回顾全书，正如笔者在引用数据时每每强调的那样，我们需要谨慎地解读这些数据，它们提供的信息只能支撑起若干粗略的模型。在构建样本的过程中，我必须时而做出判断，像是厘清小贩居住地隶属的教区，明确他们的具体交易方式（就男性小贩而言，这一点特别重要，例如我没有将任何仅被描述为“牛奶商”的个体纳入样本，因为这一称呼可能会产生误导）等。我还不得不从表层的字面意义入手，去解读一则则记录中的描述，而与此同时，笔者也明白，对于其中蕴藏的大多数细节，我们实际上仍缺乏确凿的佐证。尽管有上述种种因素需要纳入考虑，呈现在诸君面前的，仍然是迄今为止关于伦敦非正规食品售卖的最大规模的史料集成。今后，倘有同人试图围绕街头小贩、街头叫卖等题目，开展内容更为丰富的长时段的历史研究，本书或可略尽础石之功。

注 释

序 街头小贩与伦敦史

1. Deposition of John Wymes, 2 May 1611: LMA, DL/C/0220, ff. 495v–496v; Deposition of Elizabeth Richards, 7 June 1611: LMA, DL/C/0220, ff. 607r–608r; Trial of Hugh Connor, May 1744: *OBPO*, t17440510-14; Mayhew, *London Labour*, vol. 1, pp. 39–40.
2. On the spread of street markets, see Kelley, *Cheap Street*, pp. 4–7.
3. Emma Weinbren, ‘Street Food: The New Trends Shaping Food Culture’ , *Grocer*, 12 September 2018, <https://www.thegrocer.co.uk/trend-reports/street-food-the-new-trends-shaping-foodie-culture/571368.article>.
4. Imogen Watson, ‘Walkers Unveils Two “Trending Tastes” Crisps Inspired by Street Food’ , *Drum*, 22 February 2019, <https://www.thedrum.com/news/2019/02/22/walkers-unveils-two-trending-tastes-crisps-inspired-street-food>.
5. For recent examples, see White, *London in the Nineteenth Century*, pp. 197–200; White, *Great and Monstrous Thing*, pp. 196–9.
6. For relatively recent, broad surveys, see Shesgreen, *Images of the Outcast*; Maniates and Freedman, ‘Street Cries’ .
7. On the disorderly associations, see Cockayne, *Hubbub*, pp. 80–2, 99–100, 107, 124; Griffiths, *Lost Londons*, pp. 123–34; Dorey, ‘Unwholesome for Man’ s Body?’ , ch. 6. On hawking as a ‘pauper profession’ , see Hitchcock, *Down and Out*, pp. 49–53.
8. Earle, *City Full of People*, pp. 114–22, 144–6; Erickson, ‘Married Women’ s Occupations’ ; Hubbard, *City Women*, pp. 196–207; Reinke-Williams, *Women, Work and Sociability*, pp. 103–7. On women’ s movement, see Gowing, ‘Freedom of the

Streets'.

9. For this quote, see Winter, *London's Teeming Streets*, p. 101. On street markets specifically, see Jones, 'Redressing Reform Narratives'; Kelley, *Cheap Street*. On hawkers' political significance, see Brodie, ' "Jaunty Individualists" '; Jankiewicz, 'Dangerous Class'. On their social and economic importance, see Green, 'Street Trading'.
10. On these questions, see Pennell, ' "Great Quantities of Gooseberry Pye" '; Smith, 'Wholesale and Retail Markets'.
11. On gender and urban mobility, see van den Heuvel, 'Gender in the Streets'.
12. For recent works on the complex experience of poverty, see Harley, 'Consumption and Poverty'; Hitchcock and McClure, *Routledge History of Poverty*.
13. Calaresu and van den Heuvel, 'Introduction', p. 12.
14. Milliot, *Les Cris de Paris*; Boutin, *City of Noise*.
15. Brunelle, 'Policing the Monopolizing Women'; Montenach, *Espaces et pratiques du commerce alimentaire*, pp. 15–18.
16. For the landmark studies, see International Labour Office, 'Employment, Incomes and Equality'; Hart, 'Informal Income Opportunities'.
17. For a discussion of how hawking can variously be deemed a pre-modern, modern, or post-modern phenomenon, see Cross, 'Street Vendors, and Postmodernity'.
18. Finlay and Shearer, 'Population Growth and Suburban Expansion', p. 39; Harding, 'Population of London'; Schwarz, *London in the Age of Industrialisation*, pp. 2–3; White, *London in the Nineteenth Century*, pp. 90, 98.
19. Finlay and Shearer, 'Population Growth and Suburban Expansion', p. 45; White, *Great and Monstrous Thing*, p. 553; White, *London in the Nineteenth Century*, ch. 3.
20. White, *London in the Nineteenth Century*, p. 477.
21. Porter, *London: A Social History*, p. 159. On innovation despite the division, see Innes, 'Managing the Metropolis'.
22. For a discussion of such boundaries, see Jenner and Griffiths, 'Introduction'.
23. For example, see the timespan of Hitchcock and Shore, *Streets of London*.
24. For key works in this vein, see Ogborn, *Spaces of Modernity*; Nead, *Victorian Babylon*.
25. Gowing, 'Freedom of the Streets', p. 147; Jenner, 'Circulation and Disorder', p. 50.
26. Winter, *London's Teeming Streets*, p. 109; Kelley, *Cheap Street*, pp. 1–3.
27. For projects that have influenced this methodology, see Ågren, *Making a Living, Making*

a Difference; Whittle and Hailwood, 'Gender Division of Labour'.

28. 关于一些没有在此提及的著作，如詹妮弗·戴维斯（Jennifer Davis）的作品，以及学术界以往围绕 868 桩警察法庭案件的相关讨论，我已经在取样之后完成了一部史料汇编，详情参见本书第八章。
29. On the latter approach, see Calaresu, 'Food Selling and Urban Space', p. 118.

第一章　人民

1. *PP, Select Committee on Artizans' and Labourers' Dwellings*, qq. 1847–8, 2750–2; Sims, *How the Poor Live*, p. 42.
2. *PP, Her Majesty's Commissioners for Inquiring into the Housing of the Working Classes*, qq. 1492, 1497; Greenwood, 'London Courts and Alleys', pp. 184–5.
3. Mayhew, *London Labour*, vol. 1, pp. 47–8; Sims, *How the Poor Live*, pp. 4–6.
4. Lupton, *London and the Country Carbonadoed*, pp. 91–4.
5. Griffiths, *Lost Londons*, p. 124.
6. Ward, *London Spy Compleat*, pp. 40–2. On these two accounts, see Capp, *When Gossips Meet*, pp. 331–2.
7. On the anxieties about female mobility, see Chapter 7. On the queerness of the fishwife, see Hadshar, ' "[T]heir Tales Are Sweet" ', ch. 2.
8. Korda, 'Gender at Work', p. 121.
9. 'Billingsgate, n.', in *OED Online*.
10. Shesgreen, *Images of the Outcast*, pp. 182–3.
11. For an example of the former pose, see Luigi Schiavonetti, after Francis Wheatley, 'Milk Below Maids', 1793: Yale Center for British Art, Paul Mellon Collection, B2001.2.1680. On the milkmaid character in various guises, see Shesgreen, *Images of the Outcast*, pp. 108–10.
12. Gay, 'Trivia', p. 178.
13. Taithe, *Essential Mayhew*, pp. 4–5.
14. Mayhew, *London Labour*, vol. 1, pp. 2–3. On race and otherness in Mayhew, see Nord, 'Social Explorer as Anthropologist', pp. 131–3.
15. Stedman Jones, *Outcast London*, pp. 285–6. On the earlier outcast generation, see Green, *From Artisans to Paupers*, p. 250.
16. Mayhew, *London Labour*, vol. 1, p. 13.

17. Stedman Jones, ' "Cockney" and the Nation', pp. 294–6; Kelley, *Cheap Street*, pp. 169–78.

18. *Lloyd's Illustrated Newspaper*, 10 April 1892, p. 9.

19. On the case for the coster origins of the 'pearlies', see Kelley, *Cheap Street*, pp. 134–42. Stedman Jones is more sceptical of the costermonger-cockney connection, in ' "Cockney" and the Nation', p. 288.

20. Shesgreen, *Images of the Outcast*, p. 73.

21. Münch, 'Henry Mayhew and the Street Traders', pp. 65–6; Kelley, *Cheap Street*, p. 112; Taithe, *Essential Mayhew*, pp. 31–2.

22. 此处的结论同时参考了"综合人口普查微观数据"项目、1851 年人口普查、1901 年人口普查的调查结果。这些数字是基于伦敦人口普查郡（包括米德尔塞克斯、萨里、肯特三郡的部分地区）的一类受调查人群，即"街头的商贩、摊贩、小贩"的人数统计结果得出的。

23. For more details, see Appendix.

24. 学者们曾经将人口普查结果作为研究妇女工作的资料来源，近年来，学术界对这一研究方法进行了评估，对该领域既往的历史编纂展开了讨论，关于此事，参见 Higgs and Wilkinson, 'Women, Occupations and Work', pp. 28–32; You, 'Women's Labour Force Participation', p. 120。

25. *PP*, *Report from the Select Committee on the Fresh Fruit Trade*, q. 3075.

26. *Daily News*, 1 September 1865, p. 3; *Standard*, 15 August 1882, p. 3.

27. For the discussion of street trading in these works, see Clark, *Working Life of Women*, pp. 202–9, 220–1; Pinchbeck, *Women Workers and the Industrial Revolution*, pp. 297–300.

28. For the classic statement of 'separate spheres', see Davidoff and Hall, *Family Fortunes*. For criticism of the 'breadwinner' model, see Horrell and Humphries, 'Women's Labour Force Participation'.

29. Alexander, 'Women's Work'; Alexander, Davin, and Hostettler, 'Labouring Women'.

30. McIntosh, *Working Women*, pp. 250–1. For discussion of the problematic chronological models, see Vickery, 'Golden Age to Separate Spheres?'.

31. Earle, *City Full of People*, p. 116; Schwarz, *London in the Age of Industrialisation*, pp. 16–17, 22; Green, 'Street Trading', pp. 136–7; Kay, 'Retailing, Respectability and the Independent Woman', pp. 152–6.

32. Shepard, 'Crediting Women', pp. 12–14; Erickson, 'Married Women's

Occupations’, pp. 269, 276–7.

33. Shepard, *Accounting for Oneself*, p. 150.

34. Froide, *Never Married*, p. 3; Hill, *Women Alone*, p. 40.

35. 在 858 位街头小贩的样本中，我们能够确定其中 105 人的年龄。女性小贩的平均年龄为 31 岁，中位数年龄为 29 岁。而男性小贩的平均年龄为 25 岁，中位数年龄为 20 岁。

36. Booth, *Life and Labour*, 2nd ser., vol. 3, p. 259.

37. Trial of William Brister and others, December 1744: *OBPO*, t17441205-34; Trial of Aaron Levi, January 1796: *OBPO*, t17960113-89.

38. Trial of Charles Rapley, William Dorr, February 1790: *OBPO*, t17900224-85; Trial of Thomas Collop, Elizabeth Gordon, February 1768: *OBPO*, t17680224-24. On children’s contributions to the household, see Cunningham, ‘Employment and Unemployment of Children’, pp. 131, 139; Earle, *City Full of People*, p. 57.

39. Davin, *Growing Up Poor*, p. 85; Humphries, *Childhood and Child Labour*, pp. 211–12.

40. *Standard*, 5 December 1895, p. 6. See also the examples of children interviewed by Mayhew, in *London Labour*, vol. 1, pp. 39–40, 89–90, 151–2. On children working at market stalls, see Davin, *Growing Up Poor*, pp. 189–90.

41. Booth, *Life and Labour*, 2nd ser., vol. 3, p. 259. For similar findings in an earlier period, see Earle, *City Full of People*, pp. 118–19.

42. *Ordinary's Account*, June 1715: *OBPO*, OA17150622.

43. For example, see Deposition of Jane Collett, 2 November 1620: LMA, DL/C/0227, ff. 180r–180v; Trial of Sarah Gould, September 1809: *OBPO*, t18090920-123.

44. Earle, *City Full of People*, pp. 46–8; Meldrum, *Domestic Service and Gender*, pp. 18–19; Green, *From Artisans to Paupers*, p. 3.

45. Tinker, *Street Foods*, pp. 159–60. For a discussion of this in historical context, see van den Heuvel, ‘Selling in the Shadows’, p. 144.

46. On the form of the *Account*, see Linebaugh, ‘Ordinary of Newgate’.

47. *Ordinary's Account*, January 1716: *OBPO*, OA17160127.

48. *Ordinary's Account*, February 1760: *OBPO*, OA17600211.

49. Trial of Mary Evans, Ann Allen, September 1805: *OBPO*, t18050918-135; Trial of Catharine Smith, May 1744: *OBPO*, t17440510-7.

50. Atkins, ‘Retail Milk Trade’, p. 523; Hayes, *London Milk Trail*, p. 9.

51. Booth, *Life and Labour*, 2nd ser., vol. 3, pp. 175–8; Hayes, *London Milk Trail*, p. 30.

52. Trial of Margaret Griffiths, July 1808: *OBPO*, t18080713-46.

53. Thomson and Smith, *Street Life*, pp. 53–4; Armfelt, 'Italy in London', p. 185.

54. 此处的结论同时参考了"综合人口普查微观数据"项目、1881 年人口普查、1901 年人口普查的调查结果。在最后一项调查中，被归类为"街头的商贩、摊贩、小贩"且具有意大利血统、标注职业中提及冰激凌的个体，共分布在 25 个登记区。关于霍尔本区的持续重要地位，参见 Sponza, 'Italian "Penny Ice-Men"', pp. 20–1, 26, 31–2。

55. *Lloyd's Illustrated Newspaper*, 9 June 1889, p. 7.

56. George, *London Life*, p. 120; Lees, *Exiles of Erin*, pp. 92–5.

57. Lees, *Exiles of Erin*, pp. 46–8.

58. Mayhew, *London Labour*, vol. 1, pp. 104–5, 466–7.

59. *Ordinary's Account*, September 1731: *OBPO*, OA17310924; *Ordinary's Account*, March 1741: *OBPO*, OA17410318; *Ordinary's Account*, October 1753: *OBPO*, OA17531029.

60. Examination of Mary Boswell, 19 April 1744: *LL*, smdsset_103_57800. On this approach, see Crymble, 'A Comparative Approach to Identifying the Irish'.

61. Kelley, *Cheap Street*, pp. 116–20.

62. Endelman, *Jews of Georgian England*, pp. 171–2, 179–80; Endelman, *Jews of Britain*, pp. 41–2.

63. For an early reference, see Mansion House Justice Room, Minute Books: LMA, CLA/004/02/055, entries for 26 January 1790. For further discussion, see Chapter 5.

64. Endelman, *Jews of Britain*, pp. 90–2, 127–30.

65. *Lloyd's Illustrated Newspaper*, 28 June 1891, p. 10.

66. Deposition of Mary Risebrook, 17 July 1701: LMA, DL/C/0247, ff. 162r–163r. On worth statements at the church courts and this benchmark of poverty, see Shepard, *Accounting for Oneself*, pp. 126–7.

67. Trial of Mary Shepherd, February 1783: *OBPO*, t17830226-62.

68. Trial of John Weddal Guyer, January 1809: *OBPO*, t18090111-42.

69. Trial of Dorothy Green, December 1790: *OBPO*, t17901208-51.

70. For example, see Examination of Frances Lee, 27 July 1750: *LL*, WCCDEP358050286.

71. Greenwood, 'Mission Among City Savages', pp. 12–13, 15–16, 24.

72. J. A. Groom, *The Poor Watercress Sellers of London* (1871): LMA, LMA/4305/06/037.

73. Deposition of Elizabeth Charter, 26 April 1619: LMA, DL/C/0226, 2nd ser., ff. 3v–4r, 15r. On the 40s. threshold, see Shepard, *Accounting for Oneself*, pp. 96–104.

74. Trial of Elizabeth Knotmill, January 1757: *OBPO*, t17570114-17; Trial of Thomas Jones, January 1767: *OBPO*, t17670115-4; Trial of Jane Purton, April 1801: *OBPO*, t18010415-87; *Morning Post*, 30 September 1836, p. 4.

75. Inventory of Nicholas Spincser, 3 September 1694: LMA, CLC/313/K/C/009/MS19504/046/34; Will of Nicholas Spinster, 4 September 1694: LMA, CLC/313/K/C/006/MS25628/35/28.

76. Trial of Abraham Cohen, January 1782: *OBPO*, t17820109-10. For examples of eighteenth-century wages, see Boulton, 'Wage Labour', pp. 279–83; Stephenson, '"Real" Wages?', p. 121.

77. Mayhew, *London Labour*, vol. 1, p. 55.

78. Statistical Society of London, 'Investigation into the State of the Poorer Classes in St. George's in the East', p. 210.

79. Booth, *Life and Labour*, 2nd ser., vol. 3, p. 270. For a similar figure, see London County Council Public Control Committee, *London Markets*, p. 25.

80. Booth, *Life and Labour*, 1st ser., vol. 1, pp. 33–5.

81. Mayhew, *London Labour*, vol. 1, pp. 54–5.

82. For a description of the sixteenth-century social structure, see Stow, *Survey*, vol. 2, pp. 207–8. On the middling sort's emergence, see Earle, 'Middling Sort', pp. 143–5. For a discussion of inter-class distinctions, see Shepard, 'Poverty, Labour and the Language of Social Description', p. 92.

83. Stedman Jones, *Outcast London*, pp. 55–6. On the eighteenth century, see Schwarz, *London in the Age of Industrialisation*, p. 57.

84. Shepard and Spicksley, 'Worth, Age, and Social Status', pp. 516, 519–20; Shepard, 'Poverty, Labour and the Language of Social Description', p. 92.

85. On the proportion of the population receiving relief, see Arkell, 'Incidence of Poverty', p. 46.

86. Court of Alderman, Repertory 22: LMA, COL/CA/01/01/024, ff. 172r, 176v.

87. Mayhew, *London Labour*, vol. 1, pp. 4–6.

88. Booth, *Life and Labour*, 2nd ser., vol. 3, p. 259.

89. Mayhew, *London Labour*, vol. 1, p. 47.

90. 此处的结论同时参考了“综合人口普查微观数据”项目和 1851 年人口普查的调查结果。拥有最多“街头的商贩、摊贩、小贩”的 10 个登记区，按顺序依次为南华克、白教堂、圣吉尔斯、贝斯纳尔格林、威斯敏斯特、纽因顿、肖迪奇、兰贝斯、东伦敦和霍尔本。

91. Integrated Census Microdata (I-CeM) project, 1901 census.
92. Harvey, Green, and Corfield, 'Continuity, Change, and Specialization', pp. 479–80.
93. Finlay and Shearer, 'Population Growth and Suburban Expansion', pp. 44–6.
94. Spence, *London in the 1690s*, pp. 45–8, 67–75.
95. Dyos and Reeder, 'Slums and Suburbs', p. 362; Schwarz, *London in the Age of Industrialisation*, pp. 7–8. On St Giles, see Crymble, 'Decline and Fall', pp. 9–10.
96. Wohl, *Eternal Slum*, pp. 2–3; Stedman Jones, *Outcast London*, p. 154. On the changing geography of poverty, see Green, *From Artisans to Paupers*, pp. 192–8.
97. Greenwood, 'Mission Among City Savages', pp. 13–14.
98. Mearns, *Bitter Cry*, pp. 4–6, 18–20.
99. *PP, Select Committee on Artizans' and Labourers' Dwellings Improvement*, qq. 1539–47. On the wider crisis, see Wohl, *Eternal Slum*, pp. xiv–xvii, 21.
100. Harding, 'Families and Housing', pp. 130–4; Baer, 'Housing the Poor and Mechanick Class', pp. 20–2. On the rebuilding, see McKellar, *Birth of Modern London*, pp. 155–7.
101. Boulton, *Neighbourhood and Society*, pp. 175–83; Hitchcock, *Down and Out*, pp. 10–11.
102. Trial of Thomas Baldwin, May 1774: *OBPO*, t17740518-44.
103. George, *London Life*, pp. 98–9. For discussion of cellars for retailing, see Chapter 5.
104. Trial of Mary Hatfield, Mary Hicks, May 1780: *OBPO*, t17800510-6; Trial of William Cunningham, October 1789: *OBPO*, t17891028-18; Trial of Mary Wootton, September 1806: *OBPO*, t18060917-19.
105. Trial of Mary Hobbs, December 1812: *OBPO*, t18121202-105.
106. On lodging houses, see McEwan, 'Lodging Exchange', p. 52; Crymble, 'Decline and Fall', pp. 14–17.
107. Trial of Augustin Doreice, July 1812: *OBPO*, t18120701-59.
108. Sims, *How the Poor Live*, pp. 39–43.
109. *PP, Select Committee on Artizans' and Labourers' Dwellings Improvement*, qq. 1820, 1849–52, 1991–2, 2054–5; *PP, Her Majesty's Commissioners for Inquiring into the Housing of the Working Classes*, qq. 3040–5, 9579–81, 11,653–4. On these restrictions, see Stedman Jones, *Outcast London*, pp. 184–5.
110. For descriptions of such facilities, see *PP, Select Committee on Artizans' and*

Labourers' Dwellings Improvement, qq. 2765–6, 3638–9, 4529, 5550; *PP*, *Her Majesty's Commissioners Inquiring into the Housing of the Working Classes*, qq. 3814, 3963–6, 11,652, 11,661–2, 11,796–809.

111. *Report from the Select Committee on Artizans' and Labourers' Dwellings*, qq. 1200–4, 2057, 2063. On inner London' s magnetism, see Stedman Jones, *Outcast London*, pp. 172–3, 208–9.

第二章　工人

1. Mayhew, *London Labour*, vol. 1, p. 7.
2. Deposition of Mary Risebrook, 17 July 1701: LMA, DL/C/0247, ff. 161r–163r; Trial of Francis Doyle, September 1784: *OBPO*, t17840915-53.
3. Will of Benjamin Wilkinson, 17 November 1739: LMA, DL/AM/PW/1739/105.
4. Schwarz, *London in the Age of Industrialisation*, pp. 23–4, 44–5, 50–1, 121.
5. For the classic analysis of casual labour, see Stedman Jones, *Outcast London*, pp. 26–9. On the preceding period, see Green, *From Artisans to Paupers*, pp. 5–6, 22, 27–8, 250–1.
6. *Ordinary's Account*, March 1713: *OBPO*, OA17130313.
7. Trial of George Staples, June 1780: *OBPO*, t17800628-37.
8. *Standard*, 23 January 1895, p. 7.
9. Trial of John Taylor, December 1731: *OBPO*, t17311208-42; Examination of Christopher Kennedy: *LL*, LMSLPS150970240; Trial of William Booth, September 1802: *OBPO*, t18020918-96. On demobilization and the labour market, see Schwarz, *London in the Age of Industrialisation*, p. 95.
10. Trial of Hannah Laws, September 1809: *OBPO*, t18090920-93.
11. Mayhew, *London Labour*, vol. 1, p. 71.
12. Hitchcock, *Down and Out*, ch. 3; Stedman Jones, *Outcast London*, p. 61.
13. *PP*, *Select Committee on the Fresh Fruit Trade*, q. 3569. For an earlier example, see *Ordinary's Account*, July 1752: *OBPO*, OA17520702.
14. Trial of Jane Nichols, October 1755: *OBPO*, t17551022-9; *OBPO*, February 1772, Trial of James Jennings and others, February 1772: *OBPO*, t17720219-36; Trial of Elizabeth White, January 1760: *OBPO*, t17600116-12.
15. Ågren, 'Conclusion' , p. 209; Shepard, *Accounting for Oneself*, pp. 249–57.
16. Schwarz, *London in the Age of Industrialisation*, pp. 48–9. On the census and women' s

work, see Chapter 1.

17. Trial of Jeremiah Connell and others, October 1799: *OBPO*, t17991030-7; Trial of James Blundell, October 1767: *OBPO*, t17671021-18.
18. Stedman Jones, *Outcast London*, pp. 35–41; Green, *From Artisans to Paupers*, pp. 32–42.
19. Thomson and Smith, *Street Life*, pp. 91–2.
20. For example, see Petition of John Jones, October 1785: *LL*, LMSMPS508010037.
21. Trial of Stephen Collard, May 1736: *OBPO*, t17360505-21; Trial of Grace Tasker, December 1762: *OBPO*, t17621208-38; Trial of Ann Ball, February 1772: *OBPO*, t17720219-44; Trial of Thomas Thatcher, September 1808: *OBPO*, t18080914-48.
22. Mayhew, *London Labour*, vol. 1, pp. 91–2.
23. Deposition of Margaret Hart, 2 December 1601: LMA, DL/C/0216, ff. 292r–293v. For more physical help, see Trial of William Harper, April 1733: *OBPO*, t17330404-53.
24. Trial of Elizabeth Bradshaw, December 1739: *OBPO*, t17391205-52.
25. Trial of Dorothy Lloyd, October 1759: *OBPO*, t17591024-14. For another description of this practice, see Trial of Margaret Edwards, July 1760: *OBPO*, t17600709-20. On similar practices elsewhere, see Brunelle, 'Policing the Monopolizing Women', p. 30.
26. For bulk purchases in the nineteenth century, see Thomson and Smith, *Street Life*, p. 67.
27. Simonton, 'Widows and Wenches', p. 102. See also Froide, *Never Married*, pp. 102–15.
28. Trial of William Bullinbroke, December 1738: *OBPO*, t17381206-13. For another example, see Deposition of Elizabeth Dixon, 23 January 1672: LMA, DL/C/0236, ff. 327r–327v.
29. Meldrum, *Domestic Service and Gender*, pp. 14–17; Kent, 'Ubiquitous but Invisible', p. 113; Richardson, *Household Servants*, pp. 64–5; Hill, *Servants*, p. 253.
30. On the changing nature of nineteenth-century service, see Higgs, 'Domestic Servants and Households', p. 207; Schwarz, 'English Servants and Their Employers', p. 253; Erickson, 'What Shall We Do About the Servants?', pp. 281–3.
31. Mayhew, *London Labour*, vol. 1, pp. 33–4; Greenwood, 'Only a Coster', pp. 4–5.
32. For example, see Bridewell Hospital, Minutes of the Court of Governors: BMM, BCB 4, f. 242r; BCB 8, f. 46v.
33. Trial of Margaret Edwards, July 1760: *OBPO*, t17600709-20. On standard terms, see Kent, 'Ubiquitous but Invisible', pp. 123–4.
34. Hill, *Servants*, pp. 251–2; Mansell, 'Variety of Women's Experiences as Servants', p.

332.

35. Bridewell Hospital, Minutes of the Court of Governors: BMM, BCB 9, p. 817. For later examples, see St Dunstan in the West, Vestry Minute Books: LMA, P69/DUN2/B/001/MS03016/002, f. 187r; Middlesex Sessions, Sessions Papers, Petition of Churchwarden and Overseers of Saffron Hill, December 1762: *LL*, LMSMPS505170070; Examination of Elizabeth Birch, December 1765: *LL*, smdsset_120_59528; Examination of Susannah Lewis, August 1776: *LL*, GLBAEP103160112; Examination of Ann Sistram, May 1784: *LL*, GLBAEP103200131.

36. On the institution, see Snell, *Annals of the Labouring Poor*, pp. 278–87; Simonton, 'Apprenticeship' ; Lane, *Apprenticeship*, ch. 4; Hindle, *On the Parish?*, pp. 191–223; Humphries, *Childhood and Child Labour*, pp. 295–304; Levene, 'Parish Apprenticeship' .

37. On the 'continuum' of pauper apprenticeship, see Hindle, *On the Parish?*, p. 223. For a more positive evaluation, see Humphries, *Childhood and Child Labour*, p. 305.

38. Examination of Mary Boswell, 19 April 1744: *LL*, smdsset_103_57800; Examination of Elizabeth Birch, December 1765: *LL*, smdsset_120_59528.

39. Middlesex Sessions, Sessions Papers, Petition of Frances Hall, October 1696: *LL*, LMSMPS500450015.

40. Greenwood, 'Only a Coster' , pp. 4–5.

41. For examples of older servants, see Examination of Maudlin Owen, May 1751: *LL*, smdsset_94_56838; Examination of Anne Allen, January 1763: *LL*, smdsset_75_54989; Examination of William Tippett, February 1771: *LL*, WCCDEP358220241.

42. The first example I have found appears in Trial of Elizabeth Humphreys, July 1763: *OBPO*, t17630706-56.

43. Booth, *Life and Labour*, 2nd ser., vol. 3, pp. 178–9; Atkins, 'Retail Milk Trade' , pp. 523–4, 536.

44. This continued in the nineteenth century, as described critically in Dodd, *Food of London*, pp. 292–3.

45. Trial of Eleanor Donovan, February 1797: *OBPO*, t17970215-52; Trial of John Davis, January 1816: *OBPO*, t18160110-10; Atkins, 'Retail Milk Trade' , p. 523.

46. Will of Mary Wordsworth, 17 April 1787: TNA, PROB 11/1152/152.

47. Will of Benjamin Wilkinson, 17 November 1739: LMA, DL/AM/PW/1739/105.

48. Arkell, ‘Probate Process’, p. 11.

49. Will of William Smallwood, 14 January 1747: TNA, PROB 11/744/157; Will of John Lester, 27 October 1749: TNA, PROB 11/774/237.

50. On commonly cited estimates of worth for these social groups, see Shepard, *Accounting for Oneself*, pp. 102–3, 110–11.

51. 在收录 1825 年之前的街头售卖事件与小贩个人信息的数据库中，只有那些被明确描述为在街头携带或售卖牛奶的从业者，才会被我列为牛奶商。

52. Mary Norton was the first London ‘milkwoman’ whose will was proved at the Prerogative Court of Canterbury in 1761. See TNA, PROB 11/864/41.

53. Lupton, *London and the Country Carbonadoed*, pp. 91–4.

54. For the ballad, see Anon., ‘Jolly Jack of All Trades’. On its tune, see Simpson, *British Broadside Ballad*, pp. 40–2.

55. *Ordinary's Account*, January 1742: *OBPO*, OA17420113.

56. Mayhew, *London Labour*, vol. 1, p. 91.

57. On overcoming these difficulties, see Whittle and Hailwood, ‘Gender Division of Labour’. On occupational titles, see Shepard, *Accounting for Oneself*, p. 233.

58. Shepard, *Accounting for Oneself*, pp. 262, 267–70, 310.

59. 在来自 19 世纪警察法庭的材料样本中，我们发现了 868 个“货郎”作为被告的案例，其中只有 26 个案例中的涉事小贩可以被确认是女性。有关这一材料样本的更多讨论，参见本书第八章。

60. Taverner, ‘Moral Marketplaces’, p. 10. For women and men called hucksters, see Pennington, ‘Taking It to the Streets’.

61. Deposition of Mary Knapp, 3 December 1695: LMA, DL/C/0244, f. 367r.

62. Shepard, *Accounting for Oneself*, pp. 269–70.

63. Middlesex Sessions, Sessions Papers, Petition of John Castle, April 1734: LMA, MJ/SP/1734/04/12.

64. For examples of the latter, see Trial of William Smithson, July 1766: *OBPO*, t17660702-10; Trial of Asher Levy, February 1795: *OBPO*, t17950218-17.

65. Cox, *Complete Tradesman*, pp. 22–8, 32–5.

66. ‘Costermonger, n.’, in *OED Online*.

67. St Dunstan in the West Precinct, Wardmote Inquest Presentments: LMA, CLC/W/JB/044/MS03018/001, f. 100r.

68. Trial of Richard Peers, February 1793: *OBPO*, t17930220-17; Trial of Thomas

Williams, James Smith, January 1794: *OBPO*, t17940115-52.

69. *Morning Post*, 16 July 1850, p. 5; Mayhew, *London Labour*, vol. 1, pp. 101–2.

70. For an early group, the 'London General Dealers' Friendly Society', see *Lloyd's Illustrated Newspaper*, 27 October 1861, p. 7. On the 1867 act and Sunday clearances, see Chapter 8.

71. Register of Friendly Societies, Trade Unions, Rules and Amendments, Costermongers' Federation, 1899–1900: TNA, FS 7/25/1184.

72. Brodie, ' "Jaunty Individualists" ', pp. 147–8, 160–1. On friendly societies, see Green, *From Artisans to Paupers*, pp. 97–102; Ismay, *Trust Among Strangers*, p. 23.

73. For example, *Lloyd's Illustrated Newspaper*, 18 December 1898, p. 3.

74. For example, see Letter from Whitechapel and Spitalfields Costermongers' and Street Sellers' Union to Superintendent of Hammersmith Police Station, October 1905: TNA, MEPO 2/456.

75. On working class cultural institutions, see Ross, *Love & Toil*, p. 23.

76. Lucas, 'Coster-Land', p. 78.

77. *Standard*, 15 January 1884, p. 5.

78. *Daily News*, 11 September 1900, p. 7.

79. Lucas, 'Coster-Land', p. 76.

80. Court of Aldermen, Repertory 34: LMA, COL/CA/01/01/038, f. 242r; Repertory 42: LMA, COL/CA/01/01/046, ff. 214v–215r; Repertory 45: LMA, COL/CA/01/01/049, ff. 296v–297r.

81. Court of Aldermen, Repertory 74: LMA, COL/CA/01/01/078, f. 121v.

第三章　街头美食

1. Dodd, *Food of London*, pp. 117–22.

2. Burnett, *Plenty and Want*, pp. 91, 111–15; Muldrew, *Food, Energy and the Creation of Industriousness*, pp. 57–64, 83–102.

3. For examples of such street sellers, see Middlesex Sessions, Sessions Papers, Confession of John Howell, December 1709: *LL*, LMSMPS501100039; Trial of James Kitchiner, Ann Bedford, October 1799: *OBPO*, t17991030-73; *Daily News*, 25 December 1868, p. 6; *Standard*, 29 July 1886, p. 4; Mayhew, *London Labour*, vol. 1, pp. 175–80. On this division of foods, see also Kelley, *Cheap Street*, p. 53.

4. 在已识别出身份的 1825 年之前的 858 位街头小贩中，有 329 人售卖水果或坚果，270 人售卖鱼或贝类，130 人售卖牛奶，94 人售卖蔬菜或香草，55 人售卖糕点、松饼、馅饼、香肠等熟食，只有 25 人售卖肉类、家禽或食品杂货。
5. McGrath, 'Marketing of Food, Fodder and Livestock', pp. 209–10; Everitt, 'Marketing of Agricultural Produce', p. 511; Webber, *Market Gardening*, pp. 49–51.
6. Hartlib, *Samuel Hartlib His Legacie*, pp. 22–3.
7. Trial of Mary Royston, September 1715: *OBPO*, t17150907-23. On the varieties of apples and cherries, see Webber, *Market Gardening*, pp. 52, 56.
8. Deposition of Susanna Stockdell, 13 July 1671: LMA, DL/C/0236, ff. 275v–276v.
9. Thick, *Neat House Gardens*, p. 23; Webber, *Market Gardening*, p. 42.
10. Thick, *Neat House Gardens*, pp. 42, 44, 51.
11. Middleton, *View of the Agriculture*, p. 267; Atkins, ' "Charmed Circle" ', pp. 62–4.
12. Thick, *Neat House Gardens*, pp. 101–7.
13. Kalm, *Kalm's Account*, pp. 8–9. On longer seasons, see also Thick, *Neat House Gardens*, pp. 107, 111–12.
14. Middleton, *View of the Agriculture*, p. 256.
15. Atkins, ' "Charmed Circle" ', pp. 53–4, 67–8.
16. Trial of Edward Fennell, April 1781: *OBPO*, t17810425-17.
17. Atkins, ' "Charmed Circle" ', p. 66.
18. Atkins, ' "Charmed Circle" ', pp. 64–5. On decline in the East End, see Matheson, 'Common Ground', pp. 85–6.
19. Burnett, *Plenty and Want*, p. 8; Webber, *Covent Garden*, p. 118.
20. On transport costs, see Wrigley, 'Urban Growth', p. 88.
21. *PP, Royal Commission on Market Rights*, vol. 2, qq. 3672–3; Dodd, *Food of London*, pp. 375–7.
22. Atkins, 'Growth of London's Railway Milk Trade', pp. 208–10, 224; Burnett, *Plenty and Want*, p. 8.
23. Booth, *Life and Labour*, 2nd ser., vol. 3, pp. 173–5; Atkins, 'Growth of London's Railway Milk Trade', p. 220.
24. Stow, *Survey*, vol. 1, p. 126.
25. Inventory of Richard Hickman, 25 September 1662: LMA, CLC/313/K/C/009/MS19504/003/045; Inventory of Thomas Butterfield, 22 October 1663: LMA, CLC/313/K/C/009/MS19504/004/044; Inventory of William Warr, 26 July 1665:

DL/C/B/030/MS09174/014/023; Inventory of Ann Patchet, 5 January 1678: LMA, CLC/313/K/C/009/MS19504/023/01; Inventory of Nathaniel James, 29 October 1677: LMA, DL/AM/PI/01/1677/048; Inventory of Richard Gray, 12 December 1695: TNA, PROB 4/14804.

26. Almeroth-Williams, *City of Beasts*, pp. 72–5, 93.

27. Atkins, 'London's Intra-Urban Milk Supply', pp. 385–90; Atkins, 'Retail Milk Trade', pp. 528, 531.

28. Almeroth-Williams, *City of Beasts*, p. 74; Atkins, 'London's Intra-Urban Milk Supply', p. 388; Hetherington, 'Dairy-Farming in Islington', p. 176. For current figures, see AHDB, 'UK and EU Cow Numbers', accessed 31 December 2020, <https://ahdb.org.uk/dairy/uk-and-eu-cow-numbers>.

29. Atkins, 'London's Intra-Urban Milk Supply', pp. 383–5; Almeroth-Williams, *City of Beasts*, pp. 74–5, 82–3.

30. Middleton, *View of the Agriculture*, p. 333; Atkins, 'London's Intra-Urban Milk Supply', pp. 383–5. For comparison, see AHDB, 'UK Milk Yield', accessed 31 December 2020, <https://ahdb.org.uk/dairy/uk-milk-yield>.

31. 经笔者识别出身份的最早的伦敦奶牛饲养人，是1666年的约翰·艾伦，他的遗嘱今天可以去伦敦大都市区档案馆查阅到，档案编号为DW/PA/05/1666/001。第一位牛奶商则是1694年的尼古拉斯·斯宾瑟，我们已经在本书第一章中讨论过他的财产清单。

32. For a 'milkman' with his own cows, see Trial of Joseph Biley, May 1780: *OBPO*, t17800510-27.

33. Trial of Samuel Harrison, July 1719: *OBPO*, t17190708-16; Trial of Gabriel Lawrence, April 1726: *OBPO*, t17260420-64; Trial of Mary Thursel, October 1750: *OBPO*, t17501017-7; Trial of Terence Kane, May 1757: *OBPO*, t17570526-14; Trial of John Cloud, October 1786: *OBPO*, t17861025-117.

34. *Morning Post*, 19 September 1882, p. 2.

35. Court of Aldermen, Repertory 34: LMA, COL/CA/01/01/038, f. 37v.

36. Trusler, *London Adviser*, p. 138.

37. Mayhew, *London Labour*, vol. 1, p. 192.

38. Atkins, 'Retail Milk Trade', pp. 529–31.

39. Anon., *London Fishery*, pp. 16–17, 24–5; Griffiths, *Jurisdiction and Conservancy of the River of Thames*, p. 21.

40. Dodd, *Food of London*, pp. 351–2; Anon., 'London Commissariat', pp. 273–80.

41. McManus, 'Trade and Market in Fish', p. 181. *PP, Select Committee on Channel Fisheries*, qq. 1548–50; Anon., 'London Commissariat', pp. 273–4; Chaloner, 'Trends in Fish Consumption', pp. 104–6.

42. Alexander, *Retailing*, pp. 13–19; Burnett, *Plenty and Want*, p. 117.

43. On Westminster and Hungerford markets, see Smith, 'Market Place', pp. 118–23. On Shadwell, see London County Council Public Control Committee, *London Markets*, p. 18.

44. Stern, 'Fish Marketing', pp. 69–70.

45. Mayhew, *London Labour*, vol. 1, pp. 45–6, 62, 69.

46. Taverner, 'Consider the Oyster Seller', pp. 9–12.

47. Griffiths, *Jurisdiction and Conservancy of the River of Thames*, pp. 238–9; Smith, *Oyster*, pp. 32–3, 73.

48. *PP, Select Committee on Channel Fisheries*, qq. 1744, 2374–85, 2395–403, 2431–5; Dodd, *Food of London*, pp. 361–2.

49. *PP, Select Committee on Channel Fisheries*, qq. 1588, 1594, 1598, 1601, 1827. See also Chaloner, 'Trends in Fish Consumption', p. 97.

50. *PP, Select Committee on the Fresh Fruit Trade*, qq. 1850–3, 1859–60, 1867–74.

51. Mayhew, *London Labour*, vol. 1, pp. 63–4, 81.

52. Deposition of Catherine Pitts, 20 November 1671: LMA, DL/C/0236, ff. 308r–309r; Deposition of Anna Balleston, 7 February 1694: LMA, DL/C/0244, f. 166v–167r; Deposition of Anna Hill, 3 March 1731: LMA, DL/C/0268, f. 2r.

53. Trial of Elizabeth Rigby, September 1789: *OBPO*, t17890909-131; Trial of Nathaniel Nutt, September 1825: *OBPO*, t18250915-200.

54. Recently there has been a flurry of research on early modern conceptions of time. On work-time in particular, see Champion, *Fullness of Time*, p. 30; Hailwood, 'Time and Work'.

55. Mayhew, *London Labour*, vol. 1, p. 69.

56. Dodd, *Food of London*, pp. 342–4; Alexander, *Retailing*, pp. 13–18; Burnett, *Plenty and Want*, p. 117.

57. *PP, Royal Commission on Market Rights*, vol. 2, qq. 526, 1853, 1887.

58. Dodd, *Food of London*, pp. 346–8.

59. Orlando Gibbons, 'The Cries of London', in *Consort Songs*, edited by Brett, pp.

114–26.

60. Marcellus Laroon (after), 'Colly Molly Puffe', 'Hott Bak'd Wardens Hott', and 'Buy My Dutch Biskets', 1688: British Museum, L,85.45, L,85.27, L,85.18.

61. Anon., 'Cries of London'.

62. Rembrandt van Rijn, 'The Pancake Woman', 1635: Fitzwilliam Museum, Cambridge, 23.K.5–202.

63. For examples of these foods, see Trial of Elizabeth Williamson, Sarah Jackson, December 1744: *OBPO*, t17441205-23; *Ordinary's Account*, March 1732: *OBPO*, OA17320306; Middlesex Sessions, Sessions Papers, Petition of George Slater, May 1751: *LL*, LMSMPS504110012. The absence of pancakes did not mean they were not sold. Pancakes 'nice and brown' are also mentioned in a ballad. See Anon., 'Humours of Rag-Fair'. For descriptions that mention the drinks, see Trial of Stephen Jones, September 1740: *OBPO*, t17400903-31; Trial of Elizabeth Knotmill, January 1757: *OBPO*, t17570114-17.

64. *Ordinary's Account*, March 1732: *OBPO*, OA17320306; *Ordinary's Account*, October 1717: *OBPO*, OA17171002.

65. For example, see Trial of John Haywood, John Elrey, April 1768: *OBPO*, t17680413-19.

66. Woolley, *Cook's Guide*, pp. 47–8.

67. See Chapter 4. As ever in the world of hawking there were exceptions, as described in Mayhew, *London Labour*, vol. 1, p. 201.

68. Pennell, *Birth of the English Kitchen*, pp. 65–6.

69. Woolley, *Cook's Guide*, pp. 95–6.

70. Glasse, *Art of Cookery*, pp. 281–2.

71. On the growing availability of sugar, see Stobart, *Sugar and Spice*, pp. 48–9. On earlier consumption, see Thirsk, *Food in Early Modern England*, pp. 324–6.

72. McGrath, 'Marketing of Food, Fodder and Livestock', p. 208.

73. Houghton, *Husbandry and Trade Improv'd*, vol. 3, pp. 10–11.

74. Trial of John Hyams, December 1816: *OBPO*, t18161204-10; Mayhew, *London Labour*, vol. 1, pp. 7, 84, 89.

75. *Standard*, 1 April 1897, p. 3.

76. Torode, 'Trends in Fruit Consumption', pp. 126–8.

77. Mayhew, *London Labour*, vol. 1, pp. 159, 173–4, 180, 196.

78. Mayhew, *London Labour*, vol. 1, p. 159.

79. Mayhew, *London Labour*, vol. 1, pp. 165–6; Walton, *Fish and Chips*, pp. 23–4; Panayi, *Fish and Chips*, pp. 27–32.

80. Weir, 'Penny Licks and Hokey Pokey', p. 295. For earlier, non-Italian ice cream, see Mayhew, *London Labour*, vol. 1, pp. 206–7.

81. *Lloyd's Illustrated Newspaper*, 9 June 1889, p. 7; Thomson and Smith, *Street Life*, pp. 54–5.

82. Tuer, *Old London Street Cries*, pp. 58–60; Weir, 'Penny Licks and Hokey Pokey', pp. 297–9.

83. *Morning Post*, 9 June 1885, p. 5. On claims of insanitary conditions and poisoning, see Sponza, 'Italian "Penny Ice-Men" ', pp. 36–8.

84. On the enduring importance of the three staples, see Muldrew, *Food, Energy and the Creation of Industriousness*. For examples of the many works emphasizing these exotics, see Shammas, *Pre-Industrial Consumer*; Walvin, *Fruits of Empire*; Stobart, *Sugar and Spice*.

85. Thirsk, *Food in Early Modern England*, pp. 34–5, 288–9; Muldrew, *Food, Energy and the Creation of Industriousness*, pp. 106–11; Gentilcore, *Food and Health*, pp. 115–31.

86. Lloyd, 'Dietary Advice and Fruit-Eating', pp. 565–8.

87. Hinds, *Calendar of State Papers Relating to English Affairs in the Archives of Venice*, pp. 315–28.

88. *PP, Select Committee on the Fresh Fruit Trade*, p. iii.

89. Woolgar, 'Meat and Dairy Products', pp. 100–1; Muldrew, *Food, Energy and the Creation of Industriousness*, pp. 102–5.

90. Houghton, *Husbandry and Trade Improv'd*, vol. 1, pp. 409–10.

91. Forsyth, 'Gingerbread', p. 28.

92. Eden, *State of the Poor*, pp. 105–6, 244; Trusler, *London Adviser*, p. 27.

93. Atkins, 'Retail Milk Trade', pp. 536–7; Burnett, *Plenty and Want*, p. 177.

94. Muldrew, *Food, Energy and the Creation of Industriousness*, pp. 105–6; Burnett, *Plenty and Want*, pp. 12–13.

95. Serjeantson and Woolgar, 'Fish Consumption', pp. 105, 122–3.

96. On fasting, see Thirsk, *Food in Early Modern England*, pp. 265, 270; Gentilcore, *Food and Health*, pp. 106–7.

97. 'Additional documents: (nos 150–55)', in Hitchcock, *Richard Hutton's Complaints Book*.

98. *PP, Select Committee on Channel Fisheries*, qq. 1704, 1825, 1829.

99. Burnett, *Plenty and Want*, pp. 54–5.

100. For examples of budgets, see Reeves, *Round About a Pound*, pp. 103–4. On improving living standards, see Burnett, *Plenty and Want*, pp. 8, 111–15, 183–6.

101. Burnett, *Plenty and Want*, p. 61; Davin, 'Loaves and Fishes', p. 169.

102. For example, see Griffin, 'Diets, Hunger and Living Standards'.

103. On the notion of two 'food worlds', see Thirsk, *Food in Early Modern England*, p. 159.

104. On York, see the essays by Ann Rycraft, Peter Brears, and Eileen White in White, *Feeding a City: York*. On the other cities, see Hamling and Richardson, *Day at Home*, p. 193; Sacks, *Widening Gate*, pp. 44–50, 351; Estabrook, *Urbane and Rustic England*, pp. 6, 77–82, 276–7; Scola, *Feeding the Victorian City*, pp. 71–9, 93–105, 120–30; Blackman, 'Food Supply of an Industrial Town'; Chaloner, 'Trends in Fish Consumption', pp. 107–9.

第四章 市场

1. For examples of these scenes, see Dickens, 'Streets—Morning', pp. 70–1; Mayhew, *London Labour*, vol. 1, pp. 64, 82, 145–9; Greenwood, 'South Coast Fishermen', pp. 326–7; One of the Crowd, 'Watercress Sellers'.
2. For hawkers as typical 'informal' figures, see Buchner and Hoffmann-Rehnitz, 'Irregular Economic Practices'; Kelley, *Cheap Street*, pp. 8–10.
3. London County Council Public Control Committee, *London Markets*, p. 7.
4. For the best introductions to this culture, see Davis, *Medieval Market Morality*; Waddell, *God, Duty and Community*.
5. On London's market system in the seventeenth and eighteenth centuries, see McGrath, 'Marketing of Food, Fodder and Livestock'; Archer, 'Hugh Alley, Law Enforcement and Market Regulation'; Harding, 'Shops, Markets and Retailers'; Taverner, 'Moral Marketplaces'. On markets in Southwark and Westminster and their regulation, see Boulton, *Neighbourhood and Society*, pp. 74–5; Merritt, *Social World of Early Modern Westminster*, pp. 230–5.
6. 5 & 6 Edward VI c. 14, in Pickering, *Statutes at Large*, pp. 377–81.
7. Corporation of London, *Lawes of the Market*.
8. Court of Common Council, Journal 25: LMA, COL/CC/01/01/026, ff. 150v–152r.

9. Taverner, 'Moral Marketplaces', pp. 10–11.

10. For examples of such orders, see Court of Aldermen, Repertory 28: LMA, COL/CA/01/01/031, f. 124v; Company of Fishmongers, Minute Book of the Court of Assistants: GL, Ms 5770/2, pp. 489–90.

11. Court of Aldermen, Repertory 34: LMA, COL/CA/01/01/038, f. 10r.

12. Court of Aldermen, Repertory 74: LMA, COL/CA/01/01/078, f. 273r.

13. Taverner, 'Moral Marketplaces', pp. 12–13.

14. Archer, Barron, and Harding, *Hugh Alley's Caveat*, p. 55.

15. Court of Aldermen, Repertory 74: LMA, COL/CA/01/01/078, ff. 89r–91v, 271v–274v.

16. 'William III, 1698: An Act for Makeing Billingsgate a Free Market', in Raithby, *Statutes of the Realm: Volume* 7, pp. 513–14; Order of the Lord Mayor Concerning Billingsgate, December 1699: LMA, CLA/010/AD/01/002.

17. Smith, 'Market Place', pp. 27–8, 37.

18. Webber, *Covent Garden*, pp. 36–9, 93, 98–9; Sheppard, *Survey of London: Volume 35*.

19. Smith, 'Wholesale and Retail Markets', pp. 41–2.

20. Mayhew, *London Labour*, vol. 1, p. 82; *PP*, *Select Committee on the Fresh Fruit Trade*, qq. 1115–17, 1124, 3113–16.

21. *PP*, *Royal Commission on Market Rights*, vol. 2, qq. 3903–7, 3915–17.

22. The quotation is from Shaw and Wild, 'Retail Patterns', p. 282. For other arguments about change only coming later, see Jeffreys, *Retail Trading*, p. 5; Shaw, 'Role of Retailing', pp. 171, 174–7. Those arguing for earlier changes include Davis, *History of Shopping*, pp. 74, 203–4; Alexander, *Retailing*, pp. 231–4, 236–8.

23. For example, see Cox, *Complete Tradesman*; Stobart, *Sugar and Spice*.

24. Webber, *Covent Garden*, ch. 12.

25. Dickens, 'Streets—Morning', pp. 70–1.

26. Harding, 'Shops, Markets and Retailers'.

27. Dodd, *Food of London*, pp. 348–50; Webber, *Covent Garden*, p. 114; Smith, 'Market Place', p. 45.

28. *PP*, *Select Committee on Channel Fisheries*, q. 1765; *PP*, *Royal Commission on Market Rights*, vol. 2, qq. 3662, 3668, 3671; Greenwood, 'Bummarees', pp. 82–3.

29. *Daily News*, 8 May 1868, p. 7. For similar cases, see *Standard*, 18 December 1828, p. 4; *Morning Post*, 23 February 1832, p. 4; *Standard*, 4 July 1844, p. 3; *Daily News*, 1

September 1866, p. 6; *Lloyd's Illustrated Newspaper*, 26 October 1884, p. 2.

30. *PP*, *Royal Commission on Market Rights*, vol. 2, q. 1607.
31. *PP*, *Royal Commission on Market Rights*, vol. 2, qq. 3554–7.
32. Middleton, *View of the Agriculture*, p. 268.
33. *PP*, *Royal Commission on Market Rights*, vol. 2, q. 3562.
34. Society of Arts, 'Proceedings of the Society: Food Committee', 1867, pp. 92–4.
35. Trusler, *London Adviser*, p. 31.
36. Middleton, *View of the Agriculture*, pp. 331–2, 335. On the adulteration of milk, see Chapter 8.
37. Trial of William Dorsett, January 1801: *OBPO*, t18010114-83.
38. For example, see *PP*, *Royal Commission on Market Rights*, vol. 2, qq. 3672–8, 3691–4.
39. For this quote and similar arguments, see Houghton, *Husbandry and Trade Improv'd*, vol. 3, pp. 7–8, 77–8.
40. Anon., *London Fishery*, pp. 28–9.
41. This transition was not painless. For a summary of work on the moral economy and food riots, see Bohstedt, *Politics of Provisions*. On London, see Taverner, 'Moral Marketplaces'.
42. On this problem in relation to hawkers, see Kelley, *Cheap Street*, p. 52.
43. Trial of Mary Royston, September 1715: *OBPO*, t17150907-23; Deposition of John Wymes, 2 May 1611: LMA, DL/C/0220, ff. 495v–496v; Trial of John Hart, February 1813: *OBPO*, t18130217-108; Trial of David Bryan, September 1822: *OBPO*, t18220911-235; Trial of Eleanor M'Intire, September 1799: *OBPO*, t17990911-22; Trial of John Franks, December 1794: *OBPO*, t17941208-62; Trial of William Figgins, June 1783: *OBPO*, t17830604-61; Trial of Sarah Metyard, Sarah Morgan, July 1762: *OBPO*, t17620714-30.
44. One of the Crowd, 'Watercress Sellers', pp. 36–7.
45. Mayhew, *London Labour*, vol. 1, pp. 66, 81.
46. Court of Aldermen, Repertory 74: LMA, COL/CA/01/01/078, f. 90r.
47. Trial of James Cannon, George Williams, May 1723: *OBPO*, t17230530-22; Trial of Thomas Thatcher, September 1808: *OBPO*, t18080914-48.
48. Society of Arts, 'Proceedings of the Society: Food Committee', 1868, p. 123.
49. London County Council Public Control Committee, *London Markets*, p. 24. The geographical trend was similar in 1901, as described in London County Council

Public Control Department, *Street Markets*, p. 3.

50. Mayhew, *London Labour*, vol. 1, pp. 8, 75–6, 92–3.

51. Trial of Bridget King, December 1767: *OBPO*, t17671209-3; Trial of John Butler, Cornelius Foggerty, January 1808: *OBPO*, t18080113-34; Trial of John Taylor, December 1731: *OBPO*, t17311208-42; Trial of Sarah Goodye, September 1779: *OBPO*, t17790915-64; Deposition of John Wymes, 2 May 1611: LMA, DL/C/220, ff. 495v–496v; Trial of Sarah Dyall, January 1748: *OBPO*, t17480115-5; Trial of Mary Lovet, Winifred Cox, February 1759: *OBPO*, t17590228-4; Trial of John Okey, April 1781: *OBPO*, t17810425-4; Trial of Eleanor M'Intire, September 1799: *OBPO*, t17990911-22; Trial of John Franks, February 1798: *OBPO*, t17980214-72.

52. Trial of William Darby, September 1823: *OBPO*, t18230910-1. For other 'gentle' examples, see Deposition of Susanna Stockdell, 13 July 1671: LMA, DL/C/0236, ff. 275v–276v; *Ordinary's Account*, December 1744: *OBPO*, OA17441224.

53. Pepys, *Diary*, vol. 1, p. 318; vol. 9, pp. 364–5.

54. On early market provision, see Smith, 'Wholesale and Retail Markets', pp. 35–6. On the East End, see Power, 'Shadwell', pp. 42–3; Spence, *London in the 1690s*, p. 128.

55. Smith, 'Wholesale and Retail Markets', p. 36.

56. Smith, 'Wholesale and Retail Markets', pp. 45–6.

57. London County Council Public Control Committee, *London Markets*, p. 7.

58. Booth, *Life and Labour*, 2nd ser., vol. 3, p. 260.

59. *PP, Royal Commission on Market Rights*, vol. 2, q. 1439.

60. Stedman Jones, *Outcast London*, p. 173.

61. Burnett, *England Eats Out*, pp. 27–8, 32–5.

62. On cheap luxuries, see Spufford, *Great Reclothing*, pp. 114–15; Styles, *Dress of the People*, p. 245; Cox, *Retailing and the Language of Goods*, pp. 141–57.

63. Roche, *Sophie in London*, pp. 165–6.

64. For a court case in which a hawker at Green Park explained her business, see Trial of John Briant, September 1797: *OBPO*, t17970920-12.

65. Carlin, 'Fast Food and Urban Living', p. 51; Pennell, ' "Great Quantities of Gooseberry Pye" ', pp. 230–1; Burnett, *Plenty and Want*, pp. 42–3.

66. Reeves, *Round About a Pound*, pp. 59, 105–6. On this problem, see Burnett, *England Eats Out*, pp. 27–8.

67. Ross, *Love & Toil*, pp. 49–50; Davin, 'Loaves and Fishes', pp. 170–1.

68. On this cultural shift and lower-class eating venues, see Burnett, 'Eating in the Open Air', p. 28; Burnett, *England Eats Out*, pp. 32–5; Assael, *London Restaurant*, p. 179; Rich, *Bourgeois Consumption*, p. 155.

69. For an example of this omission, see Burnett, *England Eats Out*, p. 9. For more inclusive works, see Pennell, ' "Great Quantities of Gooseberry Pye" ', p. 235; Assael, *London Restaurant*, pp. 38–42.

70. On the sociological arguments in this area, see Warde and Martens, *Eating Out*, p. 16.

第五章　零售商

1. Kostof, *City Assembled*, ch. 4.
2. Nevola, *Street Life*, esp. ch. 2; Laitinen and Cohen, 'Cultural History of Early Modern European Streets', pp. 1–2.
3. On the ideal of free movement, see Sennett, *Flesh and Stone*, p. 323. On street improvements as 'markers of urban modernity', see Ogborn, *Spaces of Modernity*, pp. 75–6; Corfield, 'Walking the City Streets', p. 150. On this complex process, see Hitchcock and Shore, 'Introduction'.
4. On Regent Street, see White, *London in the Nineteenth Century*, pp. 23–6; McWilliam, *London's West End*, pp. 26–8. On the pleasure district's development, see McWilliam, *London's West End*, pp. 32–3, 107, 111–13.
5. Gowing, 'Freedom of the Streets', p. 147; Jenner, 'Circulation and Disorder', p. 50.
6. Winter, *London's Teeming Streets*, pp. x–xi; Dyos, 'Urban Transformation', p. 259. On the contradictions of London's modernity, see Nead, *Victorian Babylon*, pp. 3, 5.
7. Trial of Jane Metcalfe, January 1807: *OBPO*, t18070114-19.
8. Trial of Priscilla Davis, October 1753: *OBPO*, t17531024-46; Trial of Matthew Pennell, September 1822: *OBPO*, t18220911-56.
9. On the openness of houses, see Harding, 'Space, Property, and Propriety', pp. 559–61.
10. Vickery, 'Englishman's Home Is His Castle?', pp. 153–4. On early modern doorways, see Gowing, 'Freedom of the Streets', p. 136; Flather, *Gender and Space*, p. 45.
11. Trial of Ann Parsons, October 1729: *OBPO*, t17291015-16.
12. Lord Mayor's Waiting Book: LMA, CLA/004/01/01/001, f. 101v.
13. Thomson and Smith, *Street Life*, pp. 90–1.
14. Clark, *English Alehouse*, pp. 132–3; Girouard, *Victorian Pubs*, pp. 6, 10–11; Hailwood,

Alehouses and Good Fellowship, p. 20.

15. Clark, *English Alehouse*, p. 138; Hailwood, *Alehouses and Good Fellowship*, p. 21.
16. Girouard, *Victorian Pubs*, pp. 4–5; Jennings, *Local*, pp. 109–11.
17. Girouard, *Victorian Pubs*, p. 5; Flather, *Gender and Space*, pp. 110–21; Jennings, *Local*, pp. 112–13; Hailwood, *Alehouses and Good Fellowship*, pp. 179–81.
18. For examples of the extremes, see Trial of Katherine Dennis, August 1723: *OBPO*, t17230828-19; Trial of Bridget King, December 1767: *OBPO*, t17671209-3; Trial of Mary Ann Sullivan, July 1779: *OBPO*, t17790707-38.
19. Mayhew, *London Labour*, vol. 1, pp. 169–70.
20. Trial of Peter Noakes, January 1732: *OBPO*, t17320114-41; Trial of John Bird, George Bird, February 1820: *OBPO*, t18200217-85; Bridewell Hospital, Minutes of the Court of Governors: BMM, BCB 14, p. 48.
21. St Botolph Aldgate, Vestry Minute and Memoranda Book: LMA, P69/BOT2/B/001/MS09236, f. 42r; St Clement Danes, Vestry Minutes: *LL*, WCCDMV362110141; St Clement Danes, Vestry Minutes: *LL*, WCCDMV362090073; St Martin-in-the-Fields, Vestry Minute Books: WAC, F2006, p. 205.
22. Harding, *Dead and the Living*, pp. 52–5, 86–9; Barnes, *Root & Branch*, pp. 6–7.
23. St Dunstan in the West, Vestry Minute Books: LMA, P69/DUN2/B/001/MS03016/001, pp. 337, 433. The apple seller may have been the 'Aplewoman' Elizabeth Moore, who was paying the same rate in February 1649.
24. Trial of Elizabeth Burgis, January 1727: *OBPO*, t17270113-18; Trial of William Stephens, May 1736: *OBPO*, t17360505-33; Trial of John Donnoly and others, October 1766: *OBPO*, t17661022-6. On the theatre, see Sheppard, *Survey of London: Volume 35*.
25. Mayhew, *London Labour*, vol. 1, pp. 177–8; Adcock, 'Leaving the London Theatres', p. 13.
26. This included new constructions, like Regent's Park. See Trial of James Needham, September 1822: *OBPO*, t18220911-55.
27. The fullest accounts of the institution are in Saunders, *The Royal Exchange*.
28. Cornhill Wardmote Books: LMA, CLC/W/HF/001/MS04069/001, ff. 118v, 125r, 127r, 128v, 157r, 160r, 182r, 185v–186r; CLC/W/HF/001/MS040609/002/001, f. 24r.
29. Mercers' Company Archives, Gresham Repertories, 1669–76, ff. 77v, 99v; Order of the

Committee for Gresham Affairs, 24 March 1692: LMA, CLA/062/04/016; Mercers' Company Archives, Gresham Repertories, 1678–1722, f. 285r. Thanks to Sarah Birt for these references.

30. Trial of William Cox and others, July 1767: *OBPO*, t17670715-19; Guildhall Justice Room, Minute Books: LMA, CLA/005/01/007, entries for 16 March 1779; Mansion House Justice Room, Minute Books: LMA, CLA/004/02/006, entries for 6 April 1785; CLA/004/02/055, entries for 26 January 1790; Trial of Hyam Moses, January 1813: *OBPO*, t18130113-107.
31. Gerhold, *London Bridge*, pp. 12, 100–3.
32. Court of Aldermen, Repertory 33: LMA, COL/CA/01/01/037, f. 66v. See also Bridewell Royal Hospital, Minutes of the Court of Governors: *LL*, BBBRMG202020394; Gerhold, *London Bridge*, p. 68.
33. Bridewell Hospital, Minutes of the Court of Governors: BMM, BCB 15, p. 257; Bridewell Royal Hospital, Minutes of the Court of Governors: *LL*, BBBRMG2020010334; St Bride Fleet Street, Vestry Minute Books: LMA, P69/BRI/B/001/MS06554/002, f. 218r; P69/BRI/B/001/MS06554/003, f. 41r.
34. Ward, *London Spy Compleat*, pp. 130–1.
35. Dyos and Aldcroft, *British Transport*, pp. 217–18.
36. *Standard*, 16 November 1877, p. 2.
37. Trial of Sarah Dyall, January 1748: *OBPO*, t17480115-5; Book of Fines for Breach of City Ordinances: LMA, COL/CHD/CM/10/001, f. 255.
38. Trial of Mary Stafford, September 1806: *OBPO*, t18060917-120. On corners, see Nevola, *Street Life*, pp. 188–204.
39. Trial of John Franks, February 1798: *OBPO*, t17980214-72.
40. Guildhall Justice Room, Minute Books: LMA, CLA/005/01/044, entries for 25 March 1790; Trial of Aaron Levi, January 1796: *OBPO*, t17960113-89; Ritson, *Digest of the Proceedings of the Court Leet*, p. 16.
41. Mayhew, *London Labour*, vol. 1, p. 96.
42. Malvery, 'Gilding the Gutter', pp. 135, 144–5.
43. Westminster Court of Burgesses, Minute Books: WAC, WCB 2, pp. 140–1; Deposition of William Barnes, 1609: LMA, DL/C/0219, ff. 2r–2v.
44. McWilliam, 'Fancy Repositories', pp. 95–6.
45. Walsh, 'Shop Design', pp. 160, 162–4; Cox and Walsh, ' "Their Shops Are Dens" ', pp.

79–81; Morrison, *English Shops*, pp. 22–5, 42; Garrioch, 'House Names, Shop Signs', p. 35.

46. Morrison, *English Shops*, pp. 45–56.
47. On West End department stores, see McWilliam, *London's West End*, pp. 288–90.
48. On food shop design, see Morrison, *English Shops*, pp. 41–2, 56, 83.
49. Cox and Walsh, ' "Their Shops Are Dens" ', pp. 77–9; Morrison, *English Shops*, pp. 26–7; Walsh, 'Stalls, Bulks, Shops', pp. 37–8.
50. For example, see Deposition of Isabelle Leonard, 14 May 1618: LMA, DL/C/0225, f. 277v; Trial of Ann Owen, September 1745: *OBPO*, t17450911-36.
51. On early modern cellars, see Schofield, *London Surveys of Ralph Treswell*, pp. 26–30; Wallis, 'Consumption, Retailing, and Medicine', p. 36. For examples of fruit and milk cellars, see Deposition of Elizabeth Derrick, 19 November 1695: LMA, DL/C/0244, f. 357r; Trial of John Linch, October 1734: *OBPO*, t17341016-22; Deposition of Mary Brooks, 17 February 1760: LMA, DL/C/0276, f. 453r; Trial of Mary Edgers, Ann Higgins, September 1771: *OBPO*, t17710911-43.
52. Trial of John England, William Craftow, May 1725: *OBPO*, t17250513-24.
53. On the most basic forms of stall, see Mayhew, *London Labour*, vol. 1, p. 99.
54. Lucas, 'Coster-Land', p. 76; Kelley, 'London's Street Markets', pp. 196–8.
55. Mayhew, *London Labour*, vol. 1, pp. 149–50.
56. *Morning Post*, 4 July 1860, p. 7.
57. For an example of a hawker with scales, see Trial of Margaret Coates, February 1825: *OBPO*, t18250217-183.
58. Mayhew, *London Labour*, vol. 1, pp. 151–2; Thomson and Smith, *Street Life*, p. 68.
59. For examples of bills, see Trial of Mary Lynch, September 1815: *OBPO*, t18150913-16; Trial of Samuel Hyllier, December 1823: *OBPO*, t18231203-190. For tokens, see Trial of Mary Cavenaugh, January 1812: *OBPO*, t18120115-131.
60. Trusler, *London Adviser*, p. 27. On alternative ways of counting, see Thomas, 'Numeracy', pp. 119–20.
61. Trial of Thomas Hobson, Robert Green, April 1773: *OBPO*, t17730421-47.
62. Sala, *Gaslight and Daylight*, pp. 259–60.
63. Doré and Jerrold, *London: A Pilgrimage*, pp. 157–8.
64. Adcock, 'Saturday Night in London', pp. 378–9. On reading such literary flourishes, see Walkowitz, *Nights Out*, p. 144. On the analogy between British slums and foreign

cultures, Nord, 'Social Explorer as Anthropologist', p. 122.

65. On market architecture, see Schmiechen and Carls, *British Market Hall*, pp. 105–22; Morrison, *English Shops*, ch. 6.
66. Kelley, *Cheap Street*, pp. 97–102; Kelley, 'London's Street Markets', pp. 193, 196, 198–201.
67. London County Council Public Control Committee, *London Markets*, pp. 24–5.
68. London County Council Public Control Committee, *London Markets*, pp. 70–3.
69. London County Council Public Control Committee, *London Markets*, pp. 37, 41, 51.
70. London County Council Public Control Committee, *London Markets*, p. 24.
71. See also the calculations in Mayhew, *London Labour*, vol. 1, p. 11; Society of Arts, 'Proceedings of the Society: Food Committee', 1867, p. 92.
72. Metropolitan Police Report on Hammersmith Costermongers, 12 March 1885: TNA, HO 45/9960/X2772/50.
73. Stern, 'Baroness's Market', pp. 356–7; Jones, 'Redressing Reform Narratives', pp. 73–4; Kelley, *Cheap Street*, pp. 28–31.
74. Doré and Jerrold, *London: A Pilgrimage*, pp. 151–2.
75. For a discussion of the factors, see Kelley, *Cheap Street*, pp. 31–2.
76. On Cawston's schemes, see London County Council Public Control Department, *Street Markets*, p. 26; Jones, 'Redressing Reform Narratives', pp. 75–8. For other failed examples, see Kelley, *Cheap Street*, pp. 32–3; Kelley, 'London's Street Markets', pp. 203–6.
77. Farringdon Without, St Dunstan in the West Precinct, Register of Presentments of the Wardmote Inquest: LMA, CLC/W/JB/044/MS03018/001, ff. 94r, 95v, 97r, 100r, 101v, 104v, 107r–107v, 111v, 122v, 123v, 103v, 170v, 171v, 175v, 176v. For more on this hotspot, see Taverner, 'Selling Food in the Streets', pp. 110–12.
78. Trial of Thomas Cash and others, April 1718: *OBPO*, t17180423-49; Trial of Grace Long, January 1734: *OBPO*, t17340116-42; Trial of Elizabeth Whitney, Mary Nash, February 1740: *OBPO*, t17400227-2; City of London Sessions, Sessions Papers, Examination and Confession of Eleanor Price, April 1718: *LL*, LMSLPS150290021.

第六章　工具

1. Mayhew, *London Labour*, vol. 1, pp. 27, 167, 173–4.
2. For an illustration of a similar design, see Doré and Jerrold, *London: A Pilgrimage*, p. 114.
3. For descriptions of kettles, basins, and fires used for salop, see Trial of Joseph Levy, May 1784: *OBPO*, t17840526-43; Trial of Edmund Law, Thomas Webb, January 1823: *OBPO*, t18230115-97.
4. This argument is forcefully put forward in Edgerton, *Shock of the Old*, pp. 20–1, 65–6.
5. Bichard, *Baskets in Europe*, p. 59.
6. For example, see Inventory of Thomas Balleston, 8 April 1702: LMA, CLC/313/K/C/010/MS19504/054/11.
7. Trial of Elizabeth White, January 1760: *OBPO*, t17600116-12.
8. Trial of John Bravo, February 1796: *OBPO*, t17960217-57.
9. 'Strawberries', in Craig, *Itinerant Traders*.
10. On this 'urban pastoral' theme, see Shesgreen, *Images of the Outcast*, pp. 177–9; Barrell, *Dark Side of the Landscape*, p. 51.
11. Trial of Eleanor M'Intire, September 1799: *OBPO*, t17990911-22; Trial of John Smith, September 1801: *OBPO*, t18010916-132.
12. Pottles, nineteenth century: Museum of English Rural Life, University of Reading, 51/9 and 51/10. On the pottle, see Bichard, *Baskets in Europe*, p. 80.
13. Bichard, *Baskets in Europe*, pp. 65–6.
14. For example, see Verdicts and Presentments of Leet Juries for Guildable Manor, Southwark: LMA, CLA/043/01/010, 1661–2 book, f. 13v.
15. On these various basket types, see Mayhew, *London Labour*, vol. 1, p. 27.
16. On back baskets, see Bichard, *Baskets in Europe*, pp. 93–4, 159–62. For examples of these images, see Marcellus Laroon (after), 'Buy My Flounders', 1688: British Museum, 1972,U.370.24; 'Hot Loaves', in Craig, *Itinerant Traders*.
17. For a discussion of such images, see Jane Whittle, 'Why Do Women Carry Things on Their Heads?', *Women's Work in Rural England, 1500–1700*, 23 February 2016, <https://earlymodernwomenswork.wordpress.com/2016/02/23/why-do-women-carry-things-on-their-heads/>.
18. Trial of Thomas Jones, James Rigby, September 1781: *OBPO*, t17810912-50; Trial of

Mary Derby, December 1780: *OBPO*, t17801206-20; Trial of John Saunders, John Nixon, July 1814: *OBPO*, t18140706-120.

19. Edgar Scamell, Photograph of Hawker Selling Muffins in London, 1895: Victoria and Albert Museum, E.3608-2000.
20. For early studies, see Maloiy et al., 'Energetic Cost of Carrying Loads'; Charteris, Scott, and Nottroot, ' "Free-Ride" Hypothesis'; Heglund et al., 'Energy-Saving Gait Mechanics'.
21. Lloyd et al., 'No "Free Ride" for African Women'.
22. See marginal note by Gregory King in Laslett, *Earliest Classics*, p. 213.
23. Dodd, *Food of London*, pp. 379–80.
24. On the importance of carrying, see Amato, *On Foot*, pp. 48–9.
25. Ingold, 'Culture on the Ground', p. 325; Amato, *On Foot*, p. 8.
26. Lord Mayor's Charge Books: LMA, CLA/004/01/02/001, f. 190v.
27. Marcellus Laroon (after), 'Twelve Pence a Peck Oysters', 1688: British Museum, L,85.23.
28. Trial of John Harris, December 1712: *OBPO*, t17121210-28.
29. For an early example, see Trial of John Bew, September 1748: *OBPO*, t17480907-2. For later incidents, see Mansion House Justice Room, Minute Books: LMA, CLA/004/02/001, entries for 26 November 1784; Trial of Hannah Hill, September 1809: *OBPO*, t18090920-98; Trial of Mary Corbett, May 1820: *OBPO*, t18200517-93.
30. Matthies, 'Medieval Wheelbarrow', pp. 356–7; Lewis, 'Origins of the Wheelbarrow', pp. 472–5.
31. For example, see the probate inventories of a Middlesex victualler and a St Pancras brewer: Inventory of John Devon, 20 December 1684: LMA, CLC/313/K/C/009/MS19504/031/26; Inventory of Edward Reynolds, 12 November 1688: LMA, CLC/313/K/C/009/MS19504/038/41-42.
32. In addition to Rowlandson's potato vendor, see Jacopo Amigoni, 'Golden Pippins', *c.*1732–9: British Museum, 1873,0809.29; 'Baking or Boiling Apples', in Craig, *Itinerant Traders*.
33. Matthies, 'Medieval Wheelbarrow', p. 360.
34. Paul Sandby, 'A Pudding, a Pudding, a Hot Pudding', 1760: British Museum, 1904,0819.566. The hawker also has straps on his barrow.
35. Mayhew, *London Labour*, vol. 1, p. 27. For another photograph, see Lucas, 'Coster-Land',

p. 78.

36. Malvery, 'Gilding the Gutter', p. 144.

37. As depicted in Giovanni Vendramini, after Francis Wheatley, 'Hot Spice Gingerbread Smoaking Hot', 1796: Yale Center for British Art, Paul Mellon Collection, B2001.2.1690.

38. Kelley, *Cheap Street*, pp. 95–7.

39. *Ordinary's Account*, January 1742: *OBPO*, OA17420113.

40. Trial of Catharine Bulkley, May 1792: *OBPO*, t17920523-60; Trial of Sarah Blackall, July 1803: *OBPO*, t18030706-20; Trial of Mary Corbett, May 1820: *OBPO*, t18200517-93.

41. Mayhew, *London Labour*, vol. 1, p. 30.

42. One of the Crowd, 'Covent Garden Market', pp. 75–6.

43. Greenwood, 'Mission Among City Savages', pp. 23–4; Thomson and Smith, *Street Life*, pp. 58–9.

44. Lucas, 'Coster-Land', p. 78.

45. Mayhew, *London Labour*, vol. 1, p. 30; Booth, *Life and Labour*, 2nd ser., vol. 3, p. 270.

46. Mayhew, *London Labour*, vol. 1, pp. 26–7.

47. Almeroth-Williams, *City of Beasts*, pp. 46–50; Turvey, 'Horse Traction', p. 41.

48. For example, see Trial of John Pinchen, October 1756: *OBPO*, t17561020-18; Trial of Edward Warne, April 1781: *OBPO*, t17810425-41; Trial of William Appleton, June 1802: *OBPO*, t18020602-12.

49. Marcellus Laroon (after), 'Lilly White Vinegar 3 Pence a Quart', 1688: British Museum, L,85.13.

50. The 1696–7 act of Parliament that introduced licensing for hawkers and pedlars required payments for every horse or animal. On the act, see Chapter 8.

51. Trial of Andrew Welch, May 1766: *OBPO*, t17660514-40. Welch's is the earliest incidental description I have found of a hawker with a donkey.

52. Trial of Thomas Collop, Elizabeth Gordon, February 1768: *OBPO*, t17680224-24; Trial of John Roe, October 1768: *OBPO*, t17681019-39.

53. For example, see Trial of Joseph Herbert, Thomas Holdsworth, September 1787: *OBPO*, t17870912-5; Trial of Thomas Williams, James Smith, January 1794: *OBPO*, t17940115-52.

54. Trial of Robert Hill, May 1814: *OBPO*, t18140525-68; Trial of John Jones, John

Merriman, May 1819: *OBPO*, t18190526-69; Malvery, 'Gilding the Gutter', pp. 146–7.

55. Mayhew, *London Labour*, vol. 1, pp. 27–9.
56. Mayhew, *London Labour*, vol. 1, pp. 29, 92.
57. Trial of John Jones, John Merriman, May 1819: *OBPO*, t18190526-69.
58. Lucas, 'Coster-Land', p. 75.
59. *Morning Post*, 7 May 1844, p. 6; One of the Crowd, 'Working Dogs', pp. 116–17. For an earlier case in which a costermonger's dog was stolen, see *Morning Post*, 3 April 1833, p. 4.
60. *Morning Post*, 2 October 1833, p. 4.
61. *Daily News*, 29 May 1854, p. 6; *Daily News*, 31 August 1897, p. 3; *Daily News*, 10 August 1900, p. 7.
62. Donald, ' "Beastly Sights" ', p. 517; Adelman, *Civilised by Beasts*, pp. 39–47. For a useful summary of these debates, see Almeroth-Williams, *City of Beasts*, pp. 216–18.
63. *Standard*, 20 June 1837, p. 4.
64. Malvery, 'Gilding the Gutter', pp. 146–7.
65. *Morning Post*, 10 August 1864, p. 3. For other reports, see *Standard*, 8 August 1864, p. 6; *Daily News*, 10 August 1864, p. 2; *Penny Illustrated Paper*, 20 August 1864, pp. 1–2.
66. *Daily News*, 7 May 1874, p. 3; *Daily News*, 30 August 1887, p. 7; *Pall Mall Gazette*, 31 August 1893, p. 11.
67. 到那时，小贩们的手推车再次改变了形状，它采用了更规则的矩形设计，配备了 4 个大小均匀的轮子。它们需要被推着移动的距离也许变得更短了，而且也不再由驴子拉动。详情参见 Forshaw and Bergström, *Markets of London*, pp. 32–3。

第七章　交通

1. Raines, *Marcellus Laroon*, pp. 7–9. On Laroon's use of clothing, see Shesgreen, *Images of the Outcast*, pp. 49, 57.
2. Styles, *Dress of the People*, pp. 67–9.
3. Mayhew, *London Labour*, vol. 1, p. 51.
4. On Ward, Gay, and other eighteenth-century writers, see Ogborn, *Spaces of Modernity*, pp. 111–14; Stenton, 'Spatial Stories', pp. 68–9. On nineteenth-century walkers, see Nord, 'City as Theater', p. 188; Womack, 'Walking as Labour', p. 137. For a discussion

of women's street lives specifically, see Nord, *Walking the Victorian Streets*, pp. 3–4.

5. Ingold, 'Culture on the Ground', p. 323.
6. Mayhew, *London Labour*, vol. 1, p. 72.
7. Mayhew, *London Labour*, vol. 1, pp. 68–9.
8. Lucas, 'Coster-Land', pp. 75–7.
9. Trial of Barney White, October 1824: *OBPO*, t18241028-161.
10. Swift, 'Description of a City Shower'.
11. Smollett, *Expedition of Humphrey Clinker*, p. 122.
12. Society of Arts, 'Traction on Roads', p. 689. On the general problem of street mud, see also Mayhew, *London Labour*, vol. 2, pp. 185, 200; Turvey, 'Street Mud', p. 134; Jackson, *Dirty Old London*, pp. 27–8.
13. Mayhew, *London Labour*, vol. 2, pp. 189–92.
14. Grew, *Shoes and Pattens*, pp. 91–101; Buck, *Dress in Eighteenth-Century England*, pp. 131–2.
15. Gay, 'Trivia', p. 176. On gender and walking, see Riello, 'Material Culture of Walking', pp. 49–51.
16. Marcellus Laroon (after), 'Hot Bak'd Wardens Hott', 1688: British Museum, L,85.27; Paul Sandby, 'A Girl with a Basket of Oranges', *c.*1759: Yale Center for British Art, Paul Mellon Collection, B1975.3.223.
17. Evelyn, *Fumifugium*, address to the reader; Jenner, 'Politics of London Air', p. 540. On early street conditions, see also Cockayne, *Hubbub*, pp. 162–3, 182–3.
18. McKellar, *Birth of Modern London*, p. 219. On the damage, see Porter, *The Great Fire of London*, pp. 71–2, 127–8.
19. 'Charles II, 1662: An Act for Repairing the High Wayes and Sewers', in Raithby, *Statutes of the Realm: Volume 5*, pp. 351–7.
20. Major post-Fire acts that touched on the streets included 18 & 19 Charles II c. 8; 22 Charles II c. 11; 2 William & Mary session 2 c. 8. On the parts of rebuilding focused on widening streets, stopping encroachments, and improving drainage, see Reddaway, *Rebuilding of London*, pp. 286–94.
21. 2 George III c. 21. On the act, see Sheppard, *Local Government*, pp. 132–3; Cockayne, *Hubbub*, pp. 204–5.
22. Ogborn, *Spaces of Modernity*, pp. 91–6, 103–4.
23. Spranger, *Proposal or Plan*, preface; Hanway, *Letter to Mr John Spranger*, p. 47; Massie,

Essay on the Many Advantages, pp. 98–9.

24. Whitworth, *Plan for the More Easy and Speedy Execution*, pp. 10–11, 14–16. See also Cockayne, *Hubbub*, pp. 181–3. On paving in Marylebone, see Sheppard, *Local Government*, pp. 132–4.
25. Turvey, 'Street Mud', pp. 131, 133, 140; Winter, *London's Teeming Streets*, pp. 36–7.
26. Turvey, 'Street Mud', p. 146; Winter, *London's Teeming Streets*, pp. 37–8.
27. Turvey, 'Street Mud', p. 137.
28. Society of Arts, 'Traction on Roads', pp. 701–3.
29. Winter, *London's Teeming Streets*, p. 42; Turvey, 'Street Mud', pp. 141–3; Jackson, *Dirty Old London*, p. 44.
30. 这四个时段的研究意义各不相同，但它们可以为学术分析提供一个框架。我将凌晨 4 点到中午 12 点定为上午，中午 12 点到下午 6 点定为下午，下午 6 点到晚上 10 点定为晚上，晚上 10 点到凌晨 4 点定为夜间，在此基础上，就可以将提及的某个时刻进行归类了。全部 175 起事件的时段分布情况为上午 46 起，下午 48 起，晚上 47 起，夜间 34 起。
31. For example, see Trial of James Ballentine, January 1764: *OBPO*, t17640113-40. On the nineteenth century, see Booth, *Life and Labour*, 2nd ser., vol. 3, pp. 180–1.
32. Doré and Jerrold, *London: A Pilgrimage*, p. 114.
33. Mayhew, *London Labour*, vol. 1, pp. 180–1.
34. Trial of Mary Harwood, October 1740: *OBPO*, t17401015-65; Trial of Stephen Jones, September 1740: *OBPO*, t17400903-31.
35. Wilson, 'Midnight London', pp. 126–8.
36. For example, see Bridewell Hospital, Minutes of the Court of Governors: BMM, BCB 7, f. 133r; Trial of Mary Marlow, September 1742: *OBPO*, t17420909-7; Trial of Samuel Lawrence, October 1756: *OBPO*, t17561020-20; Trial of Simon Clark, February 1771: *OBPO*, t17710220-14.
37. Falkus, 'Lighting in the Dark Ages', pp. 249–50.
38. For example, see Bridewell Hospital, Minutes of the Court of Governors: BMM, BCB 7, f. 133r; BMM, BCB 8, f. 63r.
39. Koslofsky, *Evening's Empire*, pp. 2–3. For a similar argument, see Ekirch, *At Day's Close*, pp. 324–9.
40. Nead, *Victorian Babylon*, pp. 85–6.
41. Falkus, 'Lighting in the Dark Ages', pp. 253, 255–7, 260–1. On candles, lanterns, and

oil lamps, see Beer, 'Early History of London Street-Lighting', pp. 312–13.

42. Beer, 'Early History of London Street-Lighting', pp. 323–4; Sheppard, *Local Government*, p. 140.
43. Turnbull, 'Lighting', pp. 322–5; O'Dea, *Social History of Lighting*, pp. 21–3; Nead, *Victorian Babylon*, p. 88; White, *London in the Nineteenth Century*, pp. 21–2, 60–1.
44. Spranger, *Proposal or Plan*, preface. See also Hanway, *Letter to Mr John Spranger*, p. 34.
45. Beer, 'Early History of London Street-Lighting', p. 314.
46. Trial of Thomas Bulker, January 1736: *OBPO*, t17360115-9.
47. On Sandby's critique of Hogarth, see Quilley, 'Analysis of Deceit', p. 44.
48. Trial of Benjamin M'Cowl, George Brace, July 1787: *OBPO*, t17870711-7.
49. Sala, *Gaslight and Daylight*, p. 259.
50. Kelley, *Cheap Street*, pp. 87–90.
51. *Morning Post*, 8 September 1873, p. 6.
52. Trial of Peter Noakes, January 1732: *OBPO*, t17320114-41; Trial of William Flemming, September 1732: *OBPO*, t17320906-67.
53. *Morning Post*, 6 November 1855, p. 7.
54. Trial of John Lee, January 1722: *OBPO*, t17220112-23.
55. Spence, *Accidents and Violent Death*, pp. 110–16.
56. Society of Arts, 'Traction on Roads', pp. 699–700. For later estimates, see Winter, *London's Teeming Streets*, p. 48.
57. Gay, 'Trivia', p. 197.
58. Sala, 'Locomotion in London', pp. 454, 456–7.
59. Ward, *London Spy Compleat*, p. 157.
60. Dickens, 'Dangers of the Streets', p. 154.
61. White, *London in the Nineteenth Century*, p. 62.
62. Winter, *London's Teeming Streets*, pp. 45–9.
63. Dyos and Aldcroft, *British Transport*, pp. 219–20; Winter, *London's Teeming Streets*, p. 40.
64. Statement of Acts and History of the Case of King Street Costermongers for Hammersmith Borough Council, 2 February 1906: TNA, HO 45/10329/134628/5.
65. Jenner, 'Circulation and Disorder', p. 53.
66. *Standard*, 12 August 1857, p. 8; *Daily News*, 15 October 1858, p. 7; *Lloyd's Illustrated Newspaper*, 25 January 1874, p. 4.
67. *Morning Post*, 3 August 1894, p. 2.

68. Dyos and Aldcroft, *British Transport*, pp. 217–18; Nead, *Victorian Babylon*, p. 36.

69. Turvey, 'Horse Traction', p. 57; Dyos and Aldcroft, *British Transport*, p. 213.

70. Winter, *London's Teeming Streets*, pp. x–xi, 194, 203; Dyos and Aldcroft, *British Transport*, pp. 299, 334–5.

71. Deposition of Margaret Taylor, 22 January 1672: LMA, DL/C/0236, ff. 326r–327v.

72. For examples of stall thefts, see Trial of Joseph Markham, April 1743: *OBPO*, t17430413-21; Trial of William Perry, December 1787: *OBPO*, t17871212-20; Trial of Joseph Nettlefold, September 1821: *OBPO*, t18210912-127. For barrows, see Mansion House Justice Room, Minute Books: LMA, CLA/004/02/057, entries for 20 March 1790; *Morning Post*, 4 August 1853, p. 8; *Lloyd's Illustrated Newspaper*, 19 October 1890, p. 8.

73. Trial of Mary Swinhy, Jane Biller, September 1742: *OBPO*, t17420909-33; Trial of John Gutteridge, April 1822: *OBPO*, t18220417-157; Trial of Hannah Lyons, December 1823: *OBPO*, t18231203-174.

74. For example, see *Standard*, 27 July 1858, p. 7; *Standard*, 28 August 1883, p. 6.

75. *Standard*, 27 July 1889, p. 6.

76. On this discourse, see Rendell, 'Displaying Sexuality', p. 87; Walkowitz, 'Going Public', pp. 19–20; Wilson, *Sphinx in the City*, p. 46; Winter, *London's Teeming Streets*, pp. 181–2; Nead, *Victorian Babylon*, pp. 62–6; Nord, *Walking the Victorian Streets*, pp. 15, 181–5. On department store controversies in particular, see Rappaport, *Shopping for Pleasure*, pp. 46–7.

77. Gowing, 'Freedom of the Streets', p. 147. On the movement of eighteenth-century women, see Shoemaker, 'Gendered Spaces'; Corfield, 'Walking the City Streets', p. 134.

78. 'Aniseed Robin n.', in *Green's Dictionary of Slang*.

79. Depositions of Christopher Sumner and Susanna Stockdell, 13 July 1671: LMA, DL/C/0236, ff. 274v–276v.

80. On this use of language, see Gowing, *Domestic Dangers*, pp. 59–110.

81. Shoemaker, 'Public Spaces, Private Disputes?'

82. Trial of Grace Long, January 1734: *OBPO*, t17340116-42. On the particular associations of this kind of hawker, see Taverner, 'Consider the Oyster Seller'. On the area's crime rate, see Griffiths, *Lost Londons*, pp. 84–5.

83. City of London Sessions, Sessions Papers, Examination of Diana Pushee, 13 August 1753: *LL*, LMSLPS150640067; Examination of John Hussey, 13 August 1753: *LL*,

LMSLPS150640070.

84. Depositions of William Barnes and Elizabeth Smith, 1609: LMA, DL/C/0219, ff. 2r–3v. Gowing uses this particular case as an example of restrictions on women's mobility, in Gowing, 'Freedom of the Streets', pp. 143–5.

85. Guildhall Justice Room, Minute Books: LMA, CLA/005/01/044, entries for 25 March 1790.

86. *Lloyd's Illustrated Newspaper*, 30 January 1887, p. 4.

第八章 麻烦事儿

1. On the form of these courts, see Griffiths, *Lost Londons*, pp. 19–20; Beattie, *Policing and Punishment*, pp. 92–5; Gray, *Crime, Prosecution and Social Relations*, pp. 17–18, 23–4; Davis, 'Poor Man's System of Justice', p. 311.

2. Bridewell Hospital, Minutes of the Court of Governors: BMM, BCB 8, f. 63r; Lord Mayor's Charge Books: LMA, CLA/004/01/02/002, f. 113r; *Lloyd's Illustrated Newspaper*, 27 September 1863, p. 12.

3. Griffiths, *Lost Londons*, pp. 125–33; Dorey, 'Unwholesome for Man's Body?', ch. 6; Reinke-Williams, *Women, Work and Sociability*, pp. 104–7.

4. Smith, 'Market Place', pp. 76–8; Winter, *London's Teeming Streets*, pp. 107–9; Inwood, 'Policing London's Morals', pp. 131–9; Kelley, *Cheap Street*, pp. 23–7.

5. For two key works on stability and the sense of crisis, see Archer, *Pursuit of Stability*; Griffiths, *Lost Londons*.

6. Court of Common Council, Journal 25: LMA, COL/CC/01/01/026, ff. 150v–152r; Journal 26: LMA, COL/CC/01/01/027, ff. 6r–7r.

7. Archer, *Pursuit of Stability*, pp. 6–7.

8. Court of Aldermen, Repertory 21: LMA, COL/CA/01/01/023, ff. 73r, 115r; Repertory 22: LMA, COL/CA/01/01/024, ff. 172r, 176v; Repertory 28: LMA, COL/CA/01/01/031, f. 159r; Court of Common Council, Journal 27: LMA, COL/CC/01/01/028, f. 205r.

9. Court of Common Council, Journal 28: LMA, COL/CC/01/01/029/01, ff. 300r–302r. On the fishmongers' encouragement, see Remembrancia, Volume 3: LMA, COL/RMD/PA/01/003, ff. 42r–42v.

10. 在 1617 年至 1627 年这段时期，记录中仅出现了六位可确认身份的街头小贩，而且其中一人售卖的可能并不是食品。参见 Bridewell Hospital, Minutes of the Court of Governors: BMM, BCB 6, ff. 128r, 231r, 298r, 350r, 421r。

11. Court of Aldermen, Repertory 30: LMA, COL/CA/01/01/033, f. 310v; Court of Common Council, Journal 29: LMA, COL/CC/01/01/030, f. 187r.
12. Court of Aldermen, Repertory 74: LMA, COL/CA/01/01/078, f. 121v; Repertory 74: LMA, COL/CA/01/01/078, f. 170v.
13. City of London Sessions, Session Minute Books, Gaol Delivery, Oyer and Terminer, and Peace, July 1681: LMA, CLA/047/LJ/04/052, f. 47v; Court of Aldermen, Repertory 86: LMA, COL/CA/01/01/090, ff. 170v, 186v, 201v–202r; Repertory 91: LMA, COL/CA/01/01/095, f. 32v.
14. Bromley, 'Street Vending and Public Policy', pp. 14–15; Roever and Skinner, 'Street Vendors and Cities', pp. 362, 364.
15. Stern, *Porters of London*, pp. 43–5, 84–8; Bennett, *Worshipful Company of Carmen*, pp. 23–4, 82–4; Jenner, 'Circulation and Disorder', pp. 41–2, 50.
16. 'William III, 1696–7: An Act for Licensing Hawkers and Pedlars', in Raithby, *Statutes of the Realm: Volume* 7, pp. 266–9. On the act, see Spufford, *Great Reclothing*, pp. 6–10, 13–16.
17. *PP, Select Committee of the House of Lords, on the Traffic Regulation (Metropolis) Bill*, qq. 97–107, 287–9.
18. 30 & 31 Victoria c. 134: Metropolitan Streets Act 1867.
19. *Lloyd's Illustrated Newspaper*, 3 November 1867, p. 12; *Morning Post*, 2 November 1867, p. 7.
20. *Daily News*, 2 November 1867, p. 3; *Reynold's Newspaper*, 10 November 1867, p. 8; *Lloyd's Illustrated Newspaper*, 17 November 1867, p. 6.
21. *Daily News*, 8 November 1867, p. 3; *Standard*, 8 November 1867, p. 2.
22. *Standard*, 4 November 1867, p. 4; *Reynold's Newspaper*, 10 November 1867, p. 4.
23. 31 & 32 Victoria c. 5: Metropolitan Streets Act Amendment Act 1867.
24. Metropolitan Police, Report on the History of Costermonger Regulation, 1910: TNA, MEPO 2/1199.
25. Bridewell Hospital, Minutes of the Court of Governors: BMM, BCB 4, ff. 147v, 230r, 240r, 242r, 345r, 366v, 378r, 403v, 416r, 418v; BCB 5, ff. 101v, 108v, 128r, 163r–164r, 351v.
26. On the numbers in the court books, see Griffiths, *Lost Londons*, pp. 19–21;

Dabhoiwala, 'Summary Justice', pp. 796–9, 806. The last entry for a hawker arrested simply for food selling appears in 1676, in Bridewell Hospital, Minutes of the Court of Governors: BMM, BCB 13, p. 324.

27. Beattie, *Policing and Punishment*, pp. 92–5.
28. In the first extant charge book, which covers just under three years, only eighteen identifiable hawkers were charged. See Lord Mayor's Charge Books: LMA, CLA/004/01/02/001, ff. 116v–117r, 139v, 190v, 233v. The next decade, mayor William Ashurst dealt with 216 offences each year, as quantified in Beattie, *Policing and Punishment*, p. 96.
29. Gray, *Crime, Prosecution and Social Relations*, pp. 19–20. For similar courts beyond the City, see Mehta, 'Summary Justice', p. 57.
30. Like the mayor's charge books, the records of these sittings are incomplete. To give reasonable coverage, I have examined the records from the Mansion House November 1784–April 1785 (LMA, CLA/004/02/001–006), January–July 1790 (LMA, CLA/004/02/055–060), November 1800–September 1803 (LMA, CLA/004/02/066–072), August 1819–August 1821 (LMA, CLA/004/02/073) and from the Guildhall all remaining records May 1752–June 1781 (LMA, CLA/005/01/001–013) and March 1790–April 1791 (LMA, CLA/005/01/044–047). On the volume of business, see Gray, *Crime, Prosecution and Social Relations*, pp. 167–8.
31. On the earlier structures of officeholding, see Beattie, *Policing and Punishment*, pp. 114–16, 158–9, 163–5. On these mid-eighteenth-century innovations, see Beattie, *Policing and Punishment*, pp. 172–97; Emsley, *English Police*, pp. 19–20; Reynolds, *Before the Bobbies*, pp. 16–25.
32. Emsley, *English Police*, pp. 20–1; Reynolds, *Before the Bobbies*, pp. 85–6.
33. Emsley, *English Police*, pp. 26, 60; Reynolds, *Before the Bobbies*, p. 149.
34. Reynolds, *Before the Bobbies*, pp. 85–6; Gray, *Crime, Policing and Punishment*, pp. 206–7; Davis, 'Poor Man's System of Justice', pp. 311–12.
35. Davis, 'Poor Man' s System of Justice', p. 312。此处的研究样本，是在“不列颠图书馆报纸”（*British Library Newspapers*）数据库中检索关键词“警察”（police）和“货郎”后，利用检索结果创建的。为了控制样本的范围，我只采用了四家报纸的报道，它们分别是《晨邮报》（*Morning Post*）、《标准报》（*Standard*）、《每日新闻》（*Daily News*）和《劳埃德画报》（*Lloyd's Illustrated*）。这四家报纸不仅提供了数量最多的检索结果，而且在政治取向和出版类型（周刊或日报）

上也体现出了较为合理的多样性。

36. 在我们已经确认的 868 起相关案件中，有 266 起案件的第一项指控罪名是人身犯罪（诸如袭击、谋杀），252 起案件的第一项指控罪名是财产犯罪（诸如入室盗窃、偷窃、抢劫）。在其余案件中，110 起案件涉及某种形式的扰乱公共秩序行为（包括酗酒、赌博、咒骂等），96 起案件涉及阻塞街道，48 起案件涉及虐待动物，32 起案件涉及使用不合规的度量衡，16 起案件涉及出售不合格的食品，12 起案件涉及在周日营业，7 起案件涉及滋扰居民（通常是指制造噪声）。余下的数十起案件，则涉及伪造货币、疏于照管儿童等多种杂项罪行。
37. Mayhew, *London Labour*, vol. 1, p. 16.
38. 在 868 个警察法庭的诉讼案件样本中，有 55 起案件的第一项指控罪名是袭击警察。反之，有关警察对小贩动用暴力的例子，参见 *Times*, 21 November 1867, p. 9。
39. Inwood, 'Policing London's Morals', pp. 129–31, 142–4; Davis, *Law Breaking and Law Enforcement*, pp. 185–9.
40. On the early history of officeholders and arrest, see Miller, 'Touch of the State'.
41. Beattie, *Policing and Punishment*, pp. 24–31; King, 'Summary Courts and Social Relations', pp. 126–7; Dabhoiwala, 'Summary Justice'; Gray, *Crime, Prosecution and Social Relations*, pp. 167–9.
42. Lord Mayor's Charge Books: LMA, CLA/004/01/02/005, entries for 10 October 1732. For similar leniency elsewhere, see Mansion House Justice Room, Minute Books: LMA, CLA/004/02/057, entries for 24 March 1790; CLA/004/02/071, entries for 18 April 1803.
43. *Times*, 2 December 1867, p. 11.
44. Colquhoun, *Treatise on the Police*, pp. vii–viii.
45. Mayhew, *London Labour*, vol. 1, pp. 2–3.
46. Bridewell Hospital, Minutes of the Court of Governors: BMM, BCB 4, f. 345r.
47. Bridewell Hospital, Minutes of the Court of Governors: BMM, BCB 5, f. 108v; Griffiths, 'Meanings of Nightwalking', pp. 222–3.
48. Dabhoiwala, 'Pattern of Sexual Immorality', pp. 92–4; Henderson, *Disorderly Women*, pp. 14–18; Taverner, 'Consider the Oyster Seller', pp. 10–14.
49. On the similar profile of sex workers to those in earlier periods, see Walkowitz, *Prostitution and Victorian Society*, pp. 15–16, 23–5.

50. Middleton, *View of the Agriculture*, pp. 336–7.

51. On investigations into milk adulteration and the extent of the problem, see Atkins, 'Sophistication Detected', pp. 319–23; Wohl, *Endangered Lives*, pp. 21–2, 52–4.

52. *Morning Post*, 15 October 1857, pp. 7–8; *Daily News*, 24 August 1871, p. 2.

53. *Daily News*, 9 September 1897, p. 3.

54. Mayhew, *London Labour*, vol. 1, p. 61.

55. *Lloyd's Illustrated Newspaper*, 15 October 1882, p. 1.

56. *Morning Post*, 16 July 1842, p. 7.

57. Middlesex Sessions, Sessions Book 560: LMA, MJ/SB/B/0055, pp. 72–3; Sessions Book 575: MJ/SB/B/0056, pp. 46–7; Sessions Book 653: MJ/SB/B/0064, pp. 57–8, Sessions Book 729: MJ/SB/B/0072, pp. 65–6. See also City of London Sessions, Sessions Papers, Presentment of the Grand Jury, May 1716: *LL*, LMSLPS150270027.

58. Lord Mayor's Charge Books: LMA, CLA/004/01/02/002, f. 51r.

59. On the campaign, see Shoemaker, 'Reforming the City'; Hitchcock and Shoemaker, *London Lives*, pp. 34–42, 58–60, 107–21.

60. *Morning Post*, 15 December 1875, p. 7; *Daily News*, 16 April 1878, p. 3.

61. Mayhew, *London Labour*, vol. 1, p. 196. For details of the game, see Trial of James Dorset, George Manners, January 1813: *OBPO*, t18130113-62.

62. Bridewell Hospital, Minutes of the Court of Governors: BMM, BCB 6, f. 421r; BCB 7, f. 133r; BCB 15, p. 257; *LL*, BBBRMG202020098.

63. Parker, *English Sabbath*, pp. 118–19; Capp, *England's Culture Wars*, pp. 100–9. For examples of complaints, see City of London Sessions, Sessions Papers, Presentment of the Grand Jury, December 1692: *LL*, LMSLPS150030163; Presentment of the Grand Jury, April 1787: *LL*, LMSLPS150980043. See also Smith, 'Market Place', p. 164.

64. For example, see St Clement Danes, Vestry Minutes: *LL*, WCCDMV362090073. See also the discussion of churchyards in Chapter 5.

65. *PP*, *Select Committee of the House of Lords on Unnecessary Trading on Sunday in the Metropolis*, qq. 1293–6.

66. Inwood, 'Policing London's Morals', p. 134. For an alternative view, see Green, 'Street Trading', pp. 141–4. For evidence from Police Commissioner Richard Mayne, see *PP*, *Select Committee of the House of Lords on Unnecessary Trading on Sunday in the Metropolis*, qq. 1395–6, 1434, 1441, 1449.

67. Harrison, 'Sunday Trading Riots', pp. 220–5; White, *London in the Nineteenth Century*,

pp. 369–70.

68. *Standard*, 5 April 1869, p. 7.

69. *Daily News*, 18 December 1871, p. 2; *Lloyd's Illustrated Newspaper*, 31 December 1871, p. 2.

70. *Daily News*, 19 January 1872, p. 3.

71. *Lloyd's Illustrated Newspaper*, 18 February 1872, p. 7.

72. *Lloyd's Illustrated Newspaper*, 5 May 1872, p. 7.

73. *Daily News*, 8 June 1872, p. 6.

74. *Lloyd's Illustrated Newspaper*, 28 July 1872, p. 8.

75. Taverner, 'Moral Marketplaces', p. 12.

76. On obstructions by traders in Southwark, see Taverner, 'Selling Food in the Streets', pp. 183–4.

77. 57 George III c. 29: Metropolitan Paving Act 1817.

78. 2 & 3 Victoria c. 47: Metropolitan Police Act 1839.

79. St Dunstan in the West Precinct, Register of Presentments of the Wardmote Inquest: LMA, CLC/W/JB/044/MS03018/001, f. 95v; Mansion House Justice Room, Minute Books: LMA, CLA/004/02/006, entries for 6 April 1785.

80. Statistical Society of London, 'Police of the Metropolis', pp. 97, 101–2.

81. For example, see the orders in St Bride Fleet Street, Vestry Minute Books: LMA, P69/BRI/B/001/MS06554/004, f. 40r; St Clement Danes, Vestry Minutes: *LL*, WCCDMV362070300; Middlesex Sessions, Sessions Papers, Order of the Middlesex Justices on Wheelbarrows and Other Abuses, 11 October 1716: *LL*, LMSMPS501570078.

82. See Guildhall Justice Room, Minute Books: LMA, CLA/005/01/004, entries for 15 December 1775; Mansion House Justice Room, Minute Books: LMA, CLA/004/02/001, entries for 22 and 25 November 1784.

83. Middlesex Sessions, Sessions Papers, Report of High Constable John Mills, 8 September 1716: *LL*, LMSMPS501550039.

84. Mayhew, *London Labour*, vol. 1, p. 20.

85. *PP, Select Committee on the London (City) Traffic Regulation Bill*, appendix 1, pp. 47–8.

86. *Lloyd's Illustrated Newspaper*, 5 July 1885, p. 3; *Morning Post*, 21 August 1889, p. 6; *Daily News*, 29 September 1892, p. 7.

87. *PP, Royal Commission on London Traffic. Volume 1*, pp. 86–8.

88. Cavert, *Smoke of London*, p. 79; Skelton, *Sanitation*, pp. 162–3.

89. *Lloyd's Illustrated Newspaper*, 13 June 1875, p. 4.

90. Mayhew, *London Labour*, vol. 1, pp. 58–9.

91. Metropolitan Police Orders, 17 April 1882: TNA, MEPO 2/199.

92. Instructions to the Street Keeper of Newington Vestry, 15 December 1885: TNA, HO 45/9513/18010.

93. Report on the History of Costermonger Regulation, 1910: TNA, MEPO 2/1199. On these proposals, see Letter from Town Clerk of the City of Westminster to the Commissioner of Police, 24 July 1908: TNA, MEPO 2/1199.

94. On the clearances, see *Morning Post*, 11 February 1852, p. 8; *Morning Post*, 28 July 1852, p. 7.

95. For example, see Letter from Metropolitan Police to Home Secretary, 12 January 1900: TNA, HO 45/9734/A53794; Metropolitan Police, Reports from Acting Superintendent of Hammersmith Station, 1 April 1901 and 6 June 1903: TNA, MEPO, 2/456.

96. *PP*, *Royal Commission on Market Rights*, vol. 2, qq. 3688–90.

97. *PP*, *Royal Commission on Market Rights*, vol. 2, qq. 3575–86.

98. *PP*, *Royal Commission on Market Rights*, vol. 2, qq. 3790–9, 3866–7, 3889–99.

99. Metropolitan Police, Police Notice, Regulations for Costermongers, 28 December 1869: TNA, MEPO 2/1199.

100. Metropolitan Police, Draft Regulations for Costermongers, 1869: TNA, MEPO 2/9424.

101. London County Council Public Control Committee, *London Markets*, p. 19.

102. London County Council Public Control Department, *Street Markets*, p. 3.

103. *PP*, *Report of the Committee on Street Trading*, pp. 13–15.

104. London School of Economics, *New Survey*, pp. 298–9.

105. For an example of how this process operates, see Hummel, 'Disobedient Markets', p. 1532.

第九章　吆喝声声

1. *Pall Mall Gazette*, 15 July 1876, pp. 4–5.

2. For a recent study of other kinds of criers, see Jensen, *Ballad-Singer*, ch. 3.

3. Jonson, *Epicoene, or The Silent Woman*, act 1, scene 1.
4. *Spectator*, 18 December 1711.
5. Swift, *Journal to Stella*, vol. 2, p. 581.
6. Smollett, *Expedition of Humphrey Clinker*, p. 120.
7. Bailey, 'Breaking the Sound Barrier', pp. 23–4.
8. For example, see Smith, 'What Means This Noise?', p. 25; Sterne, 'Sonic Imaginations', p. 9
9. Anon., 'Common Cries of London Town'.
10. Anon., 'Excellent New Ditty'.
11. On the untuneful characterization of hawkers' sounds on stage, see Korda, 'Gender at Work', p. 133; Korda, *Labors Lost*, pp. 144–5.
12. Marsh, *Music and Society*, pp. 44–6.
13. Garrioch, 'Sounds of the City', pp. 24–5.
14. *Spectator*, 18 December 1711.
15. *St James's Chronicle*, 3–6 May 1788, p. 2.
16. On the link between the famous image and the Cries, see Shesgreen, 'William Hogarth's "Enraged Musician" '.
17. *Times*, 2 May 1856, p. 9.
18. *Examiner*, 14 November 1857, p. 10.
19. For example, see *Standard*, 17 December 1879, p. 3; *Daily News*, 8 September 1882, p. 3.
20. Sterne, *Audible Past*, pp. 22–3, 62–3.
21. Picker, 'Aural Anxieties and the Advent of Modernity', pp. 603, 607–8; Picker, *Victorian Soundscapes*, p. 6.
22. On interpreting the street music campaign, see Picker, 'Soundproof Study'; Picker, *Victorian Soundscapes*, pp. 44–5.
23. This is an old argument, appearing for example in Schafer, *Soundscape*, pp. 66–7. For a recent version, see Sharma, 'Food Cries, Historical City Sounds'.
24. Smith, *Acoustic World*, pp. 57–60.
25. Garrioch, 'Sounds of the City', p. 21.
26. Picker, *Victorian Soundscapes*, p. 4.
27. Mayhew, *London Labour*, vol. 1, pp. 45, 51–2.
28. This translates as, 'We buy mattresses, drums, fridges . . . or any old metal that you're selling!' See Kirk Semple, 'Who's That Voice Asking for Scrap Metal in Mexico?

A 10-Year-Old Girl', *New York Times*, 12 October 2016, <https://www.nytimes.com/2016/10/13/world/what-in-the-world/whos-that-voice-asking-for-scrap-metal-in-mexico-a-10-year-old-girl.html>.

29. Anon., 'Cries of London'.
30. For introductions to the broadside ballad, see Watt, *Cheap Print and Popular Piety*; Fumerton, *Unsettled*; Marsh, *Music and Society*.
31. On crying as advertisement, see Smith, *Acoustic World*, pp. 63–4.
32. Tuer, *Old London Street Cries*, p. 64.
33. Hindley, *History of the Cries*, pp. 20–2。然而，我们对于这一说法应持怀疑态度，因为作者辛德利的资料来源之一是梅休的作品，而在梅休的描述中，两种版本的吆喝方式在小贩们那里都能听见。参见 Mayhew, *London Labour*, vol. 1, pp. 51–2。
34. On evaluating street music and using such ethnographic evidence, see Watt, 'Street Music in London in the Nineteenth Century', pp. 9–10. An important study of older Cries music was published soon after. See Bridge, *Old Cryes*.
35. Williams, Broadwood, and Gilchrist, 'London Street Cries'.
36. Gilchrist, 'Note on the "Lavender" and Some Other Cries', pp. 75–6. On Parisian cries, see Boutin, *City of Noise*, p. 59.
37. For copies of the scores, see Brett, *Consort Songs*. For recordings available on streaming platforms, see Fretwork with Paul Nicholson and Red Byrd, *Cries and Fancies: Fantasias, In Nomines and the Cries of London* (London: Virgin Classics, 1989).
38. The V-shape was also suggested in Gilchrist, 'Note on the "Lavender" and Some Other Cries', pp. 75–6.
39. See Rasmussen, 'Sales and Survival', pp. 319–20; Hajar, 'Street Cries in English and Indonesian', pp. 60–1.
40. On Savage's biography, see Burrows, 'Savage, William'. For an introduction to catches and glees, see Price, *Music from the Canterbury Catch Club*.
41. William Savage, 'Come Buy My Watercresses', from 'Odes, Duets, and Other Vocal Compositions': British Library, Add Ms 31814, f. 63v.
42. Gardiner, *Music of Nature*, p. 312.
43. Gardiner, *Music of Nature*, pp. 319–21; Hindley, *History of the Cries*, pp. 212–14, 218–20.
44. Gardiner, *Music of Nature*, pp. 318–19.
45. For examples of these, see William Savage, 'Hot Loaves', from 'Odes, Duets, and Other

Vocal Compositions': British Library, Add Ms 31814, f. 63v; Gardiner, *Music of Nature*, p. 312.

46. Kreutzfeldt, 'Street Cries and the Urban Refrain', pp. 68–74.
47. Schafer, *Soundscape*, p. 64; Garrioch, 'Sounds of the City', p. 8. On such techniques in preaching, see Hunt, *Art of Hearing*, pp. 84–91.
48. On performances in the street markets, see Sims, 'Kerbstone London', p. 380; Kelley, *Cheap Street*, pp. 159–60.
49. *Times*, 2 November 1864, p. 5.
50. Tuer, *Old London Street Cries*, pp. 30–1.
51. Williams, Broadwood, and Gilchrist, 'London Street Cries', pp. 57–8.
52. Smith, *Cries of London*, pp. 7–9.
53. Truax, *Acoustic Communication*, pp. 58–61; Schafer, *Soundscape*, pp. 9–10.
54. Garrioch, 'Sounds of the City', p. 14; Smith, *Acoustic World*, pp. 46, 52–6.
55. On this 'sonic continuum', see Truax, *Acoustic Communication*, pp. 43–7. For an application of this model to street cries, see Smith, *Acoustic World*, pp. 67–8.
56. Sound scholar Jacob Kreutzfelt persuasively linked street cries to Deleuze and Guattari's notion of the 'refrain', in 'Street Cries and the Urban Refrain', p. 68.
57. On the well-established connection between time and the acoustic community, see Truax, *Acoustic Communication*, pp. 65–9; Corbin, 'Identity, Bells', pp. 190–2; Smith, *Acoustic World*, pp. 46–7; Garrioch, 'Sounds of the City', pp. 10–14.
58. Gay, 'Trivia', p. 189.
59. 'Green Hastens', in Craig, *Itinerant Traders*.
60. *Standard*, 16 December 1879, p. 2.
61. On Gay's reference points, see Braund, 'Walking the Streets of Rome'.
62. Anon., 'London Street Cries'.
63. Knight, 'Street Noises', pp. 133–4, 137.
64. Tuer, *Old London Street Cries*, pp. 61–2.
65. Mayhew, *London Labour*, vol. 1, p. 8.
66. Tuer, *Old London Street Cries*, pp. 58–60. On the link between sound and socio-economic change, see Wilson, 'Plagues, Fairs, and Street Cries'.
67. Boutin, *City of Noise*, pp. 129–30; Karlin, *Street Songs*, p. 144.
68. On this grid structure, see Shesgreen, *Images of the Outcast*, pp. 28–31.
69. Dillon, *Sense of Sound*, p. 90.

70. Val, *In Search of Song*, p. 139.

71. Bass, *Street Music in the Metropolis*, pp. 76–8.

72. Sala, 'Cries of London', pp. 132–5.

73. Food sellers were still mentioned by the MP's correspondents, in Bass, *Street Music in the Metropolis*, pp. 16–17, 105–8. On the campaign's lack of success, even against organ grinders, see Picker, *Victorian Soundscapes*, p. 77.

74. On such continuities in towns across Europe, see Garrioch, 'Sounds of the City', p. 25.

75. On hi-fi and lo-fi soundscapes, see Schafer, *Soundscape*, p. 71; Truax, *Acoustic Communication*, p. 57.

76. For discussions of sound and urban modernity, see Thompson, *Soundscape of Modernity*; Bailey, 'Breaking the Sound Barrier'; Boutin, *City of Noise*.

77. *Pall Mall Gazette*, 15 July 1876, pp. 4–5; *Standard*, 16 December 1879, p. 2; *Standard*, 17 December 1879, p. 3; *Pall Mall Gazette*, 21 March 1895, p. 4.

78. *Daily News*, 7 December 1892, p. 3; *Standard*, 7 December 1892, p. 3; *Standard*, 11 January 1893, p. 6.

79. *Standard*, 29 June 1898, p. 3. This inaction prompted some anger in the newspapers. See *Standard*, 4 July 1898, p. 2; *Morning Post*, 28 July 1898, p. 2.

80. *Standard*, 30 June 1900, p. 3; *Standard*, 20 October 1900, p. 3; *Times*, 10 December 1903, p. 8; *Times*, 3 June 1910, p. 10.

81. Mayhew, *London Labour*, vol. 1, pp. 9–10.

82. The Gentle Author, 'The Cries of London', *British Library*, accessed 27 May 2020, <https://www.bl.uk/romantics-and-victorians/articles/the-cries-of-london>.

83. Kelley, *Cheap Street*, p. 178. On the 'Cryes of Rome' in a 1607 play, see Bretz, 'Sung Silence'.

84. Shaw, *Pygmalion*.

85. *Oliver!*, directed by Carol Reed (Romulus Films, 1968).

86. *Times*, 5 April 1999, p. 23; Taylor, 'Lionel Bart', pp. 483–4, 487–90.

尾 声 街头美食的回归

1. London School of Economics, *New Survey*, ch. 13.

2. For these specific sections, see Benedetta, *Street Markets*, pp. 61–5, 105, 113–15.

3. Benedetta, *Street Markets*, p. 9.

4. City of London Police, General Order for Street Traders, 26 August 1912: LMA, CLA/048/AD/07/023.

5. London School of Economics, *New Survey*, pp. 298–9; Kelley, *Cheap Street*, pp. 39–40.

6. City of London Police, Summary of Returns of Street Traders, February 1930: LMA, CLA/048/AD/07/031.

7. London School of Economics, *New Survey*, pp. 310–12; Benedetta, *Street Markets*, p. 179.

8. London School of Economics, *New Survey*, pp. 299–300.

9. On this chronology, see Kelley, *Cheap Street*, pp. 3–4, 6; White, *London in the Twentieth Century*, pp. 247–8.

10. A recently published DVD version is available at Rank Organisation, *Look at Life. Volume 7: Business and Industry* (Network, 2015).

11. Forshaw and Bergström, *Markets of London*, pp. 31–2.

12. On these factors, see White, *London in the Twentieth Century*, pp. 12–16, 30–2, 197–9, 308–18.

13. Richard McComb, 'Streets Ahead: The Latest Trends in Street Food', *Caterer*, 9 June 2017, <https://www.thecaterer.com/products/food-drink/streets-ahead-the-latest-trends-in-street-food>; Emma Weinbren, 'Street Food: The New Trends Shaping Foodie Culture', *Grocer*, 12 September 2018, <https://www. thegrocer.co.uk/trend-reports/street-food-the-new-trends-shaping-foodie-culture/571368.article>.

14. Barack Obama (@BarackObama), 8 June 2018, *Twitter*, <https://twitter.com/BarackObama/status/1005117568913412098?s=20>.

15. For example, see Agyeman, Matthews, and Sobel, *Food Trucks, Cultural Identity, and Social Justice*.

16. Concha, 'Curation of the Street Food Scene', pp. 215–16; Concha, 'Curators of Markets, Designers of Place', pp. 72, 75.

17. Concha, 'Curation of the Street Food Scene', pp. 242, 246. On the related issue of gentrification in 'food quarters' like Borough Market, see Parham, *Market Place*, pp. 3–4.

18. James McAllister, 'Jonathan Downey Liquidates Street Food Businesses', *Big Hospitality*, 16 October 2020, <https://www.bighospitality.co.uk/Article/2020/10/16/Jonathan-Downey-liquidates-street-food-businesses-operating-company-Dinerama-Hawker-House-Giant-Robot-and-Model-Market>. See also Sophie Witts, 'Market Halls'

Future at "Real Risk" as It Launches CVA Proposals', *Caterer*, 1 June 2021, <https://www.thecaterer.com/news/market-halls-london-cva-proposal-reopening>.

19. P-Three, 'F-Hubs: The New Generation of Food Halls', accessed 26 September 2021, <https://www.p-three.co.uk/f-hubs-2021-report>.
20. International Labour Organization, 'ILO Monitor: COVID-19 and the World of Work'.
21. Allison, Ray, and Rohel, 'Mobilizing the Streets', pp. 2–4.
22. These are just highlights of a deep seam of work that have been influential for this present study. See Cross, *Informal Politics*; Rosales, *Fruteros*; Tinker, *Street Foods*; Roever and Skinner, 'Street Vendors and Cities'.
23. Parasecoli, 'Eating on the Go'.
24. Jay Fai's success has not prevented trouble for Bangkok's hawkers. For example, see Rina Chandran, 'Bangkok Street Vendors: From Michelin Star to Fighting Eviction', *Reuters*, 17 September 2018, <https://www.reuters.com/article/us-thailand-rights-lawmaking-idUSKCN1LX23V>.
25. Bhowmik, 'Street Vendors in Asia', p. 2259; Bender, 'Dipping in the Common Sauce Pot', pp. 79–81.
26. Krishnendu Ray, 'Re-thinking Street Food', *SOAS Food Studies Centre*, 17 January 2019, <https://www.soas.ac.uk/foodstudies/forum/lectures/17jan2019-re-thinking-street-food. html>.

参考文献

档案资源

Bethlem Museum of the Mind, Beckenham (BMM)

BCB 4–15: Bridewell Hospital, Minutes of the Court of Governors, 1598–1689

British Library

Add Ms 31814: Odes, Duets, and Other Vocal Compositions, Chiefly in Full Score, Followed, at f. 79, by Some Violin Pieces by William Savage. At the End, f. 95, is a Miscellaneous Collection of Pieces for Organ and Pianoforte, Chiefly Transcribed by R. J. S. Stevens

Guildhall Library, London (GL)

Ms 5570/1–6: Company of Fishmongers, Minute Books of the Court of Assistants, 1592–1752

London Metropolitan Archives (LMA)

CLA/004/01/01/001: Lord Mayor' s Waiting Book 1, 1624–6

CLA/004/01/02: Lord Mayor' s Charge Books

CLA/004/02: Mansion House Justice Room, Minute Books

CLA/005/01: Guildhall Justice Room, Minute Books

CLA/010/ad/01/002: Order of the Lord Mayor Concerning Billingsgate, December 1699

CLA/043/01/009–015: Verdicts and Presentments of Leet Juries for Guildable Manor, Great Liberty Manor, and King' s Manor in Southwark, 1631–1786

CLA/047/LJ/04: City of London Sessions, Session Minute Books, Gaol Delivery, Oyer and Terminer, and Peace

CLA/047/LJ/13: City of London Sessions, Sessions Papers, Gaol Delivery and Peace

CLA/048/ad/07/023: City of London Police, General Orders for Street Traders, 1912–19

CLA/048/ad/07/031: City of London Police, Returns of Street Traders, 1929–30

CLA/062/04/016: Order of a Committee for Gresham Affairs, 24 March 1692

CLC/313/K/C/006/MS25628: St Paul's Cathedral, Dean and Chapter, Peculiar Court, Original Wills

CLC/313/K/C/009/MS19504: St Paul's Cathedral, Dean and Chapter, Peculiar Court, Inventories of the Goods, Chattels, Ready Money and Debts of Deceased Persons

CLC/W/HF/001/MS04069/001–003: Cornhill, Wardmote and Wardmote Inquest Minute and Account Books, 1571–1800

CLC/W/JB/044/MS03018/001: Farringdon Without, St Dunstan in the West Precinct, Register of Presentments of the Wardmote Inquest, 1558–1823

COL/CA/01/01: Court of Aldermen, Repertories

COL/CA/05/01: Court of Aldermen, Papers

COL/CC/01/01: Court of Common Council, Journals

COL/CHD/CM/10/001: Book of Fines for Breach of City Ordinances, 1517–1628

COL/RMD/PA/01: Corporation of London, Remembrancia

DL/AM/PI/01: Diocese of London, Archdeaconry of Middlesex, Probate Inventories

DL/AM/PW: Diocese of London, Archdeaconry of Middlesex, Original Wills

DL/C: Diocese of London, Consistory Court, Depositions Books

DL/C/A/003/MS09189/001: Diocese of London, Consistory Court, Examination or Deposition Books, Chiefly Relating to Libel Actions, 1622–4

DL/C/B/030/MS09174: Diocese of London, Commissary Court of London, Inventories and Declarations

DW/PA/05: Diocese of Winchester, Archdeaconry Court of Surrey, Original Wills

DW/PC/05: Diocese of Winchester, Commissary Court of Surrey, Original Wills

LMA/4305/06/037: J. A. Groom, *The Poor Watercress Sellers of London* (1871)

MJ/SB/B: Middlesex Sessions of the Peace, Sessions Books

MJ/SP: Middlesex Sessions of the Peace, Sessions Papers

P69/BOT2/B/001/MS09236: St Botolph Aldgate, Vestry Minute and Memoranda Book, 1583–1640

P69/BRI/B/001/MS06554/001–005: St Bride Fleet Street, Vestry Minute Books, 1644–1767

P69/DUN2/B/001/MS03016/001–002: St Dunstan in the West, Vestry Minute Books, 1558–1749

Mercers' Company Archives, London

Gresham Repertories, 1669–76

Gresham Repertories, 1678–1722

The National Archives, Kew (TNA)

FS 7/25/1184: Register of Friendly Societies, Trade Unions, Rules, and Amendments, Costermongers' Federation, 1899–1900

HO 45/9513/18010: Home Office, Registered Papers on Police Regulations for Costermongers, 1869–89

HO 45/9734/A53794: Home Office, Registered Papers on Street Trading at Broadway, Wimbledon, 1892–1900

HO 45/9960/X2772: Home Office, Registered Papers on Obstruction by Costermongers in Hammersmith, 1884–5

HO 45/10329/134628: Home Office, Registered Papers on Costermongers in King Street, Hammersmith, 1905–6

MEPO 2/199: Metropolitan Police, Office of the Commissioner, Correspondence and Papers on Pedlars, Hawkers, and Costermongers, 1882–9

MEPO 2/456: Metropolitan Police, Office of the Commissioner, Correspondence and Papers on Costermongers in King Street, Hammersmith, 1891–1902

MEPO 2/1199: Metropolitan Police, Office of the Commissioner, Correspondence and Papers on Costermonger Regulations, 1908–12

MEPO 2/9424: Metropolitan Police, Office of the Commissioner, Correspondence and Papers on Regulations for Costermongers, 1924–52

PROB 4: Prerogative Court of Canterbury and Other Probate Jurisdictions, Engrossed Inventories Exhibited from 1660

PROB 11: Prerogative Court of Canterbury and Related Probate Jurisdictions, Will Registers

Westminster Archives Centre (WAC)

F2003–2007: St Martin-in-the-Fields, Vestry Minute Books, 1651–1778

WCB 1–4: Westminster Court of Burgesses, Minute Books, 1610–1714

电子资源

17th and 18th Century Burney Newspapers Collection. <https://www.gale.com/intl/c/17th-and-18th-century-burney-newspapers-collection>.

British Library Newspapers. <https://www.gale.com/intl/primary-sources/british-library-newspapers>.

EEBO: Early English Books Online. <https://about.proquest.com/en/products-services/eebo>.

Fumerton, Patricia, dir. *English Broadside Ballad Archive*, <https://ebba.english.ucsb. edu>. (abbreviated as *EBBA*)

Historical Texts. <https://historicaltexts.jisc.ac.uk>.

Hitchcock, Tim, Robert Shoemaker, Clive Emsley, Sharon Howard, Jamie McLaughlin, et al. *The Old Bailey Proceedings Online, 1674–1913* (version 8.0, March 2018). <www.oldbaileyonline.org>. (abbreviated as *OBPO*)

Hitchcock, Tim, Robert Shoemaker, Sharon Howard, Jamie McLaughlin, et al. *London Lives, 1690–1800* (version 2.0, March 2018). <www.londonlives.org>. (abbreviated as *LL*)

Green, Jonathon, *Green's Dictionary of Slang*. <https://greensdictofslang.com/>.

OED Online. <https://www.oed.com>.

The Times Digital Archive. <https://www.gale.com/intl/c/the-times-digital-archive>.

Schürer, Kevin, and Edward Higgs, dirs. *Integrated Census Microdata (I-CeM) Project*. <http://icem.data-archive. ac.uk/>.

UK Parliamentary Papers. <https://parlipapers.proquest.com/parlipapers>.

英国议会文件集

Report from the Select Committee on Channel Fisheries (1833). Cd. 676.

Report from the Select Committee on the Fresh Fruit Trade; Together with Minutes of Evidence, and Appendix (1839). Cd. 398.

Report from the Select Committee of the House of Lords, Appointed to Consider of the Bill, Intituled 'An Act to Prevent Unnecessary Trading on Sunday in the Metropolis'; and to Report Thereon to the House; Together with the Minutes of Evidence (1850). Cd. 441.

Special Report from the Select Committee on the London (City) Traffic Regulation Bill; Together with the Proceedings of the Committee, Minutes of Evidence and Appendix (1866). Cd. 174.

Report from the Select Committee of the House of Lords, on the Traffic Regulation (Metropolis) Bill [H.L.], Together with the Proceedings of the Committee, Minutes of Evidence, and Index (1867). Cd. 186.

Report from the Select Committee on Artizans' and Labourers' Dwellings Improvement; Together with the Proceedings of the Committee, Minutes of Evidence, and Appendix (1881). Cd. 358.

First Report of Her Majesty's Commissioners for Inquiring into the Housing of the Working Classes (1885). Cd. 4402.

First Report of the Royal Commission on Market Rights and Tolls. 3 vols (1888–9). Cd. 5550.

Royal Commission on London Traffic. Volume 1. Report of the Royal Commission Appointed to Inquire into and Report Upon the Means of Locomotion and Transport in London (1905). Cd. 2597.

Report of the Committee Appointed by the Secretary of State for the Home Department to Consider the Question of the Regulation of Street Trading in the Metropolitan Police District (1922). Cd. 1624.

未提供的相关图片

Amigoni, Jacopo (after). 'Golden Pippins', *c.*1732–9: British Museum, 1873,0809.29.

Craig, William Marshall. *The Itinerant Traders of London in Their Ordinary Costume* (1804): British Library, 10349.h.13.

Laroon, Marcellus (after). 'Buy My Dutch Biskets', 1688: British Museum, L,85.18.

Laroon, Marcellus (after). 'Buy My Flounders', 1688: British Museum, L,85.24.

Laroon, Marcellus (after). 'Colly Molly Puffe', 1688: British Museum, L,85.45.

Laroon, Marcellus (after). 'Hott Bak'd Wardens Hott', 1688: British Museum, L,85.27.

Laroon, Marcellus (after). 'Lilly White Vinegar 3 Pence a Quart', 1688: British Museum, L,85.13.

Laroon, Marcellus (after). 'Twelve Pence a Peck Oysters', 1688: British Museum, L,85.23.

Rijn, Rembrandt van. 'The Pancake Woman', 1635: Fitzwilliam Museum, Cambridge, 23.K.5–202.

Sandby, Paul. 'A Girl with a Basket of Oranges', *c.*1759: Yale Center for British Art, Paul Mellon Collection, B1975.3.223.

Sandby, Paul. 'A Pudding, a Pudding, a Hot Pudding', 1760: British Museum, 1904,0819.566.

Scamell, Edgar, Photograph of Hawker Selling Muffins in London, 1895: Victoria and Albert Museum, E.3608–2000.

Schiavonetti, Luigi, after Francis Wheatley, 'Milk Below Maids' , 1793: Yale Center for British Art, Paul Mellon Collection, B2001.2.1680.

Vendramini, Giovanni, after Francis Wheatley. 'Hot Spice Gingerbread Smoaking Hot' , 1796: Yale Center for British Art, Paul Mellon Collection, B2001.2.1690.

已出版的作品

Adcock, A. St John. 'Leaving the London Theatres'. In *Living London*, edited by George R. Sims (London: Cassell and Company, 1902), vol. 2: pp. 9–14.

Adcock, A. St John. 'Saturday Night in London'. In *Living London*, edited by George R. Sims (London: Cassell and Company, 1902), vol. 2: pp. 378–84.

Adelman, Juliana. *Civilised by Beasts: Animals and Urban Change in Nineteenth-Century Dublin* (Manchester: Manchester University Press, 2020).

Åren, Maria. 'Conclusion'. In *Making a Living, Making a Difference: Gender and Work in Early Modern European Society*, edited by Maria Åren (Oxford: Oxford University Press, 2017), pp. 204–20.

Åren, Maria, ed. *Making a Living, Making a Difference: Gender and Work in Early Modern European Society* (Oxford: Oxford University Press, 2017).

Agyeman, Julian, Caitlin Matthews, and Hannah Sobel, eds. *Food Trucks, Cultural Identity, and Social Justice: From Loncheras to Lobsta Love* (Cambridge, MA: MIT Press, 2017).

Alexander, David. *Retailing in England During the Industrial Revolution* (London: Athlone Press, 1970).

Alexander, Sally. 'Women's Work in Nineteenth-Century London: A Study of the Years 1820–50'. In *The Rights and Wrongs of Women*, edited by Juliet Mitchell and

Ann Oakley (Harmondsworth: Penguin, 1976), pp. 59–111.

Alexander, Sally, Anna Davin, and Eve Hostettler. 'Labouring Women: A Reply to Eric

Hobsbawm'. *History Workshop Journal* 8, no. 1 (1979): pp. 174–82. <https://doi.org/10.1093/hwj/8.1.174>.

Allison, Noah, Krishnendu Ray, and Jaclyn Rohel. 'Mobilizing the Streets: The Role of Food Vendors in Urban Life'. *Food, Culture & Society* 24, no. 1 (2021): pp. 2–15. <https://doi.org/10.1080/15528014.2020.1860454>.

Almeroth-Williams, Thomas. *City of Beasts: How Animals Shaped Georgian London* (Manchester: Manchester University Press, 2019).

Amato, Joseph. *On Foot: A History of Walking* (New York: New York University Press, 2004).

Anon. 'The Common Cries of London Town, Some Go Up Street, Some Go Down. With Turners Dish of Stuff, or a Gallymausery' (1662): National Library of Scotland, Crawford.EB.841(1), EBBA 33383.

Anon. 'The Cries of London' (1728–63?): British Library, Roxburghe 3.466–7, C.20. f.9.466–467, EBBA 31167.

Anon. 'An Excellent New Ditty; Or, Which Proveth That Women the Best Warriers Be, For They Made the Devill From Earth for to Flee' (1601–40?): British Library, Roxburghe 1.108–9, C.20.f.7.108–109, EBBA 30071.

Anon. 'The Humours of Rag-Fair: Or, the Countryman's Description of Their Several Trades and Callings' (1756–90?): British Library, Roxburghe 3.550–1, C.20. f.9.550–551, EBBA 31251.

Anon. 'Jolly Jack of All Trades, Or, The Cries of London City' (1685–8?): Pepys Library, Magdalene College, Cambridge, Pepys 4.263, EBBA 21924.

Anon. 'The London Commissariat'. *Quarterly Review* 95 (1854): pp. 271–308.

Anon. *The London Fishery Laid Open: Or the Arts of the Fishermen and Fishmongers Set in a True Light. With Some Further Considerations, Arising from the Good Effect the Public Has Received by the Act of Parliament Passed to Prevent the Forestalling and Monopolising of Fish, and the Act for Amending the Same; and Shewing Also How This Evil May Effectually Be Cured* (London, 1759).

Anon. 'London Street Cries', *All the Year Round*, New Series 11, no. 14 (1874): pp. 372–5.

Archer, Ian. 'Hugh Alley, Law Enforcement and Market Regulation in the Later Sixteenth Century'. In *Hugh Alley's Caveat: The Markets of London in 1598*, edited by Ian Archer, Caroline Barron, and Vanessa Harding (London: London Topographical Society, 1988), pp. 15–29.

Archer, Ian W. *The Pursuit of Stability* (Cambridge: Cambridge University Press, 2002).

Archer, Ian W., Caroline Barron, and Vanessa Harding, eds. *Hugh Alley's Caveat: The Markets of London in 1598. Folger Ms V. a. 318* (London: London Topographical Society, 1988).

Arkell, Tom. 'The Incidence of Poverty in England in the Later Seventeenth Century'. *Social History* 12, no. 1 (1987): pp. 23–47. <https://doi.org/10.1080/03071028708567670>.

Arkell, Tom. 'The Probate Process'. In *When Death Do Us Part: Understanding and Interpreting the Probate Records of Early Modern England*, edited by Nesta Evans and Nigel Goose (Oxford: Leopard's Head Press, 2000), pp. 3–13.

Armfelt, Count E. 'Italy in London'. In *Living London*, edited by George R. Sims (London: Cassell and Company, 1902), vol. 1: pp. 183–9.

Assael, Brenda. *The London Restaurant, 1840–1914* (Oxford: Oxford University Press, 2018).

Atkins, P. J. 'The Growth of London's Railway Milk Trade, *c.*1845–1914'. *Journal of Transport History* 4, no. 4 (1978): pp. 208–26.

Atkins, P. J. 'London's Intra-Urban Milk Supply, circa 1790–1914'. *Transactions of the Institute of British Geographers* 2, no. 3 (1977): pp. 383–99. <https://doi.org/10.2307/621838>.

Atkins, P. J. 'The Retail Milk Trade in London, *c.*1790–1914'. *Economic History Review* 33, no. 4 (1980): pp. 522–37. <https://doi.org/10.2307/2594801>.

Atkins, P. J. 'Sophistication Detected: Or, the Adulteration of the Milk Supply, 1850–1914'. *Social History* 16, no. 3 (1991): pp. 317–39. <http://www.jstor.org/stable/4285958>.

Atkins, Peter. 'The "Charmed Circle" '. In *Animal Cities: Beastly Urban Histories*, edited by Peter Atkins (Abingdon: Routledge, 2016), pp. 53–76.

Baer, William C. 'Housing the Poor and Mechanick Class in Seventeenth-Century London'. *London Journal* 25, no. 2 (November 2000): pp. 13–39. <https://doi.org/10.1179/ldn.2000.25.2.13>.

Bailey, Peter. 'Breaking the Sound Barrier'. In *Hearing History: A Reader*, edited by Mark M. Smith (Athens, GA: University of Georgia Press, 2004), pp. 23–35.

Barnes, Melvyn. *Root & Branch: A History of the Worshipful Company of Gardeners of London* (London: The Worshipful Company of Gardeners of London, 1994).

Barrell, John. *The Dark Side of the Landscape: The Rural Poor in English Painting 1730–1840* (Cambridge: Cambridge University Press, 1983).

Bass, Michael T. *Street Music in the Metropolis: Correspondence and Observations on the Existing*

Law, and Proposed Amendments (London: John Murray, 1864).

Beattie, J. M. *Policing and Punishment in London, 1660–1750: Urban Crime and the Limits of Terror* (Oxford: Oxford University Press, 2002).

Beer, E. S. de. 'The Early History of London Street-Lighting'. *History* 25 (1941): pp. 311–24. <https://doi.org/10.1111/j.1468-229X.1941.tb00748.x>.

Bender, Daniel E. 'Dipping in the Common Sauce Pot: Satay Vending and Good Taste Politics in Colonial and Post-Colonial Singapore'. *Food, Culture & Society*24, no. 1 (2021): pp. 66–83. <https://doi.org/10.1080/15528014.2020.1859921>.

Benedetta, Mary. *The Street Markets of London* (London: John Miles, 1936).

Bennett, Eric. *The Worshipful Company of Carmen of London* (London: Simpkin Marshall, 1952).

Bhowmik, Sharit K. 'Street Vendors in Asia: A Review'. *Economic and Political Weekly* 40, nos 22/23 (2005): pp. 2256–64.

Bichard, Maurice. *Baskets in Europe* (Abingdon: Fyfield Wick Editions, 2008).

Blackman, Janet. 'The Food Supply of an Industrial Town'. *Business History* 5, no. 2 (1963): pp. 83–97. <https://doi.org/10.1080/00076796300000002>.

Bohstedt, John. *The Politics of Provisions: Food Riots, Moral Economy, and Market Transition in England, c. 1550–1850* (Farnham: Ashgate, 2010).

Booth, Charles, ed. *Life and Labour of the People in London*. 17 vols (London: Macmillan, 1902–3).

Boulton, Jeremy. *Neighbourhood and Society: A London Suburb in the Seventeenth Century* (Cambridge: Cambridge University Press, 1987).

Boulton, Jeremy. 'Wage Labour in Seventeenth-Century London'. *Economic History Review* 49, no. 2 (1996): pp. 268–90. <https://doi.org/10.2307/2597916>.

Boutin, Aimée. *City of Noise: Sound and Nineteenth-Century Paris* (Urbana, IL: University of Illinois Press, 2015).

Braund, Susanna Morton. 'Walking the Streets of Rome'. In *Walking the Streets of Eighteenth-Century London: John Gay's Trivia (1716)*, edited by Clare Brant and Susan E. Whyman (Oxford: Oxford University Press, 2007), pp. 149–66.

Brett, Phillip, ed. *Consort Songs*, Musica Britannica 22 (London: Stainer and Bell, 1967).

Bretz, Andrew. 'Sung Silence: Complicity, Dramaturgy, and Song in Heywood's Rape of Lucrece'. *Early Theatre* 19, no. 2 (2016): pp. 101–18. <https://www.jstor.org/stable/90018449>.

Bridge, Frederick. *The Old Cryes of London* (London: Novello and Company, 1921).

Brodie, Marc. ' "Jaunty Individualists" or Labour Activists? Costermongers, Trade Unions, and the Politics of the Poor'. *Labour History Review* 66, no. 2 (2001): pp. 147–64. <https://doi.org/10.3828/lhr.66.2.147>.

Bromley, Ray. 'Street Vending and Public Policy: A Global Review'. *International Journal of Sociology and Social Policy* 20, nos 1/2 (2000): pp. 1–28. <https://doi.org/10.1108/01443330010789052>.

Brunelle, Gayle K. 'Policing the Monopolizing Women of Early Modern Nantes'. *Journal of Women's History* 19, no. 2 (2007): pp. 10–35. <https://doi.org/10.1353/jowh.2007.0034>.

Buchner, Thomas, and Phillip R. Hoffmann-Rehnitz. 'Introduction: Irregular Economic Practices as a Topic of Modern (Urban) History—Problems and Possibilities'. In *Shadow Economies and Irregular Work in Urban Europe: 16th to Early 20th Centuries*, edited by Thomas Buchner and Phillip R. Hoffmann-Rehnitz (Münster: LIT, 2011), pp. 3–36.

Buck, Anne. *Dress in Eighteenth-Century England* (London: Batsford, 1979).

Burnett, John. 'Eating in the Open Air in England, 1830–1914'. In *Eating Out in Europe: Picnics, Gourmet Dining and Snacks since the Late Eighteenth Century*, edited by Marc Jacobs and Peter Scholliers (Oxford: Berg, 2003), pp. 21–37.

Burnett, John. *England Eats Out: A Social History of Eating Out in England from 1830 to the Present* (Harlow: Pearson, 2004).

Burnett, John. *Plenty and Want: A Social History of Food in England from 1815 to the Present Day* (Abingdon: Routledge, 1989).

Burrows, Donald. 'Savage, William'. *Grove Music Online. Oxford Music Online* (Oxford: Oxford University Press, 2001). <https://doi.org/10.1093/gmo/9781561592630.article.24647>.

Calaresu, Melissa. 'Food Selling and Urban Space in Early Modern Naples'. In *Food Hawkers: Selling in the Streets from Antiquity to the Present*, edited by Melissa Calaresu and Danielle van den Heuvel (Abingdon: Routledge, 2016), pp. 107–34.

Calaresu, Melissa, and Danielle van den Heuvel, 'Introduction: Food Hawkers from Representation to Reality'. In *Food Hawkers: Selling in the Streets from Antiquity to the Present*, edited by Melissa Calaresu and Danielle van den Heuvel (Abingdon: Routledge, 2016), pp. 1–18.

Capp, Bernard. *England's Culture Wars: Puritan Reformation and Its Enemies in the Interreg-*

num, 1649–1660 (Oxford: Oxford University Press, 2012).

Capp, Bernard. *When Gossips Meet: Women, Family and Neighbourhood in Early Modern England* (Oxford: Oxford University Press, 2003).

Carlin, Martha. 'Fast Food and Urban Living in Medieval England'. In *Food and Eating in Medieval Europe*, edited by Martha Carlin and Joel T. Rosenthal (London: Hambledon, 1998), pp. 27–51.

Cavert, William M. *The Smoke of London: Energy and Environment in the Early Modern City* (Cambridge: Cambridge University Press, 2016).

Chaloner, W. 'Trends in Fish Consumption'. In *Our Changing Fare: Two Hundred Years of British Food Habits*, edited by T. C. Barker, J. C. McKenzie, and John Yudkin (London: Macgibbon and Kee, 1966), pp. 94–114.

Champion, Matthew. *The Fullness of Time: Temporalities of the Fifteenth-Century Low Countries* (Chicago: University of Chicago Press, 2017).

Charteris, J., P. A. Scott, and J. W. Nottroot. 'The "Free-Ride" Hypothesis: A Second Look at the Efficiency of African Women Headload Carriers'. *South African Journal of Science* 85, no. 1 (1989): pp. 68–71.

Clark, Alice. *Working Life of Women in the Seventeenth Century* (London: Routledge, 1992).

Clark, Peter. *The English Alehouse: A Social History, 1200–1830* (London: Longman, 1983).

Cockayne, Emily. *Hubbub: Filth, Noise & Stench in England 1660–1770* (New Haven: Yale University Press, 2007).

Colquhoun, P. *A Treatise on the Police of the Metropolis*. 5th edn (London, 1797).

Concha, Paz. 'The Curation of the Street Food Scene in London' (PhD, London School of Economics, 2017).

Concha, Paz. 'Curators of Markets, Designers of Place: The Case of the Street Food Scene in London'. *Design Issues* 35, no. 4 (2019): pp. 69–78. <https://doi.org/10.1162/desi_a_00566>.

Corbin, Alain. 'Identity, Bells, and the Nineteenth-Century French Village'. In *Hearing History: A Reader*, edited by Mark M. Smith (Athens, GA: University of Georgia Press, 2004), pp. 184–201.

Corfield, Penelope J. 'Walking the City Streets: The Urban Odyssey in Eighteenth-Century England'. *Journal of Urban History* 16, no. 2 (1990): pp. 132–74. <https://doi.org/10.1177/009614429001600202>.

Corporation of London. *The Lawes of the Market* (London, 1595).

Cox, Nancy. *The Complete Tradesman: A Study of Retailing, 1550–1820* (Aldershot: Ashgate, 2000).

Cox, Nancy. *Retailing and the Language of Goods, 1550–1820* (Farnham: Ashgate, 2015).

Cox, Nancy, and Claire Walsh. ' "Their Shops Are Dens, the Buyer Is Their Prey": Shop Design and Sale Techniques'. In *The Complete Tradesman: A Study of Retailing, 1550–1820* (Aldershot: Ashgate, 2000), pp. 76–115.

Cross, John. 'Street Vendors, and Postmodernity: Conflict and Compromise in the Global Economy'. *International Journal of Sociology and Social Policy* 20, nos 1/2(2002): pp. 29–51. <https://doi.org/10.1108/01443330010789061>.

Cross, John C. *Informal Politics: Street Vendors and the State in Mexico City* (Stanford, CA: Stanford University Press, 1998).

Crymble, Adam. 'A Comparative Approach to Identifying the Irish in Long Eighteenth-Century London'. *Historical Methods* 48, no. 3 (2015): pp. 141–52.
<https://doi.org/10.1080/01615440.2015.1007194>.

Crymble, Adam. 'The Decline and Fall of an Early Modern Slum: London's St Giles "Rookery", *c.*1550–1850'. *Urban History* 49, no. 2 (2021): pp. 1–25. <https://doi.org/10.1017/S0963926821000183>.

Cunningham, Hugh. 'The Employment and Unemployment of Children in England *c.*1680–1851'. *Past and Present* 126, no. 1 (1990): pp. 115–50. <https://doi.org/10.1093/past/126.1.115>.

Dabhoiwala, Faramerz. 'The Pattern of Sexual Immorality in Seventeenth- and Eighteenth-Century London'. In *Londinopolis: Essays in the Cultural and Social History of Early Modern London*, edited by Paul Griffiths and Mark S. R. Jenner (Manchester: Manchester University Press, 2000), pp. 86–106.

Dabhoiwala, Faramerz. 'Summary Justice in Early Modern London'. *English Historical Review* 121, no. 492 (2006): pp. 796–822. <https://doi.org/10.1093/ehr/cel107>.

Davidoff, Leonore, and Catherine Hall. *Family Fortunes: Men and Women of the English Middle Class 1780–1850* (Abingdon: Routledge, 2019).

Davin, Anna. *Growing Up Poor: Home, School and Street in London 1870–1914* (London: Rivers Oram Press, 1996).

Davin, Anna. 'Loaves and Fishes: Food in Poor Households in Late Nineteenth- Century London'. *History Workshop Journal* 41 (1996): pp. 167–92. <http://www.jstor.org/stable/4289435>.

Davis, Dorothy. *A History of Shopping* (London: Routledge and Kegan Paul, 1966).

Davis, James. *Medieval Market Morality: Life, Law and Ethics in the English Marketplace, 1200–1500* (Cambridge: Cambridge University Press, 2012).

Davis, Jennifer. 'A Poor Man's System of Justice: The London Police Courts in the Second Half of the Nineteenth Century'. *Historical Journal* 27, no. 2 (1984): pp. 309–35. <http://www.jstor.org/stable/2639178>.

Davis, Jennifer Sandra. 'Law Breaking and Law Enforcement: The Creation of a Criminal Class in Mid-Victorian London' (PhD, Boston College, 1985).

Dickens, Charles. 'The Dangers of the Streets'. *All the Year Round* 15 (24 February 1866): pp. 154–7.

Dickens, Charles. 'The Streets—Morning'. In *Sketches by Boz*, edited by Dennis Walder (London: Penguin, 1995), pp. 69–74.

Dillon, Emma. *The Sense of Sound: Musical Meaning in France, 1260–1330* (New York: Oxford University Press, 2012).

Dodd, George. *The Food of London: A Sketch of the Chief Varieties, Sources of Supply, Probable Quantities, Modes of Arrival, Processes of Manufacture, Suspected Adulteration, and Machinery of Distribution of the Food for a Community of Two Millions and a Half* (London: Longman, Brown, Green and Longmans, 1856).

Donald, Diana. ' "Beastly Sights": The Treatment of Animals as a Moral Theme in Representations of London *c.*1820–1850'. *Art History* 22, no. 4 (1999): pp. 514–44. <https://doi.org/10.1111/1467-8365.00174>.

Doré, Gustave, and Blanchard Jerrold. *London: A Pilgrimage* (London: Grant and Co., 1872).

Dorey, Margaret A. 'Unwholesome for Man's Body?: Concerns about Food Quality and Regulation in London C1600–C1740' (PhD, University of Western Australia, 2011).

Dyos, H. J. 'Urban Transformation: A Note on the Objects of Street Improvement in Regency and Early Victorian London'. *International Review of Social History* 2, no. 2 (1957): pp. 259–65. <https://www.jstor.org/stable/44581363>.

Dyos, H. J., and D. H. Aldcroft. *British Transport: An Economic Survey from the Seventeenth Century to the Twentieth* (Leicester: Leicester University Press, 1971).

Dyos, H. J., and D. A. Reeder. 'Slums and Suburbs'. In *The Victorian City: Images and Realities*, edited by H. J. Dyos and Michael Wolff (London: Routledge and Kegan Paul, 1973), pp. 359–86.

Earle, Peter. *A City Full of People: Men and Women of London 1650–1750* (London:

Methuen, 1994).

Earle, Peter. 'The Middling Sort in London'. In *The Middling Sort of People: Culture, Society and Politics in England, 1550–1800*, edited by Jonathan Barry and Christopher Brooks (Basingstoke: Macmillan, 1994), pp. 141–58.

Eden, Frederick. *The State of the Poor: A History of the Labouring Classes in England, with Parochial Reports*, edited by A. G. L. Rogers (London: George Routledge and Sons, 1928).

Edgerton, David. *The Shock of the Old: Technology and Global History since 1900* (London: Profile Books, 2019).

Ekirch, A. Roger. *At Day's Close: A History of Nighttime* (London: Weidenfeld and Nicolson, 2005).

Emsley, Clive. *The English Police: A Political and Social History* (Harlow: Pearson, 1996).

Endelman, Todd. *The Jews of Georgian England, 1714–1830: Tradition and Change in a Liberal Society* (Philadelphia: Jewish Publication Society of America, 1979).

Endelman, Todd M. *The Jews of Britain, 1656–2000* (Berkeley: University of California Press, 2002).

Erickson, Amy Louise. 'Married Women's Occupations in Eighteenth-Century London'. *Continuity and Change* 23, no. 2 (2008): pp. 267–307. <https://doi. org/10.1017/S0268416008006772>.

Erickson, Amy Louise. 'What Shall We Do About the Servants?' *History Workshop Journal*, 67 (2009): pp. 277–86. <http://www.jstor.org/stable/40646229>.

Estabrook, Carl B. *Urbane and Rustic England: Cultural Ties and Social Spheres in the Provinces 1660–1780* (Manchester: Manchester University Press, 1998).

Evelyn, John. *Fumifugium: Or the Inconveniencie of the Aer and Smoak of London Dissipated. Together with Some Remedies Humbly Proposed by J.E. Esq; to His Sacred Majestie and to the Parliament Now Assembled* (London, 1661).

Everitt, Alan. 'The Marketing of Agricultural Produce'. In *The Agrarian History of England and Wales. Volume IV 1500–1640*, edited by Joan Thirsk (Cambridge: Cambridge University Press, 1967), pp. 466–592.

Falkus, Malcolm. 'Lighting in the Dark Ages of English Economic History: Town Streets before the Industrial Revolution', edited by D. C. Coleman and D. H. John (London: Weidenfeld and Nicolson, 1976), pp. 248–73.

Finlay, Roger, and Beatrice Shearer. 'Population Growth and Suburban Expansion'. In *London 1500–1700: The Making of the Metropolis*, edited by A. L. Beier and Roger Finlay

(Harlow: Longman, 1986), pp. 37–57.

Flather, Amanda. *Gender and Space in Early Modern England* (Woodbridge: Boydell Press for the Royal Historical Society, 2007).

Forshaw, Alec, and Theo Bergström. *The Markets of London* (Harmondsworth: Penguin, 1983).

Forsyth, Hazel. 'Gingerbread'. In *London Eats Out: 500 Years of Capital Dining* (London: Philip Wilson, 1999), pp. 28–9.

Froide, Amy M. *Never Married: Singlewomen in Early Modern England* (Oxford: Oxford University Press, 2005).

Fumerton, Patricia. *Unsettled: The Culture of Mobility and the Working Poor in Early Modern England* (Chicago: University of Chicago Press, 2006).

Gardiner, William. *The Music of Nature; Or, An Attempt to Prove That What Is Passionate and Pleasing in the Art of Singing, Speaking, and Performing Upon Musical Instruments Is Derived from the Sounds of the Animated World* (London: Longman, Rees, Orme, Brown, Green, and Longman, 1832).

Garrioch, David. 'House Names, Shop Signs and Social Organization in Western European Cities, 1500–1900'. *Urban History* 21, no. 1 (1994): pp. 20–48. <https://www.jstor.org/stable/44612627>.

Garrioch, David. 'Sounds of the City: The Soundscape of Early Modern European Towns'. *Urban History* 30, no. 1 (2003): pp. 5–25. <https://doi.org/10.1017/S0963926803001019>.

Gay, John. 'Trivia: Or, the Art of Walking the Streets of London'. In *Walking the Streets of Eighteenth-Century London: John Gay's Trivia (1716)*, edited by Clare Brant and Susan E. Whyman (Oxford: Oxford University Press, 2007), pp. 169–215.

Gentilcore, David. *Food and Health in Early Modern Europe: Diet, Medicine and Society, 1450–1800* (London: Bloomsbury, 2016).

George, M. Dorothy. *London Life in the Eighteenth Century* (Harmondsworth: Penguin, 1966).

Gerhold, Dorian. *London Bridge and Its Houses, c.1209–1761* (London: London Topographical Society, 2019).

Gilchrist, A. G. 'A Note on the "Lavender" and Some Other Cries'. *Journal of the Folk-Song Society* 6, no. 22 (1919): pp. 73–7. <https://www.jstor.org/stable/4434065>.

Girouard, Mark. *Victorian Pubs* (New Haven: Yale University Press, 1984).

Glasse, Hannah. *The Art of Cookery, Made Plain and Easy* (London, 1788).

Gowing, Laura. *Domestic Dangers: Women, Words, and Sex in Early Modern London* (Oxford: Clarendon Press, 1996).

Gowing, Laura. ' "The Freedom of the Streets": Women and Social Space, 1560–1640'. In *Londinopolis: Essays in the Cultural and Social History of Early Modern London*, edited by Paul Griffiths and Mark S. R. Jenner (Manchester: Manchester University Press, 2000), pp. 130–51.

Gray, Drew. *Crime, Policing and Punishment in England, 1660–1914* (London: Bloomsbury, 2016).

Gray, Drew D. *Crime, Prosecution and Social Relations: The Summary Courts of London in the Late Eighteenth Century* (Basingstoke: Palgrave Macmillan, 2009).

Green, David R. *From Artisans to Paupers: Economic Change and Poverty in the London, 1790–1870* (Aldershot: Scolar Press, 1995).

Green, David R. 'Street Trading in London: A Case Study of Casual Labour, 1830–60'. In *The Structure of Nineteenth Century Cities*, edited by James H. Johnson and Colin G. Pooley (Beckenham: Croom Helm, 1982), pp. 129–51.

Greenwood, James. 'Bummarees'. In *Low-Life Deeps: An Account of the Strange Fish to Be Found There* (London: Chatto and Windus, 1876), pp. 79–85.

Greenwood, James. 'London Courts and Alleys'. In *In Strange Company: Being the Experiences of a Roving Correspondent* (London: Henry S. King and Co., 1873), pp. 178–87.

Greenwood, James. 'A Mission Among City Savages'. In *In Strange Company: Being the Experiences of a Roving Correspondent* (London: Henry S. King and Co., 1873), pp. 12–32.

Greenwood, James. 'Only a Coster'. *Railway Review* 1a, no. 9 (10 September 1880): pp. 4–6.

Greenwood, James. 'The South Coast Fishermen'. In *The Wilds of London* (London: Chatto and Windus, 1874), pp. 326–39.

Grew, Francis, and Margrethe de Neergaard. *Shoes and Pattens: Medieval Finds from Excavations in London* (London: Her Majesty's Stationery Office, 1988).

Griffin, Emma. 'Diets, Hunger and Living Standards During the British Industrial Revolution'. *Past & Present* 239, no. 1 (2018): pp. 71–111. <https://doi.org/10.1093/pastj/gtx061>.

Griffiths, Paul. *Lost Londons: Change, Crime, and Control in the Capital, 1550–1660* (Cambridge: Cambridge University Press, 2008).

Griffiths, Paul. 'Meanings of Nightwalking in Early Modern England'. *Seventeenth Centu-*

ry 13, no. 2 (1998): pp. 212–38. <https://doi.org/10.1080/0268117X.1998. 10555448>.

Griffiths, Roger. *An Essay to Prove That the Jurisdiction and Conservancy of the River of Thames, &c. Is Committed to the Lord Mayor, and City of London, Both in Point of Right and Usage, By Prescription, Charters, Acts of Parliament, Decrees, Upon Hearing before the King, Letters-Patents, &c. &c. To Which Is Added. A Brief Description of Those Fish, with Their Seasons, Spawning-Times, &c That Are Caught in the Thames, or Sold in London. With Some Few Observations on the Nature, Element, Cloathing, Numbers, Passage, Wars, and Sensation, &c. Peculiar to Fish in General. And, Also, of the Water Carriage on the River Thames, to the Several Parts of the Kingdom; with a List of the Keys, Wharfs, and Docks, Adjoining to the Same* (London, 1746).

Hadshar, Rose. ' "[T]heir Tales Are Sweet": A Queer Social History of Fishwives in Early Modern London' (MA by Research, University of York, 2016).

Hailwood, Mark. *Alehouses and Good Fellowship in Early Modern England* (Woodbridge: Boydell and Brewer, 2014).

Hailwood, Mark. 'Time and Work in Rural England, 1500–1700'. *Past & Present* 248, no. 1 (2020): pp. 87–121. <https://doi.org/10.1093/pastj/gtz065>.

Hajar, Andi. 'Street Cries in English and Indonesian with Special Reference to Makassarese'. *International Journal of Humanities and Innovation* 2, no. 2 (2019): pp. 59–64. <https://doi.org/10.33750/ijhi.v2i2.41>.

Hamling, Tara, and Catherine Richardson. *A Day at Home in Early Modern England: Material Culture and Domestic Life, 1500–1700* (New Haven: Yale University Press, 2017).

Hanway, J. *A Letter to Mr John Spranger, On His Excellent Proposal For Paving, Cleansing, and Lighting the Streets of Westminster, and the Parishes in Middlesex* (London, 1754).

Harding, Vanessa. *The Dead and the Living in Paris and London, 1500–1670* (Cambridge: Cambridge University Press, 2002).

Harding, Vanessa. 'Families and Housing in Seventeenth-Century London'. *Parergon* 24, no. 2 (2007): pp. 115–38. <https://doi.org/10.1353/pgn.2008.0015>.

Harding, Vanessa. 'The Population of London, 1550–1700: A Review of the Published Evidence'. *London Journal* 15, no. 2 (1990): pp. 111–28. <https://doi.org/10.1179/ldn.1990.15.2.111>.

Harding, Vanessa. 'Shops, Markets and Retailers in London's Cheapside, *c.*1500–1700'. In *Buyers & Sellers: Retail Circuits and Practices in Medieval and Early Modern Europe*, edited by Bruno Blondé, Peter Stabel, Jon Stobart, and Ilja van Damme (Turnhout:

Brepols, 2006), pp. 155–70.

Harding, Vanessa. 'Space, Property, and Propriety in Urban England'. *Journal of Interdisciplinary History* 32, no. 4 (2002): pp. 549–69. <https://www.jstor.org/stable/3656145>.

Harley, Joseph. 'Consumption and Poverty in the Homes of the English Poor, *c.*1670–1834'. *Social History* 43, no. 1 (2018): pp. 81–104. <https://doi.org/10.1080/03071022.2018.1394001>.

Harrison, Brian. 'The Sunday Trading Riots of 1855'. *Historical Journal* 8, no. 2 (1965): pp. 219–45.

Hart, Keith. 'Informal Income Opportunities and Urban Employment in Ghana'. *Journal of Modern African Studies* 11, no. 1 (1973): pp. 61–89. <https://www.jstor. org/stable/159873>.

Hartlib, Samuel. *Samuel Hartlib His Legacie: Or an Enlargement of the Discourse of Husbandry Used in Brabant and Flaunders; Wherein Are Bequeathed to the Common- Wealth of England More Outlandish and Domestick Experiments and Secrets in Reference to Universall Husbandry* (London, 1651).

Harvey, Charles, Edmund M. Green, and Penelope J. Corfield. 'Continuity, Change, and Specialization within Metropolitan London: The Economy of Westminster, 1750–1820'. *Economic History Review* 52, no. 3 (1999): pp. 469–93. <http://www.jstor.org/stable/2599141>.

Hayes, Megan. *The London Milk Trail: The Story of Welsh Dairies in the City* (Llanrwst: Gwasg Carreg Gwalch, 2015).

Heglund, N. C., P. A. Willems, M. Penta, and G. A. Cavagna. 'Energy-Saving Gait Mechanics with Head-Supported Loads'. *Nature* 375, no. 6526 (1995): pp. 52–4. <https://doi.org/10.1038/375052a0>.

Henderson, Tony. *Disorderly Women in Eighteenth-Century London: Prostitution and Control in the Metropolis 1730–1830* (Harlow: Pearson Education, 1999).

Hetherington, Jill. 'Dairy-Farming in Islington in the Early Nineteenth Century—the Career of Richard Laycock'. *Transactions of the London & Middlesex Archeological Society* 38 (1987): pp. 169–85.

Heuvel, Danielle van den. 'Gender in the Streets of the Premodern City'. *Journal of Urban History* 45, no. 4 (2019): pp. 693–710. <https://doi.org/10.1177/0096144218768493>.

Heuvel, Danielle van den. 'Selling in the Shadows: Peddlers and Hawkers in Early Modern Europe'. In *Working on Labor: Essays in Honor of Jan Lucassen*, edited by Marcel van der

Linden and Leo Lucassen (Leiden: Brill, 2012), pp. 125–51.

Higgs, Edward. 'Domestic Servants and Households in Victorian England'. *Social History* 8, no. 2 (1983): pp. 201–10. <http://www.jstor.org/stable/4285250>.

Higgs, Edward, and Amanda Wilkinson. 'Women, Occupations and Work in the Victorian Censuses Revisited'. *History Workshop Journal* 81 (2016): pp. 17–38. <https://doi.org/10.1093/hwj/dbw001>.

Hill, Bridget. *Servants: English Domestics in the Eighteenth Century* (Oxford: Oxford University Press, 1996).

Hill, Bridget. *Women Alone: Spinsters in England 1660–1850* (New Haven: Yale University Press, 2001).

Hindle, Steve. *On the Parish? The Micro-Politics of Poor Relief in Rural England c.1550–1750* (Oxford: Oxford University Press, 2004).

Hindley, Charles. *A History of the Cries of London, Ancient and Modern* (London: Reeves and Turner, 1881).

Hinds, Allen B., ed. *Calendar of State Papers Relating to English Affairs in the Archives of Venice: Volume 15, 1617–1619* (London, 1909). <https://www.british-history.ac.uk/cal-state-papers/venice/vol15>.

Hitchcock, David, and Julia McClure, eds. *The Routledge History of Poverty, c.1450–1800* (Abingdon: Routledge, 2021).

Hitchcock, Tim. *Down and Out in Eighteenth-Century London* (London: Hambledon and London, 2004).

Hitchcock, Timothy V., ed., *Richard Hutton's Complaints Book: The Notebook of the Steward of the Quaker Workhouse at Clerkenwell, 1711–1737* (London, 1987). <https://www.british-history.ac.uk/london-record-soc/vol24>.

Hitchcock, Tim, and Robert Shoemaker. *London Lives: Poverty, Crime and the Making of a Modern City, 1690–1800* (Cambridge: Cambridge University Press, 2015).

Hitchcock, Tim, and Heather Shore. 'Introduction'. In *The Streets of London: From the Great Fire to the Great Stink*, edited by Tim Hitchcock and Heather Shore (London: Rivers Oram Press, 2003), pp. 1–9.

Hitchcock, Tim, and Heather Shore, eds. *The Streets of London: From the Great Fire to the Great Stink* (London: Rivers Oram Press, 2003).

Horrell, Sara, and Jane Humphries. 'Women's Labour Force Participation and the Transition to the Male-Breadwinner Family, 1790–1865'. *Economic History Review* 48, no. 1 (1995): pp. 89–117. <https://doi.org/10.2307/2597872>.

Houghton, John. *Husbandry and Trade Improv'd: Being a Collection of Many Valuable Materials Relating to Corn, Cattle, Coals, Hops, Wool, &c.* 4 vols (London, 1728).

Hubbard, Eleanor. *City Women: Money, Sex and the Social Order in Early Modern London* (Oxford: Oxford University Press, 2012).

Hummel, Calla. 'Disobedient Markets: Street Vendors, Enforcement, and State Intervention in Collective Action'. *Comparative Political Studies* 50, no. 11 (2017): pp. 1524–55. <https://doi.org/10.1177/0010414016679177>.

Humphries, Jane. *Childhood and Child Labour in the British Industrial Revolution* (Cambridge: Cambridge University Press, 2010).

Hunt, Arnold. *The Art of Hearing: English Preachers and Their Audiences, 1590–1640* (Cambridge: Cambridge University Press, 2010).

Ingold, Tim. 'Culture on the Ground: The World Perceived Through the Feet'. *Journal of Material Culture* 9, no. 3 (2004): pp. 315–40. <https://doi.org/10.1177/1359183504046896>.

Innes, Joanna. 'Managing the Metropolis: London's Social Problems and Their Control, *c.*1660–1830'. *Proceedings of the British Academy* 107 (2001): pp. 53–79.

International Labour Office, 'Employment, Incomes and Equality: A Strategy for Increasing Productive Employment in Kenya' (Geneva, 1972).

International Labour Organization. 'ILO Monitor: COVID-19 and the World of Work', April 2020. <https://www.ilo.org/global/topics/coronavirus/impactsand-responses/WCMS_767028/lang--en/index.htm>.

Inwood, Stephen. 'Policing London's Morals: The Metropolitan Police and Popular Culture, 1829–1850'. *London Journal* 15, no. 2 (1990): pp. 129–46. <https://doi.org/10.1179/ldn.1990.15.2.129>.

Ismay, Penelope. *Trust Among Strangers: Friendly Societies in Modern Britain* (Cambridge: Cambridge University Press, 2018).

Jackson, Lee. *Dirty Old London: The Victorian Fight Against Filth* (New Haven: Yale University Press, 2014).

Jankiewicz, Stephen. 'A Dangerous Class: The Street Sellers of Nineteenth-Century London'. *Journal of Social History* 46, no. 2 (2012): pp. 391–415. <https://doi.org/10.1093/jsh/shs096>.

Jeffreys, J. B. *Retail Trading in Britain 1850–1950* (Cambridge: Cambridge University

Press, 1954).

Jenner, Mark. 'Circulation and Disorder: London Streets and Hackney Coaches, *c.*1640–*c.*1740'. In *The Streets of London: From the Great Fire to the Great Stink*, edited by Tim Hitchcock and Heather Shore (London: Rivers Oram Press, 2003), pp. 40–53.

Jenner, Mark. 'The Politics of London Air: John Evelyn's Fumifugium and the Restoration'. *Historical Journal* 38, no. 3 (1995): pp. 535–51. <https://doi.org/10.1017/S0018246X00019968>.

Jenner, Mark S. R., and Paul Griffiths. 'Introduction'. In *Londinopolis: Essays in the Cultural and Social History of Early Modern London*, edited by Paul Griffiths and Mark S. R. Jenner (Manchester: Manchester University Press, 2000), pp. 1–23.

Jennings, Paul. *The Local: A History of the English Pub* (Stroud: Tempus, 2007).

Jensen, Oskar Cox. *The Ballad-Singer in Georgian and Victorian London* (Cambridge: Cambridge University Press, 2021).

Jones, Peter T. A. 'Redressing Reform Narratives: Victorian London's Street Markets and the Informal Supply Lines of Urban Modernity'. *London Journal* 41, no. 1 (2016): pp. 60–81. <https://doi.org/10.1179/1749632215Y.0000000013>.

Jonson, Ben. *Epicoene, or The Silent Woman* (London, 1620).

Kalm, Pehr. *Kalm's Account of His Visit to England on His Way to America in 1748*.

Translated by Joseph Lucas (London: Macmillan, 1892).

Karlin, Daniel. *Street Songs: Writers and Urban Songs and Cries, 1800–1925* (Oxford: Oxford University Press, 2018).

Kay, Alison C. 'Retailing, Respectability and the Independent Woman in Nineteenth-Century London'. In *Women, Business and Finance in Nineteenth Century Europe*, edited by Robert Beachy, Béatrice Craig, and Alastair Owens (Oxford: Berg, 2006), pp. 152–66.

Kelley, Victoria. *Cheap Street: London's Street Markets and the Cultures of Informality, c.1850–1939* (Manchester: Manchester University Press, 2019).

Kelley, Victoria. 'London's Street Markets: The Shifting Interiors of Informal Architecture'. *London Journal* 45, no. 2 (2020): pp. 189–210. <https://doi.org/10.1080/03058034.2019.1703432>.

Kent, D. A. 'Ubiquitous but Invisible: Female Domestic Servants in Mid-Eighteenth Century London'. *History Workshop Journal* 28, no. 1 (1989): pp. 111–28. <https://doi.org/10.1093/hwj/28.1.111>.

King, Peter. 'The Summary Courts and Social Relations in Eighteenth-Century England'.

Past & Present, no. 183 (2004): pp. 125–72. <http://www.jstor.org/stable/3600862>.

Knight, Charles. 'Street Noises'. In *London*, edited by Charles Knight (London: Charles Knight and Co., 1841), vol. 1: pp. 129–44.

Korda, Natasha. 'Gender at Work in the Cries of London'. In *Oral Traditions and Gender in Early Modern Literary Texts*, edited by Mary Ellen Lamb and Karen Bamford (Aldershot: Ashgate, 2008), pp. 117–35.

Korda, Natasha. *Labors Lost: Women's Work and the Early Modern English Stage* (Philadelphia: University of Pennsylvania Press, 2011).

Koslofsky, Craig. *Evening's Empire: A History of the Night in Early Modern Europe* (Cambridge: Cambridge University Press, 2011).

Kostof, Spiro. *The City Assembled: The Elements of Urban Form Through History* (London: Thames and Hudson, 1992).

Kreutzfeldt, Jacob. 'Street Cries and the Urban Refrain: A Methodological Investigation of Street Cries'. *SoundEffects* 2, no. 1 (2012): pp. 61–80.

Laitinen, Riita, and Thomas S. Cohen. 'Cultural History of Early Modern European Streets—An Introduction'. In *Cultural History of Early Modern European Streets*, edited by Riita Laitinen and Thomas V. Cohen (Leiden: Brill, 2009), pp. 1–10.

Lane, Joan. *Apprenticeship in England, 1600–1914* (London: UCL Press, 1996).

Laslett, Peter, ed. *Earliest Classics: John Graunt and Gregory King* (Farnborough: Gregg, 1973).

Lees, Lynn Hollen. *Exiles of Erin: Irish Migrants in Victorian London* (Manchester: Manchester University Press, 1979).

Levene, Alysa. 'Parish Apprenticeship and the Old Poor Law in London'. *Economic History Review* 63, no. 4 (2010): pp. 915–41. <https://doi.org/10.1111/j.1468-0289. 2009.00485.x>.

Lewis, M. J. T. 'The Origins of the Wheelbarrow'. *Technology and Culture* 35, no. 3 (1994): pp. 453–75. <https://doi.org/10.2307/3106255>.

Linares, Lissette Aliaga. 'The Paradoxes of Informalizing Street Trade in the Latin American City', *International Journal of Sociology and Social Policy* 38, nos 7/8 (2018): pp. 651–72. <https://doi.org/10.1108/IJSSP-09-2017-0119>.

Linebaugh, P. 'The Ordinary of Newgate and His Account'. In *Crime in England 1550–1800*, edited by J. S. Cockburn (London: Methuen, 1977), pp. 246–69.

Lloyd, Paul S. 'Dietary Advice and Fruit-Eating in Late Tudor and Early Stuart England'.

Journal of the History of Medicine and Allied Sciences 67, no. 4 (2012): pp. 553–86. <https://www.jstor.org/stable/24632080>.

Lloyd, Ray, Bridget Parr, Simeon Davies, and Carlton Cooke. 'No "Free Ride" for African Women: A Comparison of Head-Loading Versus Back-Loading Among Xhosa Women'. *South African Journal of Science* 106, nos 3/4 (2010): pp. 1–5.

London County Council Public Control Committee. *London Markets: Special Report of the Public Control Committee Relative to Existing Markets and Market Rights and as to the Expediency of Establishing New Markets In or Near the Administrative County of London* (London: London County Council, 1893).

London County Council Public Control Department. *Street Markets: Report of the Chief Officer of the Public Control Department as to the Street Markets in the County of London* (London: London County Council, 1901).

London School of Economics. *The New Survey of London Life & Labour. Volume 3: Survey of Social Conditions (1) The Eastern Area* (London: P. S. King and Son, 1932).

Lucas, C. Duncan. 'Coster-Land in London'. In *Living London*, edited by George R. Sims (London: Cassell and Company, 1902), vol. 1: pp. 74–9.

Lupton, Donald. *London and the Country Carbonadoed and Quartred into Severall Characters* (London, 1632).

McEwan, Joanne. 'The Lodging Exchange: Space, Authority and Knowledge in Eighteenth-Century London'. In *Accommodating Poverty: The Housing and Living Arrangements of the English Poor, c.1600–1850*, edited by Joanne McEwan and Pamela Sharpe (Basingstoke: Palgrave Macmillan, 2011), pp. 50–68.

McGrath, Patrick V. 'The Marketing of Food, Fodder and Livestock in the London Area in the Seventeenth Century with Some Reference to the Sources of Supply' (MA, University of London, 1948).

McIntosh, Marjorie Keniston. *Working Women in English Society, 1300–1620* (Cambridge: Cambridge University Press, 2005).

McKellar, Elizabeth. *The Birth of Modern London: The Development and Design of the City 1660–1720* (Manchester: Manchester University Press, 1999).

McManus, John P. 'The Trade and Market in Fish in the London Area During the Early Sixteenth Century, 1485–1563' (MA, University of London, 1952).

McWilliam, Rohan. 'Fancy Repositories: The Arcades of London's West End in the Nineteenth Century'. *London Journal* 44, no. 2 (2019): pp. 93–112. <https://doi. org/

10.1080/03058034.2019.1581482>.

McWilliam, Rohan. *London's West End: Creating the Pleasure District, 1800–1914* (Oxford: Oxford University Press, 2020).

Maloiy, G. M. O., N. C. Heglund, L. M. Prager, G. A. Cavagna, and C. R. Taylor. 'Energetic Cost of Carrying Loads: Have African Women Discovered an Economic Way?' *Nature* 319, no. 6055 (1986): pp. 668–9. <https://doi.org/ 10.1038/319668a0>.

Malvery, Olive Christian. 'Gilding the Gutter—My Experiences of Coster Life'. In *The Soul Market, with Which Is Included 'The Heart of Things'* (London: Hutchinson and Co., 1907), pp. 134–50.

Maniates, Maria Rika, and Richard Freedman. 'Street Cries'. *Grove Music Online. Oxford Music Online* (Oxford: Oxford University Press, 2001). <https://doi. org/10.1093/gmo/9781561592630.article.26931>.

Mansell, Charmian. 'The Variety of Women's Experiences as Servants in England (1548–1649): Evidence from Church Court Depositions'. *Continuity and Change* 33, no. 3 (2018): pp. 315–38. <https://doi.org/10.1017/S0268416018000267>.

Marsh, Christopher. *Music and Society in Early Modern England* (Cambridge: Cambridge University Press, 2013). Massie, Joseph. *An Essay on the Many Advantages Accruing to the Community, from the Superior Neatness, Conveniencies, Decorations and Embellishments of Great and Capital Cities. Particularly Apply'd to the City and Suburbs of London, Renowned Capital of the British Empire* (London, 1754).

Matheson, Julia. 'Common Ground: Horticulture and the Cultivation of Open Space in the East End of London, 1840–1900' (PhD, Open University, 2010).

Matthies, Andrea L. 'The Medieval Wheelbarrow'. *Technology and Culture* 32, no. 2 (1991): pp. 356–64. <https://doi.org/10.2307/3105714>.

Mayhew, Henry. *London Labour and the London Poor.* 4 vols (London: Griffin, Bohn and Co., 1861).

Mearns, Andrew. *The Bitter Cry of Outcast London: An Inquiry into the Condition of the Abject Poor* (London, 1883).

Mehta, Kiran. 'Summary Justice in Eighteenth- and Nineteenth-Century Southwark (London)'. *Crime, histoire & societes/Crime, History & Societies* 24, no. 1 (2020): pp. 55–90. <https://doi.org/10.4000/chs.2702>.

Meldrum, Tim. *Domestic Service and Gender 1660–1750: Life and Work in the London Household* (Harlow: Pearson Education, 2000).

Merritt, J. F. *The Social World of Early Modern Westminster* (Manchester: Manchester University Press, 2005).

Middleton, John. *View of the Agriculture of Middlesex* (London, 1798).

Miller, Jonah. 'The Touch of the State: Stop and Search in England, *c.*1660–1750'. *History Workshop Journal* 87 (2019): pp. 52–71. <https://doi.org/10.1093/hwj/ dby034>.

Milliot, Vincent. *Les Cris de Paris ou le peuple travesti: les representations des petits metiers parisiens (XVIe–XVIIIe siecles)* (Paris: éditions de la Sorbonne, 2014).

Montenach, Anne. *Espaces et pratiques du commerce alimentaire a Lyon au XVIIe siecle* (Grenoble: Presses universitaires de Grenoble, 2009).

Morrison, Kathryn A. *English Shops and Shopping: An Architectural History* (New Haven: Yale University Press, 2003).

Muldrew, Craig. *Food, Energy and the Creation of Industriousness: Work and Material Culture in Agrarian England, 1550–1780* (Cambridge: Cambridge University Press, 2011).

Münch, Ole. 'Henry Mayhew and the Street Traders of Victorian London—A Cultural Exchange with Material Consequences'. *London Journal* 43, no. 1 (2018): pp. 53–71. <https://doi.org/10.1080/03058034.2017.1333761>.

Nead, Lynda. *Victorian Babylon: People, Streets and Images in Nineteenth-Century London* (London: Yale University Press, 2005). Nevola, Fabrizio. *Street Life in Renaissance Italy* (New Haven: Yale University Press, 2020).

Nord, Deborah Epstein. 'The City as Theater: From Georgian to Early Victorian London'. *Victorian Studies* 31, no. 2 (1988): pp. 159–88. <https://www.jstor.org/ stable/3827968>.

Nord, Deborah Epstein. 'The Social Explorer as Anthropologist: Victorian Travellers among the Urban Poor'. In *Visions of the Modern City: Essays in History, Art and Literature*, edited by William Sharpe and Leonard Wallock (Baltimore: Johns Hopkins University Press, 1987), pp. 122–34.

Nord, Deborah Epstein. *Walking the Victorian Streets: Women, Representation and the City* (Ithaca, NY: Cornell University Press, 1995).

O'Dea, William T. *The Social History of Lighting* (London: Routledge and Kegan Paul, 1958).

Ogborn, Miles. *Spaces of Modernity: London's Geographies, 1680–1780* (New York: Guildford Press, 1998).

One of the Crowd. 'Covent Garden Market'. In *Toilers in London* (London: Diprose and

Bateman, 1883), pp. 72–7.

One of the Crowd. 'Watercress Sellers'. In *Toilers in London* (London: Diprose and Bateman, 1883), pp. 33–8.

One of the Crowd. 'Working Dogs'. In *Toilers in London* (London: Diprose and Bateman, 1883), pp. 116–22.

Paley, Ruth, ed. *Justice in Eighteenth-Century Hackney: The Justicing Notebook of Henry Norris and the Hackney Petty Sessions Book* (London, 1991). <https://www.britishhistory.ac.uk/london-record-soc/vol28>.

Panayi, Panikos. *Fish and Chips: A History* (London: Reaktion, 2014).

Parasecoli, Fabio. 'Eating on the Go in Italy: Between *cibo di strada* and Street Food'. *Food, Culture & Society* 24, no. 1 (2021): pp. 112–26. <https://doi.org/10.108 0/15528014.2020.1859901>.

Parham, Susan. *Market Place: Food Quarters, Design and Urban Renewal in London* (Newcastle upon Tyne: Cambridge Scholars Publishing, 2012).

Parker, Kenneth L. *The English Sabbath: A Study of Doctrine and Discipline from the Reformation to the Civil War* (Cambridge: Cambridge University Press, 1988).

Pennell, Sara. *The Birth of the English Kitchen, 1600–1850* (London: Bloomsbury, 2016).

Pennell, Sara. ' "Great Quantities of Gooseberry Pye and Baked Clod of Beef ": Victualling and Eating Out in Early Modern London'. In *Londinopolis: Essays in the Cultural and Social History of Early Modern London*, edited by Paul Griffiths and Mark S. R. Jenner (Manchester: Manchester University Press, 2000), pp. 228–49.

Pennington, David. 'Taking It to the Streets: Hucksters and Huckstering in Early Modern Southampton, circa 1550–1652'. *Sixteenth Century Journal* 39, no. 3 (2008): pp. 657–79. <https://doi.org/10.2307/20478999>.

Pepys, Samuel. *The Diary of Samuel Pepys*, edited by Robert Latham and William Matthews. 11 vols (London: Bell, 1970).

Picker, John M. 'Aural Anxieties and the Advent of Modernity'. In *The Victorian World*, edited by Martin Hewitt (London: Routledge, 2012), pp. 603–18.

Picker, John M. 'The Soundproof Study: Victorian Professionals, Work Space, and Urban Noise'. *Victorian Studies* 42, no. 3 (1999/2000): pp. 427–53.

Picker, John M. *Victorian Soundscapes* (Oxford: Oxford University Press, 2003).

Pickering, Danby, ed. *The Statutes at Large, From the Thirty-Second Year of K. Hen. VIII. To the Seventh Year of K. Edw. VI. Inclusive* (Cambridge, 1763).

Pinchbeck, Ivy. *Women Workers and the Industrial Revolution 1750–1850* (London: Frank Cass and Co., 1969).

Porter, Roy. *London: A Social History* (London: Penguin, 1996).

Porter, Stephen. *The Great Fire of London* (Godalming: Bramley Books, 1998).

Power, Michael. 'Shadwell: The Development of a London Suburban Community in the Seventeenth Century'. *London Journal* 4, no. 1 (1978): pp. 29–46. <https:// doi.org/10.1179/ldn.1978.4.1.29>.

Price, Chris, ed. *Music from the Canterbury Catch Club* (Canterbury: Canterbury Christ Church University, 2015). Quilley, Geoff. 'The Analysis of Deceit: Sandby's Satires Against Hogarth'. In *Paul Sandby: Picturing Britain*, edited by John Bonehill and Stephen Daniels (London: Royal Academy of Arts, 2009), pp. 39–47.

Raines, Robert. *Marcellus Laroon* (London: Routledge and Kegan Paul for the Paul Mellon Foundation for British Art, 1966).

Raithby, John, ed. *Statutes of the Realm: Volume 5, 1628–80* (London, 1819). <https://www.british-history.ac.uk/statutes-realm/vol5>.

Raithby, John, ed. *Statutes of the Realm: Volume 7, 1695–1701* (London, 1820). <https://www.british-history.ac.uk/statutes-realm/vol7>.

Rappaport, Erika Diane. *Shopping for Pleasure: Women in the Making of London's West End* (Princeton: Princeton University Press, 2000).

Rasmussen, Anthony W. 'Sales and Survival within the Contested Acoustic Territories of Mexico City's Historic Centre'. *Ethnomusicology Forum* 26, no. 3 (2017): pp. 307–30. <https://doi.org/10.1080/17411912.2018.1423574>.

Reddaway, T. F. *The Rebuilding of London after the Great Fire* (London: E. Arnold, 1951).

Reeves, Maud Pember. *Round About a Pound a Week* (London: G. Bell and Sons, 1913).

Reinke-Williams, Tim. *Women, Work and Sociability in Early Modern London* (Basingstoke: Palgrave Macmillan, 2014).

Rendell, Jane. 'Displaying Sexuality: Gendered Identities and the Early Nineteenth-Century Street'. In *Images of the Street: Planning, Identity and Control in Public Space*, edited by Nicholas R. Fyfe (London: Routledge, 1998), pp. 74–90.

Reynolds, Elaine A. *Before the Bobbies: The Night Watch and Police Reform in Metropolitan London, 1720–1830* (Stanford, CA: Stanford University Press, 1998).

Rich, Rachel. *Bourgeois Consumption: Food, Space and Identity in London and Paris, 1850–1914* (Manchester: Manchester University Press, 2011).

Richardson, R. C. *Household Servants in Early Modern England* (Manchester: Manchester University Press, 2010).

Riello, Giorgio. 'The Material Culture of Walking: Spaces of Methodologies in the Long Eighteenth Century'. In *Everyday Objects: Medieval and Early Modern Material Culture and Its Meanings*, edited by Tara Hamling and Catherine Richardson (Farnham: Ashgate, 2010), pp. 40–55.

Ritson, Joseph, ed. *A Digest of the Proceedings of the Court Leet of the Manor and Liberty of the Savoy, Parcel of the Duchy of Lancaster, in the County of Middlesex; From the Year 1682 to the Present Time* (London, 1789).

Roche, Sophie von la. *Sophie in London 1786, Being the Diary of Sophie v. La Roche*. Translated by Clare Williams (London: Jonathan Cape, 1933).

Roever, Sally, and Caroline Skinner. 'Street Vendors and Cities'. *Environment and Urbanization* 28, no. 2 (2016): pp. 359–74. <https://doi.org/10.1177/ 0956247816653898>.

Rosales, Rocío. *Fruteros: Street Vending, Illegality, and Ethnic Community in Los Angeles* (Oakland, CA: University of California Press, 2020).

Ross, Ellen. *Love & Toil: Motherhood in Outcast London, 1870–1918* (Oxford: Oxford University Press, 1993).

Sacks, David Harris. *The Widening Gate: Bristol and the Atlantic Economy, 1450–1750* (Berkeley: University of California Press, 1991).

Sala, George Augustus. 'The Cries of London'. *English Illustrated* 10 (October 1892–3): pp. 125–35.

Sala, George Augustus. *Gaslight and Daylight, with Some London Scenes They Shine Upon* (London: Tinsley Brothers, 1872).

Sala, George Augustus. 'Locomotion in London'. *Gentleman's Magazine*, 12 (June 1874): pp. 453–65.

Saunders, Ann, ed. *The Royal Exchange* (London: London Topographical Society, 1997).

Schafer, R. Murray. *The Soundscape: Our Sonic Environment and the Tuning of the World* (Rochester, VT: Destiny Books, 1977).

Schmiechen, James, and Kenneth Carls. *The British Market Hall: A Social and Architectural History* (New Haven: Yale University Press, 1999).

Schofield, John, ed. *The London Surveys of Ralph Treswell* (London: London Topographical Society, 1987).

Schwarz, L. D. *London in the Age of Industrialisation: Entrepreneurs, Labour Force and Living*

Conditions, 1700–1850 (Cambridge: Cambridge University Press, 1992).

Schwarz, Leonard. 'English Servants and Their Employers During the Eighteenth and Nineteenth Centuries'. *Economic History Review* 52, no. 2 (1999): pp. 236–56. <http://www.jstor.org/stable/2599938>.

Scola, Roger. *Feeding the Victorian City: The Food Supply of Manchester, 1770–1870*, edited by W. A. Armstrong and Pauline Scola (Manchester: Manchester University Press, 1992).

Sennett, Richard. *Flesh and Stone: The Body and the City in Western Civilization* (London: Faber & Faber, 1994).

Serjeantson, D., and C. M. Woolgar. 'Fish Consumption in Medieval England'. In *Food in Medieval England: Diet and Nutrition*, edited by C. M. Woolgar, D. Serjeantson, and T. Waldron (Oxford: Oxford University Press, 2006), pp. 102–30.

Shammas, Carole. *The Pre-Industrial Consumer in England and America* (Oxford: Clarendon Press, 1990).

Sharma, Jayeeta. 'Food Cries, Historical City Sounds, and the Twentieth Century Silencing of Street Vendors'. *Food, Culture & Society* 24, no. 1 (2021): pp. 16–30. <https://doi.org/10.1080/15528014.2020.1859923>.

Shaw, Gareth. 'The Role of Retailing in the Urban Economy'. In *The Structure of Nineteenth Century Cities*, edited by James H. Johnson and Colin G. Pooley (Beckenham: Croom Helm, 1982), pp. 171–94.

Shaw, Gareth, and M. T. Wild. 'Retail Patterns in the Victorian City'. *Transactions of the Institute of British Geographers* 4, no. 2 (1979): pp. 278–91. <https://doi.org/ 10.2307/622039>.

Shaw, George Bernard. *Pygmalion: A Romance in Five Acts* (Harmondsworth: Penguin, 1941).

Shepard, Alexandra. *Accounting for Oneself: Worth, Status and the Social Order in Early Modern England* (Oxford: Oxford University Press, 2015).

Shepard, Alexandra. 'Crediting Women in the Early Modern English Economy'. *History Workshop Journal* 79, no. 1 (2015): pp. 1–24. <https://doi.org/10.1093/hwj/ dbv002>.

Shepard, Alexandra. 'Poverty, Labour and the Language of Social Description in Early Modern England'. *Past & Present* 201, no. 1 (2008): pp. 51–95. <https://doi.org/10.1093/pastj/gtn004>.

Shepard, Alexandra, and Judith Spicksley. 'Worth, Age, and Social Status in Early Modern England'. *Economic History Review* 64, no. 2 (2011): pp. 493–530. <https:// doi.

org/10.1111/j.1468-0289.2010.00533.x>.

Sheppard, F. H. W. *Local Government in St. Marylebone, 1688–1835: A Study of the Vestry and the Turnpike Trust* (London: Athlone Press, 1958).

Sheppard, F. H. W., ed. *Survey of London: Volume 35, The Theatre Royal, Drury Lane, and the Royal Opera House, Covent Garden* (London, 1970). <http://www.britishhistory. ac.uk/survey-london/vol35>.

Shesgreen, Sean. *Images of the Outcast: The Urban Poor in the Cries of London* (Manchester: Manchester University Press, 2002).

Shesgreen, Sean. 'William Hogarth's "Enraged Musician" and the Cries of London'. In *Hogarth: Representing Nature's Machines*, edited by David Bindman, Frédéric Ogée, and Peter Wagner (Manchester: Manchester University Press, 2001), pp. 125–45.

Shoemaker, Robert. 'Gendered Spaces: Patterns of Mobility and Perceptions of London's Geography, 1660–1750'. In *Imagining Early Modern London: Perceptions and Portrayals of the City from Stow to Strype, 1598–1720*, edited by J. F. Merritt (Cambridge: Cambridge University Press, 2001), pp. 144–65.

Shoemaker, Robert B. 'Reforming the City: The Reformation of Manners Campaign in London, 1590–1738'. In *Stilling the Grumbling Hive: The Response to Social and Economic Problems in England, 1689–1750*, edited by Lee Davison, Tim Hitchcock, Tim Keirn, and Robert B. Shoemaker (Stroud: Sutton, 1992), pp. 99–120.

Shoemaker, Robert B. 'Public Spaces, Private Disputes? Fights and Insults on London's Streets, 1660–1800'. In *The Streets of London: From the Great Fire to the Great Stink*, edited by Tim Hitchcock and Heather Shore (London: Rivers Oram Press, 2003), pp. 54–68.

Simonton, Deborah. 'Apprenticeship: Training and Gender in Eighteenth-Century England'. In *Markets and Manufacture in Early Industrial Europe*, edited by Maxine Berg (London: Routledge, 1991), pp. 227–58.

Simonton, Deborah. 'Widows and Wenches: Single Women in Eighteenth-Century Urban Economies'. In *Female Agency in the Urban Economy: Gender in European Towns, 1640–1830*, edited by Deborah Simonton and Anne Montenach (New York: Routledge, 2013), pp. 93–115.

Simpson, Claude M. *The British Broadside Ballad and Its Music* (New Brunswick, NJ: Rutgers University Press, 1966).

Sims, George R. *How the Poor Live* (London: Chatto and Windus, 1883).

Sims, George R. 'Kerbstone London'. In *Living London*, edited by George R. Sims

(London: Cassell and Company, 1902), vol. 1: pp. 378–84.

Skelton, Leona J. *Sanitation in Urban Britain, 1560–1700* (Abingdon: Routledge, 2016).

Smith, Bruce. *The Acoustic World of Early Modern England* (Chicago: University of Chicago Press, 1999).

Smith, Bruce. 'What Means This Noise?' In *'Noyses, Sounds, and Sweet Aires': Music in Early Modern England*, edited by Jessie Ann Owens (Washington, DC: Folger Shakespeare Library, 2006), pp. 20–31.

Smith, Colin. 'The Wholesale and Retail Markets of London, 1660–1840'. *Economic History Review* 55, no. 1 (2002): pp. 31–50. <https://doi.org/10.1111/1468-0289.00213>.

Smith, Colin Stephen. 'The Market Place and the Market's Place in London, *c.*1660–1840' (PhD, University College London, 1999).

Smith, Drew. *Oyster: A World History* (Stroud: History Press, 2010).

Smith, John Thomas. *The Cries of London: Exhibiting Several of the Itinerant Traders of Antient and Modern Times* (London: John Bowyer Nicholas and Son, 1839).

Smollett, Tobias. *The Expedition of Humphrey Clinker*, edited by Lewis M. Knapp (Oxford: Oxford University Press, 1984).

Snell, K. D. M. *Annals of the Labouring Poor: Social Change and Agrarian England, 1660–1900* (Cambridge: Cambridge University Press, 1985).

Society of Arts, 'Proceedings of the Society: Food Committee'. *Journal of the Society of Arts* 16, no. 788 (1867): pp. 91–102. <https://www.jstor.org/stable/41323861>.

Society of Arts, 'Proceedings of the Society: Food Committee'. *Journal of the Society of Arts* 16, no. 790 (1868): pp. 121–6. <https://www.jstor.org/stable/41334681>.

Society of Arts. 'Traction on Roads'. *Journal of the Society of Arts* 23, no. 1179 (1875): 689–722. <https://www.jstor.org/stable/41335074>.

Spence, Craig. *Accidents and Violent Death in Early Modern London* (Woodbridge: Boydell Press, 2016).

Spence, Craig. *London in the 1690s: A Social Atlas* (London: Centre for Metropolitan History, Institute of Historical Research, 2000).

Sponza, Lucio. 'Italian "Penny Ice-Men" in Victorian London'. In *Food in the Migrant Experience*, edited by Anne J. Kershen (Aldershot: Ashgate, 2002), pp. 17–41.

Spranger, John. *A Proposal or Plan for An Act of Parliament for the Better Paving, Lighting and Cleansing the Streets, Lanes, Courts, Alleys, and Other Open Passages, and for Removing of Nusances as Well within the Several Parishes of the City and Liberty of Westminster, as of St*

Mary Le Bone, St Giles's in the Fields, St George the Martyr,

St George Bloomsbury, That Part of St Andrew Holborn Which Lies in the County of Middlesex, the Several Liberties of the Rolls and Savoy, and That Part of the Duchy of Lancaster Which Lies in the County of Middlesex (London, 1754).

Spufford, Margaret. *The Great Reclothing of Rural England: Petty Chapmen and Their Wares in the Seventeenth Century* (London: Hambledon Press, 1984).

Statistical Society of London, 'Police of the Metropolis'. *Journal of the Statistical Society of London* 1, no. 2 (1838): pp. 96–103. <https://doi.org/10.2307/2338065>.

Statistical Society of London, 'Report to the Council of the Statistical Society of London from a Committee of Its Fellows Appointed to Make an Investigation into the State of the Poorer Classes in St. George's in the East'. *Journal of the Statistical Society of London* 11, no. 3 (1848): pp. 193–249. <https://doi.org/10.2307/ 2337956>.

Stedman Jones, Gareth. 'The "Cockney" and the Nation, 1780–1988'. In *Metropolis London: Histories and Representations since 1800*, edited by David Feldman and Gareth Stedman Jones (London: Routledge, 1989), pp. 272–324.

Stedman Jones, Gareth. *Outcast London: A Study in the Relationship Between Classes in Victorian Society* (Oxford: Clarendon Press, 1971).

Stenton, Alison. 'Spatial Stories: Movement in the City and Cultural Geography'. In *Walking the Streets of Eighteenth-Century London: John Gay's Trivia (1716)*, edited by Clare Brant and Susan E. Whyman (Oxford: Oxford University Press, 2007), pp. 62–73.

Stephenson, Judy Z. ' "Real" Wages? Contractors, Workers, and Pay in London Building Trades, 1650–1800'. *Economic History Review* 71, no. 1 (2018): pp. 106–32. <https://doi.org/10.1111/ehr.12491>.

Stern, W. M. 'Fish Marketing in London in the First Half of the Eighteenth Century'. In *Trade, Government and Economy in Pre-Industrial England: Essays Presented to F. J. Fisher*, edited by D. C. Coleman and A. H. John (London: Weidenfeld and Nicolson, 1976), pp. 68–77.

Stern, W. M. *The Porters of London* (London: Longmans, Green and Co., 1960).

Stern, Walter M. 'The Baroness's Market: The History of a Noble Failure'. *Guildhall Miscellany* 2, no. 8 (1966): pp. 353–66.

Sterne, Jonathan. *The Audible Past: Cultural Origins of Sound Reproduction* (Durham, NC: Duke University Press, 2003).

Sterne, Jonathan. 'Sonic Imaginations'. In *The Sound Studies Reader*, edited by Jonathan Sterne (Abingdon: Routledge, 2012), pp. 1–17.

Stobart, Jon. *Sugar and Spice: Grocers and Groceries in Provincial England, 1650–1830* (Oxford: Oxford University Press, 2012).

Stow, John. *A Survey of London. Reprinted from the Text of 1603*, edited by Charles Lethbridge Kingsford. 2 vols (Oxford: Clarendon Press, 1908).

Styles, John. *The Dress of the People: Everyday Fashion in Eighteenth-Century England* (New Haven: Yale University Press, 2007).

Swift, Jonathan. 'A Description of a City Shower'. In *Jonathan Swift: The Complete Poems*, edited by Pat Rogers (Harmondsworth: Penguin, 1983), pp. 113–14.

Swift, Jonathan. *Journal to Stella*, edited by Harold Williams. 2 vols (Oxford: Clarendon Press, 1948). Taithe, Bernard. *The Essential Mayhew: Representing and Communicating the Poor* (London: Rivers Oram Press, 1996).

Taverner, Charles Robert. 'Selling Food in the Streets of London, c.1600–1750' (PhD, Birkbeck, University of London, 2019).

Taverner, Charlie. 'Consider the Oyster Seller: Street Hawkers and Gendered Stereotypes in Early Modern London'. *History Workshop Journal* 88 (2019): pp. 1–23. <https://doi.org/10.1093/hwj/dbz032>.

Taverner, Charlie. 'Moral Marketplaces: Regulating the Food Markets of Late Elizabethan and Early Stuart London'. *Urban History* 48, no. 4 (2021): pp. 608–24. <https://doi.org/10.1017/S0963926820000450>.

Taylor, Millie. 'Lionel Bart: British Vernacular Musical Theatre'. In *The Oxford Handbook of the British Musical*, edited by Robert Gordon and Olaf Jubin (Oxford: Oxford University Press, 2017), pp. 483–506. Thick, Malcolm. *The Neat House Gardens: Early Market Gardening Around London* (Totnes: Prospect Books, 1998).

Thirsk, Joan. *Food in Early Modern England: Phases, Fads, Fashions 1500–1760* (London: Hambledon Continuum, 2007). Thomas, Keith. 'Numeracy in Early Modern England'. *Transactions of the Royal Historical Society* 37 (1987): pp. 103–32. <https://doi.org/10.2307/3679153>.

Thompson, Emily. *The Soundscape of Modernity: Architectural Acoustics and the Cultural of Listening in America, 1900–1933* (Cambridge, MA: MIT Press, 2002).

Thomson, John, and Adolphe Smith. *Street Life in London* (London: Sampson Low, Marston, Searle, and Rivington, 1877).

Tinker, Irene. *Street Foods: Urban Food and Employment in Developing Countries* (Oxford: Oxford University Press, 1997).

Torode, Angeliki. 'Trends in Fruit Consumption'. In *Our Changing Fare: Two Hundred Years of British Food Habits*, edited by T. C. Barker, J. C. McKenzie, and John Yudkin (London: Macgibbon and Kee, 1966), pp. 115–34.

Truax, Barry. *Acoustic Communication* (Norwood, NJ: Ablex Publishing, 1984).

Trusler, John. *The London Adviser and Guide: Containing Every Instruction and Information Useful and Necessary to Persons Living in London and Coming to Reside There: In Order to Enable Them to Enjoy Security and Tranquillity, and Conduct Their Domestic Affairs with Prudence and Economy* (London: 1768).

Tuer, Andrew M. *Old London Street Cries and the Cries of To-Day* (London: Field and Tuer, Leadenhall Press, 1885).

Turnbull, George. 'Lighting'. In *London in the Nineteenth Century*, edited by Walter Besant (London: Adam and Charles Black, 1909), pp. 317–26.

Turvey, Ralph. 'Horse Traction in Victorian London'. *Journal of Transport History* 26, no. 2 (2005): pp. 38–59. <https://doi.org/10.7227/TJTH.26.2.3>.

Turvey, Ralph. 'Street Mud, Dust and Noise'. *London Journal* 21, no. 2 (1996): pp. 131–48. <https://doi.org/10.1179/ldn.1996.21.2.131>.

Val, Dorothy de. *In Search of Song: The Life and Times of Lucy Broadwood* (Farnham: Ashgate, 2011).

Vickery, Amanda. 'An Englishman' s Home Is His Castle? Thresholds, Boundaries and Privacies in the Eighteenth-Century London House'. *Past & Present* 199, no. 1 (2008): pp. 147–73. <https://doi.org/10.1093/pastj/gtn006>.

Vickery, Amanda. 'Golden Age to Separate Spheres? A Review of the Categories and Chronology of English Women's History'. *Historical Journal* 36, no. 2 (1993): pp. 383–414. <http://www.jstor.org/stable/2639654>.

Waddell, Brodie. *God, Duty and Community in English Economic Life, 1660–1720* (Woodbridge: Boydell and Brewer, 2012).

Walkowitz, Judith R. 'Going Public: Shopping, Street Harassment, and Streetwalking in Late Victorian London'. *Representations* 62 (1998): pp. 1–30.

Walkowitz, Judith R. *Nights Out: Life in Cosmopolitan London* (New Haven: Yale University Press, 2012).

Walkowitz, Judith R. *Prostitution and Victorian Society: Women, Class, and the State* (Cambridge: Cambridge University Press, 1980).

Wallis, Patrick. 'Consumption, Retailing, and Medicine in Early-Modern London'.

Economic History Review 61, no. 1 (2008): pp. 26–53. <http://www.jstor.org/stable/40057555>.

Walsh, Claire. 'Shop Design and the Display of Goods in Eighteenth-Century London'. *Journal of Design History* 8, no. 3 (1995): pp. 157–76. <https://www.jstor. org/stable/1316030>.

Walsh, Claire. 'Stalls, Bulks, Shops and Long-Term Change in Seventeenth- and Eighteenth-Century England'. In *The Landscape of Consumption: Shopping Streets and Cultures in Western Europe, 1600–1900*, edited by Jan Hein Furnée and Clé Lesger (Basingstoke: Palgrave Macmillan, 2014), pp. 37–56.

Walton, John K. *Fish and Chips and the British Working Class, 1870–1940* (London: Leicester University Press, 1992).

Walvin, James. *Fruits of Empire: Exotic Produce and British Taste, 1660–1800* (Basingstoke: Macmillan, 1997).

Ward, Ned. *The London Spy Compleat, In Eighteen Parts* (London: Casanova Society, 1924).

Warde, Alan, and Lydia Martens. *Eating Out: Social Differentiation, Consumption and Pleasure* (Cambridge: Cambridge University Press, 2000).

Watt, Paul. 'Street Music in London in the Nineteenth Century: "Evidence" from Charles Dickens, Charles Babbage and Lucy Broadwood'. *Nineteenth-Century Music Review* 15, no. 1 (2018): pp. 9–22. <https://doi.org/10.1017/S1479409817000040>.

Watt, Tessa. *Cheap Print and Popular Piety 1550–1640* (Cambridge: Cambridge University Press, 1994).

Webber, Ronald. *Covent Garden: Mud-Salad Market* (London: J. M. Dent and Sons, 1969).

Webber, Ronald. *Market Gardening: The History of Commercial Flower, Fruit and Vegetable Growing* (Newton Abbot: David and Charles, 1972).

Weir, Robin. 'Penny Licks and Hokey Pokey, Ice Cream Before the Cone'. In *Oxford Symposium on Food and Cookery 1991: Public Eating: Proceedings*, edited by Harlan Walker (London: Prospect Books, 1991), pp. 295–300.

White, Eileen, ed. *Feeding a City: York: The Provision of Food from Roman Times to the Beginning of the Twentieth Century* (Totnes: Prospect Books, 2000). White, Jerry. *A Great and Monstrous Thing: London in the Eighteenth Century* (Cambridge, MA: Harvard University Press, 2013).

White, Jerry. *London in the Nineteenth Century: A Human Awful Wonder of God* (London: Vintage, 2008).

White, Jerry. *London in the Twentieth Century: A City and Its People* (London: Vintage, 2008).

Whittle, Jane, and Mark Hailwood. 'The Gender Division of Labour in Early Modern England'. *Economic History Review* 73, no. 1 (2020): pp. 3–32. <https://doi.org/10.1111/ehr.12821>.

Whitworth, Charles. *A Plan for the More Easy and Speedy Execution of the Laws Relating to the New Paving, Cleansing and Lighting the Streets of Westminster* (London, 1762).

Williams, Juliet, Lucy E. Broadwood, and A. G. Gilchrist. 'London Street Cries'. *Journal of the Folk-Song Society* 6, no. 22 (1919): pp. 55–70. <https://www.jstor. org/stable/4434063>.

Wilson, Beckles. 'Midnight London'. In *Living London*, edited by George R. Sims (London: Cassell and Company, 1902), vol. 1: pp. 125–31.

Wilson, Elizabeth. *The Sphinx in the City: Urban Life, the Control of Disorder, and Women* (London: Virago, 1991).

Wilson, Eric. 'Plagues, Fairs, and Street Cries: Sounding Out Society and Space in Early Modern London'. *Modern Language Studies* 25, no. 3 (1995): pp. 1–42. <https://doi.org/10.2307/3195370>.

Winter, James. *London's Teeming Streets, 1830–1914* (Abingdon: Routledge, 1993).

Wohl, Anthony S. *Endangered Lives: Public Health in Victorian Britain* (London: J. M. Dent and Sons, 1983).

Wohl, Anthony S. *The Eternal Slum: Housing and Social Policy in Victorian London* (New Brunswick, NJ: Transaction, 2002).

Womack, Elizabeth Coggin. 'Walking as Labour in Henry Mayhew's London'. In *Walking Histories, 1800–1914*, edited by Chad Bryant, Arthur Burns, and Paul Readman (London: Palgrave Macmillan, 2016), pp. 115–37.

Woolgar, C. M. 'Meat and Dairy Products in Late Medieval England'. In *Food in Medieval England: Diet and Nutrition*, edited by C. M. Woolgar, D. Serjeantson, and T. Waldron (Oxford: Oxford University Press, 2006), pp. 88–101.

Woolley, Hannah. *The Cook's Guide: Or, Rare Receipts for Cookery* (London, 1664).

Wrigley, E. A. 'Urban Growth in Early Modern England: Food, Fuel and Transport'. *Past & Present* 225, no. 1 (2014): pp. 79–112. <https://doi.org/10.1093/pastj/gtu032>.

You, Xuesheng. 'Women's Labour Force Participation in Nineteenth-Century England and Wales: Evidence from the 1881 Census Enumerators' Books'. *Economic History Review* 73, no. 1 (2020): pp. 106–33. <https://doi.org/10.1111/ehr.12876>.

插图来源

图1　Paul Martin, Photograph of Apple Seller on Cheapside, *c.*1890: Victoria & Albert Museum, London, 2901-1937.

图2　Marcellus Laroon (after), 'Four for Six Pence Mackrell', 1688: British Museum, L,85.42.

图3　Paul Sandby, 'A Milkmaid', *c.*1759: Yale Center for British Art, Paul Mellon Collection, B1975.3.209.

图4　Richard Beard (after), 'The London Costermonger', in Henry Mayhew, *London Labour and the London Poor* (1851): Wellcome Collection, London, M16280.

图5　Map of street sellers' residences, 1600–1825. Parish information from dataset of street selling individuals. Base map of parishes from John Rocque's 1746 map of London, Locating London and Mapping London projects, Centre for History of People, Place and Community, Institute of Historical Research, University of London.

图6　Pieter Angillis, 'Covent Garden', *c.*1726: Yale Center for British Art, Paul Mellon Collection, B1976.7.91.

图7　Map of street selling incidents, 1600–1825. Parish information from dataset of street selling incidents. Base map of parishes from John Rocque's 1746 map of London, Locating London and Mapping London projects, Centre for History of People, Place and Community, Institute of Historical Research, University of London.

图8　Thomas Rowlandson, 'Cries of London No. 2. Buy My Goose, My Fat Goose', 1799: Yale Center for British Art, Paul Mellon Collection, B1985.36.1417.

图9　Paul Sandby, 'London Cries: Black Heart Cherries', *c.*1759: Yale Center for British Art, Paul Mellon Collection, B1975.3.206.

图10　John Thomson, 'The Seller of Shell-fish', in John Thomson and Adolphe Smith, *Street Life in London* (1877): Wellcome Collection, London, ZOI.43.AA8.

图11　Edgar Scamell, Photograph of Street Hawker Selling Baked Potatoes in London, 1892: Victoria & Albert Museum, London, E.3602-2000.

图12　Giovanni Vendramini, after Francis Wheatley, 'Strawberrys Scarlet Strawberrys', 1795: Yale Center for British Art, Paul Mellon Collection, B2001.2.1687.

图13　Thomas Rowlandson, 'Here's Your Potatoes, Four Full Pounds for Two Pence', 1811: Elisha Whittelsey Collection, The Met, New York, 59.533.798.

图14　John Thomson, 'Strawberries, All Ripe! All Ripe!', in John Thomson and Adolphe Smith, *Street Life in London* (1877): Wellcome Collection, London, ZOI.43.AA8.

图15　Paul Sandby, 'Boy with a Donkey', Yale Center for British Art, *c.*1759: Paul Mellon Collection, B1975.3.224.

图16　Paul Sandby, 'A London Fruit Stall by Night', 1746–60: Minneapolis Institute of Art, 2015.93.65.

致　谢

《叫卖伦敦：街头商贩与英国都市生活》是一本在新冠疫情期间诞生的书籍。它的正式动笔，始于英国第一次封锁期间，职是之故，我衷心感谢相关图书馆、档案馆的全体工作人员，他们提供了可供在线获取的网络资料，组织了点击即取的借阅服务，并且在条件允许的范围内，在确保安全的前提下，热情地协助我开展实地研究。在研究诸如食物这样的小众课题或者附带课题时，这些资源已经变得至关重要，而此次危机只会进一步提升它们对于所有历史学家的重要性。

本书的起点，可以追溯至我在伦敦大学伯贝克学院——一处真正不从流俗的非凡之地——攻读博士学位期间的学术研究。从那段经历走来，我尤其需要感谢 Mike Berlin、Matthew Champion、Vanessa Harding，以及最重要的 Brodie Waddell。我很幸运，能够成为 Brodie 的开山弟子之一，并从一位如此勤奋、慷慨、循循善诱的导师那里受益良多。此外，我还想向 Laura Gowing 和 Mark Jenner 这两位异常和蔼可亲且善于鼓励人心的审稿专家致以谢意。在此之后，博士毕业的我，又马不停蹄地来到了历史研究所（Institute of Historical Research）。经济史学会（Economic History Society）资助的博士后奖学金，使我得以将手上这份有关近代早期的研究工作，扩展为一个更加大胆的项目。而来自都柏林圣三一学院历史系的格蕾斯·劳利斯·李慈善基金（Grace Lawless Lee Benefaction Fund），则支持我完成了图像资料的复制。

有很多人启发过我，他们无形中参与塑造了本书的字句，却可能并不知晓这一点。为此，我由衷地感念与 Sarah Birt、James Brown、Melissa Calaresu、Aaron Columbus、Anna Cusack、Justin Colson、Evana Downes、Danielle van den Heuvel、Victoria Kelley、Beat Kümin、Anne Murcott、Sara Pennell、Will Tullett 以及其他高朋良友的对话，从街头小贩、食物到城市史，我们的对话内容涵盖了书中的诸多元素。还有 Esther Brot、Fred Carnegy-Arbuthnott、Susan Flavin、Ben James、Oskar Cox Jensen、Pete Jones、Jonah Miller、Emily Vine 和 Jerry White，谢谢你们抽出宝贵的时间，阅读了各个章节。

最后，对于我的朋友和家人，特别是爸爸、妈妈，我的感激之情着实难以言表。Izzy，我平日生活和新冠疫情封锁期间的伴侣，不仅在我们一道乘坐38路公共汽车的时候，忍受了我对街头美食的沉思默想，还以她那编辑的视角审阅了全书，是她帮助我发现了城市的魅力，并引导我写出了这本书。